111 Gründe, Handball zu lieben

Julia Nikoleit

111 GRÜNDE, HANDBALL ZU LIEBEN

Eine Liebeserklärung an die großartigste Sportart der Welt

Mit einem Vorwort von Bundestrainer Dagur Sigurðsson

SCHWARZKOPF & SCHWARZKOPF

INHALT

ES IST WICHTIG, SICH DIE LIEBE ZUM HANDBALL VOR AUGEN
ZU FÜHREN – VORWORT VON BUNDESTRAINER DAGUR
SIGURÐSSON **9**

1. VON DEM SCHÖNSTEN SPIEL DER WELT **13**
*Weil die deutsche Liga die stärkste der Welt ist – Weil Handball
in der Familie liegt – Weil Handballer keine Weicheier sind – Weil
der Zuschauerweltrekord in Deutschland aufgestellt wurde – Weil
Joachim Deckarm dem Handball bis heute treu geblieben ist –
Weil die Sprache des Handballs deutsch ist – Weil Regen und
Schnee dem Spiel nichts anhaben können – Weil der Handball
Deutschland ein Wintermärchen bescherte – Weil die Schieds-
richter dazugehören – Weil nachhaltige Arbeit belohnt wird*

2. VON A WIE ANREISE BIS Z WIE ZEBRA **35**
*Weil die Anreise zu einem Champions-League-Finale weniger
als 80 Kilometer betrug – Weil Willi Daume seine große Funktionärskarriere beim DHB begann – Weil einen der Handball ein
Leben lang begleitet – Weil der Handball dem Basketball einen
Schritt voraus ist – Weil Deutschland das Mutterland des Handballs ist – Weil ein Handicap keines sein muss – Weil er auch in der
Hauptstadt (wieder) zu Hause ist – Weil der Trainer eine Auszeit
nehmen kann – Weil ein deutscher Trainer die Champions League
gewann – Weil ein Zebra Kultstatus genießt*

3. VON KEMPA, DREHER UND LEGER **51**
*Weil der spektakulärste Trick der Sportart von einer deutschen
Handball-Legende erfunden wurde – Weil man daran kleben
bleibt – Weil ein aktiver Nationalspieler seine eigene TV-Sendung
hatte – Weil man es auch im Sand spielen kann – Weil es in Flensburg den Lars-Christiansen-Platz gibt – Weil man es auch mit*

neun Fingern ins olympische All-Star-Team schafft – Weil Handballer Fußball zum Aufwärmen spielen – Weil ein Handgelenk die Handballwelt verwundert – Weil ein Ersatzspieler zum entscheidenden Mann werden kann – Weil auch Ehepaare Nationalmannschaft spielen können

4. VON GLANZTATEN, GEWALTWÜRFEN UND GEGENSPIELERN 73

Weil Goran Stojanović auf Goran Stojanović traf – Weil Jan Holpert nicht nur durch einen Kopftreffer bekannt wurde – Weil ein Knie über Olympia entschied – Weil Torhüter auch Torschützen sind – Weil 1,66 Meter auf 2,14 Meter treffen können – und der Sieger nicht klar ist – Weil ein Torwart als bester Akteur seiner Sportart ausgezeichnet wurde – Weil Andrej Lawrow unter drei Flaggen Olympiasieger wurde – Weil man auch innerorts über 50 Sachen haben darf – Weil eine Parade den Olympiasieg perfekt machte – Weil Torhüter gleichzeitig Konkurrenten und Partner sind – Weil man auch mit nur einem Auge Bundesliga spielen kann – Weil Wieland Schmidt den russischen Kameramann verfehlte – Weil man auch ohne WM-Teilnahme einer der besten Spieler der Welt sein kann – Weil man manchmal zwei Minuten Zeit zum Nachdenken bekommt – Weil ein Raufbold zum Publikumsliebling wurde

5. VON STARS UND STERNSTUNDEN 103

Weil die goldene Generation doch noch ihren Titel holte – Weil es Stars in der Provinz gibt – Weil ein Bravo Boy Weltmeister wurde – Weil Frauen Männer-Bundesliga pfeifen dürfen – Weil ein groß gewachsener Koreaner den Torrekord in der Bundesliga hält – Weil der Tabellenletzte jederzeit den Spitzenreiter schlagen kann – Weil ein französischer Ritter in drei Ländern das Triple gewann – Weil es Pommes ohne Ketchup gibt – Weil es 17 Millionen begeistern kann – Weil »alter Schwede« ein Qualitätssiegel ist – Weil eine Sporthalle nach Volker Zerbe benannt wurde – Weil *eine Leistungsschwimmerin zwei Olympiamedaillen im Handball gewann – Weil Handballer Vorbilder zum Anfassen sind – Weil jedes Jahr ein Großereignis stattfindet – Weil die beiden deutschen Rekordnationalspieler aus Ostdeutschland kommen*

6. VON SIEBENMETERN UND ANDEREN TOREN **131**

Weil in einem Bundesligaspiel 88 Tore fielen – Weil sieben Meter lang sein können – Weil es nie 0:0 ausgeht – Weil Köln einmal im Jahr zur europäischen Handball-Hauptstadt wird – Weil man drei Tore in einer Minute werfen kann – Weil Handballer nicht über Abseits meckern müssen – Weil zwei Tore über die Deutsche Meisterschaft entscheiden können – Weil Monika Ludmilova ihre Mannschaft mit 27 Toren in einem Finale zum Pokal führte – Weil für die Jüngsten die Tore abgehängt werden – Weil man für 21 Tore nur ein Spiel braucht und nicht eine ganze Saison – Weil Handballer am Wochenende keine Langeweile haben

7. VON DEN SOCKEN, DER HOLZKISTE
UND ANDEREN KURIOSITÄTEN **149**

Weil Handballer die coolsten Socken haben – Weil sich jedes Jahr über 20.000 Nachwuchsspieler in Göteborg versammeln – Weil die ersten deutschen Europapokalsieger fünf Mark Siegprämie erhielten – Weil die bekannteste Handballreporterin auf eine Holzkiste zurückgriff – Weil man nebenbei Musiker, Doktorin oder App-Entwickler werden kann – Weil auch Madonna ein Handballevent nicht besser macht – Weil die Ostseehalle aus der Nordsee stammt – Weil ein Fanbegehren den Handball ins Fernsehen brachte – Weil es die beste Partnerbörse ist – Weil sich Brüder auf höchstem Niveau begegnen – Weil in der Bundesliga die TusSies spielen – Weil man auch mit 80 Jahren noch am Spielbetrieb teilnehmen kann – Weil der Handball auch auf dem Fußballfeld zu Hause war – Weil Frauenhandball (nicht) wie Pferderennen mit Eseln ist – Weil er jedem Spielertyp ein Zuhause bietet

8. VON TITELN, TRAINERN UND TRIUMPHEN **177**

*Weil der erste deutsche Champions-League-Sieger aus Magde-
burg kam – Weil man zu null Meister werden kann – Weil es Pokale
mit nur einem Namen gibt – Weil ein Mann den Frauenhandball
aus dem Schatten führte – Weil bei Verletzungspech die Trainer
in die Bresche springen – Weil noch nie ein Deutscher Meister
aus München kam – Weil in einem Jahr alle Europapokale nach
Deutschland gingen – Weil es Island den größten Erfolg seiner
Sportgeschichte bescherte – Weil Noka Serdarušić den THW an
die Spitze führte – Weil ein Bart Geschichte schrieb – Weil der
»ewige Zweite« Erster werden kann – Weil ein Magier Deutschland
zum Titel führte – Weil drei verschiedene deutsche Mannschaften
hintereinander die Champions League gewannen – Weil ein Weltmeister die Weltmeister von morgen formt*

9. VON DEN LETZTEN SEKUNDEN **205**

*Weil der Sport es ins Kino geschafft hat – Weil der deutsche
Handball rund 800.000 Mitglieder hat – Weil die Gallier sich in
der Bundesliga behaupten – Weil ein Olympiasieg vor der Kriegs-
gefangenschaft schützte – Weil er überall auf der Welt zu Hause
ist – Weil bis zu 13.000 Fans jedes Jahr in Hamburg ein Handballfest feiern – Weil man aus dem Vorruhestand Weltmeister werden
kann – Weil es keine Play-offs mehr gibt – Weil in Kiel Dauerkarten
vererbt wurden – Weil wir uns schon auf die nächsten zwei Heim-
Weltmeisterschaften freuen können – Weil es einfach ein geiler
Sport ist*

BIBLIOGRAFIE **224**
ANMERKUNGEN **225**

ES IST WICHTIG, SICH DIE LIEBE
ZUM HANDBALL VOR AUGEN ZU FÜHREN

Vorwort von Bundestrainer Dagur Sigurðsson

Handball. Nur ein Wort, nur acht Buchstaben – aber ein unendlicher Nachhall. Eine Flut von Bildern, von Eindrücken, Emotionen und Erinnerungen: Die ersten Trainingseinheiten, das erste Spiel, die erste Meisterschaft in Island, das erste Länderspiel, die Teilnahme an großen Turnieren und den Olympischen Spielen sowie zahlreiche Begegnungen auf Island, in Deutschland, Österreich oder bei meinen drei Jahren in Japan. Erfolge, Titel aber auch Niederlagen sowie so viele kleine, kostbare Momente. Unzählige Erinnerungen kamen hervor, als mich Julia Nikoleit auf der Suche nach Hintergrundinformation auf meine Liebe zum Handball ansprach. Die hinter dem Buch steckende Idee begeisterte mich auf Anhieb.

Denn es ist wichtig, sich die Liebe zum Handball vor Augen zu führen, sie trotz des Alltags wertzuschätzen. Viel wird über die Probleme von Sportarten geschrieben, auch der Handball ist nicht frei von ihnen – das wird einem nicht zuletzt als Bundestrainer erst recht bewusst. Doch es gibt so viele Argumente, diese Probleme anzugehen, so viele positive Aspekte und so viele Gründe diese Sportart zu lieben. Mich und Millionen von Spielern, Trainern, Ehrenamtlichen und Zuschauern begeistert der Handball nicht nur, er hat uns auch geprägt: Sportliche Werte, der Umgang mit Niederlagen oder die Erfahrung gemeinsam etwas zu erreichen – so viel persönlich aber auch gesellschaftlich Wertvolles wurde im wahrsten Sinne des Wortes spielerisch gelernt.

Spielerisch, so vermittelt auch dieses Buch die Leidenschaft für unseren Sport. Dies erfuhr ich, als ich mich nach dem Fortgang des Projekts erkundigte. Als Rückmeldung erhielt ich einen Vorabdruck und war gefesselt. Die Verbundenheit zum Thema ist in jeder Zeile spürbar. Die Autorin hat, wie so viele andere im Handball, den Sport im Blut, erlebt die Sportart nicht nur seit der Kindheit als Spielerin: Als Redakteurin von handball-world.com kennt sie die Spitze ebenso wie als Jugendtrainerin die Breite. Denn Handball ist nicht nur das Nationalteam oder die Bundesliga, Handball ist Faszination auf vielen Ebenen. Eine Spannweite, die den Handball allgemein, aber auch dieses Buch auszeichnet.

So groß die Spannweite aber auch ist, der Handball vereint – nicht nur Arbeit und Spaß, sondern auch Menschen. Dies habe ich bereits früh in der Jugend in Reykjavik erfahren, aber vor allem auch auf meinen Stationen im Ausland. Wo zwei Handballer aufeinandertreffen, da fehlt es selbst trotz Sprachbarrieren eigentlich nie an Gesprächsthemen und eine Geschichte reiht sich an die nächste. Unser Sport liefert unzählige Anekdoten – spannende, unterhaltsame und kuriose. Jeder Verein, jedes Spiel, jedes Tor und jede Person hat ihre eigenen und jede ist erzählenswert. Umso schwieriger war vermutlich die Auswahl von 111 übergreifenden für dieses Buch, doch sie gelang. Mit vielen Details und Zitaten bündelt dieses Buch in unterhaltsamer Weise Informationen zum Handball. Jeder Grund ist für sich allein einer, den Handball zu lieben. Doch wie in jedem Teamsport, auch in diesem Buch ist die Gesamtheit mehr als die Summe der Einzelteile.

Seit gut 40 Jahren bin ich Handballer, seit über 25 Jahren im Profibereich unterwegs und mit Freude stellte ich fest, dass es auch Geschichten, an denen ich beteiligt war, unter die 111 Gründe geschafft haben. In diesem Buch fand aber auch ich viel Neues. Neue, weitere Gründe, die den Handball liebenswert machen. So wird es vermutlich auch den Lesern gehen, die dem Handball längst verfallen sind und die mit unserer Sportart Silberne oder Goldene Hochzeit feiern. Das Buch ist aber nicht nur Stoff für eingefleischte Handballer, es ist zugleich auch eine Einführung in die Faszination unserer Sportart. Es erklärt die Begeisterung, es steckt an und ist somit auch ein ideales Geschenk für die, die Liebe zum Handball verstehen wollen oder die, die diese gerade entdecken.

Das Buch selbst ist für mich ein weiterer Grund den Handball zu lieben, ein 112. sozusagen. Aus der Sicht des Bundestrainers möchte ich mit Blick auf die Autorin jedenfalls mit einem Augenzwinkern anfügen, dass dieses Buch auch ein Beleg für die hohe Qualität deutscher Nachwuchstalente im Handball ist. Aber nicht nur auf den Talenten oder auf der Nationalmannschaft ruht die Hoffnung, sondern auf jedem einzelnen. Die deutschlandweite Begeisterung 2007 hat das Potenzial des Handballs gezeigt, daran gilt es anzuknüpfen. Ich hoffe daher, dieses Buch liefert nicht nur 111 Gründe den Handball zu lieben, sondern auch 111 Gründe, diese Liebe zu leben, andere mit ihr anzustecken und den Handball noch weiter in die Gesellschaft zu tragen.

Ich wünsche jedem Leser eine ebenso unterhaltsame wie anregende Lektüre, wie ich sie hatte, und hoffe, dass wir alle gemeinsam noch viele weitere Gründe für die Liebe zum Handball entdecken und erschaffen …

Euer Dagur Sigurðsson,
Europameister 2016

1. KAPITEL

VON DEM SCHÖNSTEN SPIEL DER WELT

1. GRUND

Weil die deutsche Liga die stärkste der Welt ist

Volle Hallen, zahlreiche Nationalspieler, enge Duelle: Die Handball-Bundesliga feierte in der Saison 2015/16 ihr 50-jähriges Jubiläum. 1965/66 war die Liga ins Leben gerufen worden; zuvor wurde der deutsche Meister in Endrunden ermittelt. Zum Geburtstag wurde ein Slogan beschworen, der die vergangenen Jahre entscheidend geprägt hat: Die Bundesliga sei »die stärkste Liga der Welt«, werben die Bundesligisten und die Verantwortlichen für das Premium-Produkt im Ligahandball – und da gibt es wohl kaum jemanden, der dem widersprechen würde. Die Stärke der Liga macht sie bei den Spielern beliebt – und durch die starken Spieler wird die Liga noch stärker. Die deutschen Klubs spielen seit Jahrzehnten auf europäischem Top-Niveau, doch das Besondere ist etwas anderes: die Breite, die keine andere Liga in Europa hat. Dort dominieren meist einer oder maximal wenige Spitzenklubs das Geschehen; die Konzentration gilt der Champions League, da es national keine Konkurrenz gibt. In Deutschland kann sich keiner eine Unaufmerksamkeit erlauben – geht ein Favorit wie der THW Kiel nachlässig in die Partie, brennen die Underdogs auf den großen Coup.

Neben der Stärke bietet die Liga einen weiteren Vorteil für die Spieler: Die Klubs zahlen die Gehälter im Vergleich zu anderen Nationen regelmäßig, das Niveau ist durch die Bank weg hoch. »16 Titel bei den vergangenen 19 EHF-Pokalwettbewerben gingen nach Deutschland«, unterstrich Liga-Geschäftsführer Frank Bohmann im Frühjahr 2015. »Das zeigt, dass wir nicht nur eine starke Mannschaft haben, die aufgepumpt von irgendeinem Privatmann die Liga dominiert, sondern eine sehr breite Spitze. Ich glaube, wir könnten ohne Weiteres auch sieben oder acht Mannschaften in der Champions League stellen und würden diesen Wettbewerb immer noch stärken.«[1]

Als Beleg für diese Behauptung kann die EHF-Rangliste herangezogen werden. Die deutsche Liga liegt für das Ranking 2015/16 auf dem ersten Rang (167,20 Punkte) und damit mit weitem Abstand vor den Spaniern (105,86). Auch die Abstellzahlen für die Großturniere sprechen für die Stärke der Liga. Von 640 Spielern, die von den 24 teilnehmenden Nationen der Handball-WM 2011 in Schweden für ihre erweiterten Kader nominiert wurden, spielten 91 (!) zu diesem Zeitpunkt in der deutschen Beletage. Im Gegensatz zu den Nationalspielern anderer Länder, die ihr Geld häufig im Ausland verdienen, spielen die deutschen Auswahlakteure quasi ausschließlich in der Bundesliga.

Die Beliebtheit bei den Fans ist ein weiterer Faktor. Die Arenen sind in der Regel gut gefüllt, die Fankultur ist bunt, lebendig – und wächst. In der Saison 2014/15 verfolgten 1.570.157 Fans die Spiele der Bundesliga in den Hallen, auch der Zuschauer-Weltrekord wurde in dieser Spielzeit in Deutschland aufgestellt. Dieser Wert stellt eine Steigerung im Vergleich zu den 1.411.055 Besuchern in der Saison 2013/14 dar. Die Vereine hoffen darauf, dass sich diese Entwicklung in den kommenden Jahren hält. Dierk Schmäschke, Geschäftsführer des Topklubs SG Flensburg-Handewitt, wünschte der Bundesliga zum Auftakt, »dass sie die stärkste Handball-Liga der Welt bleibt und es weiterhin viele, viele spannende Spiele und volle Hallen gibt«.[2]

2. GRUND

Weil Handball in der Familie liegt

Als Rückraumspieler Petar Djordjic am 3. April 2008 das Spielfeld im Trikot der HSG Wetzlar betrat, war es nicht nur das Debüt des jungen Serben in der stärksten Liga der Welt – er schrieb zugleich Bundesligageschichte. Erstmals in der Historie der deutschen Beletage standen Vater und Sohn zugleich auf dem Feld und spielten gemeinsam. Denn Petars Vater Zoran hütete damals im Alter von 41 Jahren noch das Tor der Mittelhessen, während sein 17 Jahre alter Sohn gerade zur HSG gewechselt war. »Das war natürlich schon etwas ganz Besonderes für Petar und mich«[3], gab Vater Djordjic nach dem Match zu Protokoll. An diesem Gefühl konnte auch die deutliche 24:34-Niederlage gegen die Rhein-Neckar Löwen nichts ändern.

Zoran und Petar Djordjic, Zeljko und Igor Anic, Talant und Alex Dujshebaev, Branko, Nikola und Luka Karabatić, Goran und Tim Suton: Dass sich Vater und Sohn beide auf höchstem Niveau im Handball begegnen, ist keine Seltenheit – dass sie zusammenspielten wie die Djordjics schon. Vater Goran trainierte seinen Sohn Tim sowohl bei der HG Saarlouis als auch beim Bundesligisten TuS N-Lübbecke, auch der erfahrene Talant Dujshebaev coachte seinen Sohn Alex während ihrer Zeit bei BM Ciudad Real. Kurios war hingegen die Begegnungen von Valero Rivero López und seinem Sohn, der ebenfalls Valero Rivera heißt. Bei der WM 2015 trafen die beiden in der Gruppenphase aufeinander – der Sohn behielt im spanischen Nationaltrikot mit 28:25 die Oberhand gegen die von seinem Vater trainierten Kataris.

Weltstar Nikola Karabatić durfte seinen Vater hingegen früher immer zum Training begleiten und mitspielen, wenn die Profis zum Aufwärmen kickten. Der enge Kontakt zum ebenfalls erfolgreichen Vater weckte seinen Ehrgeiz: »Du willst, dass dein Vater stolz auf dich ist«, verriet Karabatić einst, betonte jedoch auch: »Die Erfolge der Eltern bedeuten keinen Druck, sie sind eine Motivation.«[4]

Dass der Handball in der Familie zu liegen scheint, bestätigt sich auch beim Blick in den Frauenbereich: Andrea Bölk wurde 1993 Weltmeisterin, Vater Matthias spielte ab 1990 beim Handball-Bundesligisten VfL Fredenbeck, ihre Tochter Emily gilt als das größte Talent im deutschen Handball. Die junge Rückraumspielerin gab bereits mit 16 Jahren ihr Debüt in der Bundesliga. 2014 führte sie die deutsche U18-Auswahl zu EM-Silber und wurde zur wertvollsten Spielerin gewählt. Auch Emilys Großmutter Inge Stein war Handballerin – und Nationalspielerin der DDR.

Die bekannteste deutsche Handballfamilie dürften jedoch die Kretzschmars sein: Der ehemalige Linksaußen Stefan Kretzschmar ist eine Ikone, seine Eltern Peter und Waltraud Kretzschmar wurden Weltmeister, und Tochter Lucie Marie befindet sich auf dem besten Wege, ebenfalls eine erfolgreiche Karriere einzuschlagen. Beim »Tag des Handballs« lief die Jugendnationalspielerin im September 2014 beim Promi-Spiel erstmals gemeinsam mit ihrem Vater auf. Das war »mein absolutes emotionales Highlight«, erklärte Kretzsche danach. »Welcher Vater ist schon in der Lage, jemals mit dem eigenen Kind auf dem Platz zu stehen?« Selbst ein Tor erzielte die 14-Jährige – vom Vater gab es Lob: »Dass sie dem Hexer [dem ehemaligen Nationaltorwart Andreas Thiel, Anm. d. Autorin] dann noch einen reinsetzt, war natürlich nicht nur für den Papa noch mal ein Highlight. Auch die Zuschauer haben sich darüber riesig gefreut.«[5]

Der Handball wurde bei den Kretzschmars stets großgeschrieben: Peter Kretzschmar wurde 1963 Weltmeister im Feldhandball und trainierte später die Frauennationalmannschaft der DDR, in der Waltraud spielte und mit der die beiden 1975 und 1978 gemeinsam den Titel holten. Für Lucie sind die Erfolge der Familie nicht immer einfach, sie steht enorm im Fokus, sobald sie in einer Halle auftaucht. »Einerseits ist schon so, dass da ein extremer Druck aufgebaut wird, ähnliche Leistungen – oder sogar noch bessere – wie mein Vater oder meine Großeltern zu erbringen«, erklärte die damals 14-Jährige kurz nach ihrem Wechsel ins Internat des Bundesligavereins HC Leipzig. »Andererseits bin ich auch sehr stolz auf meine Familie und deren Erfolge. Das gibt mir das Gefühl, dass ich gute Voraussetzungen habe, um eines Tages vielleicht einmal genauso gut zu werden wie sie.«[6] Handball liegt halt in der Familie.

3. GRUND

Weil Handballer keine Weicheier sind

Es ist eine der eindringlichsten Szenen aus dem WM-Film *Projekt Gold*: Oliver Roggisch verschwindet, begleitet von zwei Betreuern, in der Kabine; eine blutige Platzwunde am Kopf. Der Mannschaftsarzt begutachtet die Wunde und erklärt: »Wir machen da jetzt drei Klammern rein, und dann kannst du weitermachen … ohne oder mit Betäubung, Olli?« Der Abwehrchef schnaubt kurz ob der Frage: »Ohne …« Beim Tackern verzieht er das Gesicht, man sieht ihm die Schmerzen an. Seitdem steht diese Szene symbolisch für das Image des harten Handballers. Die Message: Handballer sind keine Weicheier. Wo Fußballer zu Boden sinken und sich minutenlang wälzen, steht der Handballer auf. Schwalben oder Schauspielerei sind verpönt.

Bereits einige Minuten vorher gewährt der Film einen unverfälschten Einblick in das Leben der Profihandballer. Roggisch sitzt auf seinem Bett und zählt ruhig auf, welche Verletzungen er in seiner Karriere schon so hatte. Leider seien es »sehr viele«, beginnt der Abwehrchef, aber »da waren die ganz schweren vielleicht nicht dabei, aber so ein paar Kleinigkeiten«. Er zählt auf: »Bänderriss im Sprunggelenk, beide Seiten alles abgerissen, ein ausgekugelter Ellenbogen mit anschließender Operation, diverse Brüche im Arm und in der Hand, Sehnenabriss in der Hand, Finger ausgekugelt, Sehnenabriss im Finger drei Stück … im Knie Operationen wegen Schleimbeutelentfernung und Nasenbeinbrüche.« Das seien, so Roggisch mit der Andeutung eines Lächelns, »jetzt mal die schlimmeren Sachen – die anderen zählen wir nicht mit«.

Handball ist ein harter Sport, der Körperkontakt gehört zum Spiel. Es gibt Eltern, die nicht wollen, dass ihre Tochter Handball spielt; es sei doch so ein brutaler Sport. Brutal? Nein. Körperbetont? Ja. Wer den Körperkontakt, das Kräftemessen mit dem Gegner, die körperbetonte Spielweise nicht mag, ist auf dem Handballfeld falsch. »Wir sind keine Volleyballer, keine Tischtennisspieler – wir brauchen den Kontakt«[7], sagt Roggisch und dürfte damit vielen Handballerinnen und Handballern aus der Seele sprechen.

Innerhalb der Sportart nehmen die Torhüter noch eine Sonderstellung ein. Sie stellen sich freiwillig den bis zu 120 km/h schnellen Würfen entgegen. Wo der Großteil den Kopf einziehen würde, machen sie sich groß, die Reaktionszeit von Weltklasse-Torhütern beträgt zwischen 0,18 und 0,2 Sekunden. »Normal wäre es, dass man versucht auszuweichen, wenn etwas auf einen zukommt«, gibt auch Henning Fritz zu, der lange Jahre die Nummer eins in der deutschen Nationalmannschaft war. Er ist überzeugt: »Als Torwart musst du den Willen haben, deinen Körper in Richtung Ball zu bewegen. Du musst deinen Naturinstinkt abstellen und den Willen haben, immer wieder auf den Ball zuzugehen. Darauf kommt es an.«

Für Keeper bedeutet der Schmerz ein Erfolgserlebnis – trifft sie der Ball, geht er in der Regel nicht mehr ins Tor, und der Hüter hat seinen Job erfüllt. »Das hört sich vielleicht für manche seltsam an, aber wenn du richtig im Spiel drin bist und das Adrenalin durch deinen Körper schießt, spürst du keine Schmerzen«, sagt Fritz. »Im Gegenteil, es ist ein angenehmer Schmerz, wenn du einen Ball abbekommst, ein echtes Glücksgefühl. Vielleicht kann man es mit einem Ausdauersportler vergleichen, bei dem bei einer gewissen Kilometerzahl Glückshormone ausgeschüttet werden.«[8]

Auch Feldspieler ignorieren ihren Körper öfter und spielen – trotz Blessuren, trotz Verletzungen, trotz Schmerzen. Der Flensburger Abwehrchef Tobias Karlsson spielte im Frühjahr 2015 sechs Wochen mit gebrochenem Kiefer. »Natürlich war es dumm«, gestand der Schwede danach ein. »Aber es standen wichtige Spiele an und wir hatten schwerwiegende Ausfälle, es mussten alle auf das Parkett, die stehen konnten.«[9] Druck vom Verein gab es nicht. Die hohe Belastung der Spieler ist immer wieder ein Thema, die Profis schonen sich nicht. Pascal Hens bringt es im WM-Film *Projekt Gold* auf den Punkt: »Dann nimmst du halt eine Voltaren, dann wird das Ding zugegipst mit einem Tapeverband, und dann spielst du.« Handballer sind eben keine Weicheier.

4. GRUND

Weil der Zuschauerweltrekord
in Deutschland aufgestellt wurde

Das VELUX EHF Final Four in Köln gilt gemeinhin als das größte Event im europäischen Vereinshandball – auch aufgrund der 20.000 Zuschauer, welche die zwei Tage zu einem Handball-Festival machen. Das Event ist bei den Spielern für die Atmosphäre und die Kulisse ebenso bekannt wie beliebt. Doch eine Veranstaltung toppte das Finalturnier der Champions League zuschauermäßig bei Weitem: Beim »Tag des Handballs« in der Frankfurter Commerzbank-Arena verfolgten mehr als doppelt so viele Fans das Bundesligaspiel zwischen den Rhein-Neckar Löwen und dem HSV Hamburg.

»Wir sind Weltrekord«: Das riesige Plakat in der Frankfurter Commerzbank-Arena war nicht zu übersehen. Bereits Stunden, bevor die Besucherzahl offiziell bekannt gegeben wurde, verkündete das Banner das Ziel des Abends. Die Bestmarke von 36.651 Besuchern aus dem Mai 2011 sollte geknackt werden; aufgestellt im Brøndby-Stadion in Kopenhagen beim dänischen Meisterschaftsfinale zwischen AG København und BSV Bjerringbro-Silkeborg.

Dafür wagte sich der Handball zum zweiten Mal in seiner Geschichte an ein Rekordspiel in einem Fußballstadion: 2004 hatten der TBV Lemgo und der THW Kiel mit 30.925 Fans eine Bestmarke gesetzt, die sieben Jahre Bestand haben sollte. Zehn Jahre später wollte sich die Bundesliga den Rekord aus Dänemark zurückholen und inszenierte dafür ein großes Festival. Das Bundesligaspiel war der Höhepunkt, eingerahmt von einem großen Jugendturnier mit 80 Mannschaften sowie einem Prominentenspiel. Neben alten Handballstars wie Stefan Kretzschmar, Christian Schwarzer und Lars Christiansen liefen auch der ehemalige Fußballnationalspieler Christian Metzelder und Fernsehmoderator Frank Buschmann auf.

Zwischen dem Prominentenspiel und dem Bundesligamatch war es so weit: Die Veranstalter verkündeten die Zuschauerzahl – und im weiten Rund der Arena brandete Jubel unter den 44.189 Fans auf. Mission erfolgreich, Rekord aufgestellt. »Es ist super, ein Event zu kreieren«[10], verkündete Kretzschmar stolz, und auch Nationalspieler Patrick Groetzki zeigte sich – nach dem Sieg über den HSV – beeindruckt: »Beim Einlaufen war das eine tolle Atmosphäre.«[11]

Randnotiz: Der aktuelle Zuschauer-Weltrekord im Frauenhandball wurde 2013 beim WM-Finale zwischen Brasilien und Gastgeber Serbien aufgestellt. Der Europäische Handballverband vermeldete 19.250 Zuschauer für den 22:20-Triumph der Südamerikanerinnen, womit die erst kurz zuvor aufgestellte Bestmarke von 18.236 Fans aus dem Halbfinale Serbien gegen Polen übertroffen wurde. Im Beachhandball liegt der Rekord laut dem Weltverband bei 10.304 Zuschauern; aufgestellt bei den World Games 2013 in Kolumbien.

5. GRUND

**Weil Joachim Deckarm dem Handball
bis heute treu geblieben ist**

Es ist der 30. März 1979, als sich das Leben von Joachim Deckarm auf einen Schlag ändert. Der Rückraumspieler, der zu dieser Zeit als der bester Handballer der Welt galt, gastiert mit dem VfL Gummersbach bei Banyasz Tatabanya. Das Hinspiel hat der deutsche Spitzenklub in Dortmund mit 18:10 gewonnen, der Einzug ins Finale des Europapokals schien nur noch eine Formsache zu sein. In der 4. Spielminute erzielt Deckarm, Führungsspieler und

Weltmeister von 1978, seinen ersten Treffer, bevor er nach einem Schlag ins Gesicht ausgewechselt und behandelt wird.

Deckarm kommt nach zehn Minuten zurück in die Partie. Es ist kein schönes Spiel, der VfL geht vorsichtig zu Werke. Beim Stand von 6:7 fängt Deckarms Teamkollege Heiner Brand einen Gegenstoß der Ungarn ab. Unter Bedrängnis leitet der Abwehrspezialist den Ball zu Deckarm weiter. Dieser steht noch mit dem Rücken zum gegnerischen Kreis und dreht sich mit dem Ball in der Hand um, will loslaufen, prallt dabei jedoch mit Lajos Pánovics zusammen. Es ist 17:23 Uhr, 22 Minuten und 37 Sekunden sind gespielt.

Während sich Pánovics lediglich benommen an den Kopf fasst, bleibt Deckarm bewusstlos liegen. Er ist mit dem Kopf auf den Betonboden geschlagen, der lediglich mit einer dünnen Schicht PVC bedeckt ist. Nach scheinbar endlosen Minuten tragen ihn die Gummersbacher Betreuer gemeinsam mit den Spielern vom Feld. In der Halle sind weder Sanitäter noch eine Trage vor Ort. Die medizinische Erstversorgung übernimmt Dr. Peter Penkov, der den Unfall zu Hause vor dem Fernseher verfolgte und sich sofort auf dem Weg in die Halle machte.

Per Auto wird der immer noch bewusstlose Deckarm in die Klinik im rund 80 Kilometer entfernten Budapest gebracht. Die Ärzte um den Gehirnspezialisten Pal Moritz kämpfen um das Leben des Handballers. Sie können ihn retten, doch aus dem Koma wacht Deckarm nicht auf. In Tatabanya spielen seine Mannschaftskameraden währenddessen das Spiel zu Ende. Die jugoslawischen Schiedsrichter hatten die Partie mit einem Siebenmeter für Deutschland wieder angepfiffen, doch Erhard Wunderlich scheiterte von der Linie.

Nach 60 Minuten endet das Spiel mit 21:21, Gummersbach steht im Finale des Europapokals. »Aber wen interessiert das in diesem Moment, da niemand weiß, wie es mit Joachim Deckarm weitergeht?«, schildert Deckarms Biograf Rolf Heggen die beklemmende Szenerie. Die Spieler erfahren erst nach Abpfiff, wie schlecht es

Deckarm geht: »Sie sitzen lange Zeit fassungslos und wie betäubt auf den Bänken der Umkleidekabine, wissen nicht, was sie sagen oder denken soll«, schreibt Heggen. »Kaum einer, der nicht Tränen in den Augen hat.«[12]

Die deutsche Handballszene steht unter Schock. Eltern und Freundin von Deckarm werden nach Ungarn geflogen, es sind Tage zwischen Hoffen und Bangen. Die Deutsche Sporthilfe erklärt, alle Kosten der Behandlung zu übernehmen, Bundestrainer Vlado Stenzel reist ebenfalls nach Budapest. Das DHB-Pokalspiel des VfL gegen den TSV Rintheim wird abgesagt, der Gegner erklärt den Verzicht zugunsten der Gummersbacher. Am 27. April – neun Tage, nachdem seine Mannschaftskameraden erstmals wieder aufliefen und in der Bundesliga mit 17:15 gegen den TV Grambke gewannen – wird Deckarm von der Deutschen Rettungswacht mit dem Flugzeug nach Köln gebracht. Während Deckarm weiterhin im Koma liegt, spielt sein VfL im Mai um den Europapokal. »Man hat uns gesagt, ihr spielt auch für Jo mit«[13], zitiert die *FAZ* damals Heiner Brand. Nach einer 15:18-Niederlage gewinnt der VfL im Rückspiel mit 15:11 und sichert sich so den sechsten europäischen Titel – und widmet ihn Deckarm, der immer noch im Koma liegt.

Am 8. August 1979 erwacht der Rückraumspieler in der Neurochirurgischen Universitätsklinik in Homburg an der Saar aus dem Koma. 131 Tage hat der damals vielleicht beste Handballer der Welt im Koma gelegen, 131 Tage haben seine Familie und seine Mannschaftskameraden um sein Leben gebangt. Nun ist er aufgewacht und kämpft sich ins Leben zurück – Stück für Stück und mit der Unterstützung seiner Familie und seiner Freunde. Einer von ihnen ist sein früherer Trainer Werner Hürter, über den Deckarm heute sagt: »Ich verdanke ihm mein Leben.«[14]

Mit einem unglaublichen Optimismus und Lebenswillen geht Deckarm seine Rehabilitation an. Trainierte er früher für das nächste Spiel, schindet er sich nun, um ins Leben zurückzufinden. Er zieht zurück zu den Eltern, über seinem Bett hängt der Spruch »Ich kann. Ich will. Ich muss.«. Es wird sein Mantra. »Alles muss hart erkämpft werden«, sagte seine Mutter Ruth, sein Betreuer Reinhard Peters erinnert sich: »Bis wir ihm beigebracht hatten, die Zähne zu putzen, vergingen sieben Jahre.«[15] Bis 2002 lebte Deckarm bei seinen Eltern, dann zog er in ein Haus der Parität. Inzwischen sitzt er im Rollstuhl, doch seinen Optimismus hat er ebenso wenig verloren wie seinen Humor: »Ich kippe nach rechts ab, nach links wäre aber auch nicht besser«[16], scherzte er in seiner Biografie.

Dem Handball ist Deckarm bis heute treu geblieben – und auch der Handball hat Deckarm nicht vergessen. Bei der Nationalmannschaft ist er ein gern gesehener Gast, besucht er eine Arena – Deckarm ist regelmäßiger Zuschauer beim Final Four um den DHB-Pokal in Hamburg –, erhebt sich das Publikum nicht selten und spendet Applaus. Unter dem Titel »Weltmeister für Weltmeister« verkaufte die Sporthilfe Zertifikate mit den Originalunterschriften aller deutschen WM-Spieler von 2007. Auch die Weltmeistermannschaft von 1978 bildete eine verschworene Gemeinschaft um Deckarm, sie liefen für Benefizspiele zugunsten ihres Teamkollegen auf und trafen sich jahrzehntelang regelmäßig. »Man hat selten Gelegenheit, Freunde fürs Leben zu finden – der Erfolg von 1978 in Kopenhagen war eine solche Gelegenheit«, fasst es Stenzel zusammen. »Der Geist dieser Mannschaft ist ein schönes Vorbild für jedes andere Team.«[17]

Der Zusammenprall von Tatabanya veränderte jedoch nicht nur das Leben von Deckarm von Grund auf. Auch für seinen Gegenspieler Pánovics, mit dem er damals zusammenprallte, hatte der Unfall Folgen: Er beendete seine Karriere als Spieler und hatte mit Depressionen zu kämpfen. Zehn Jahre nach dem Unfall kommt es zu einem ersten Zusammentreffen der beiden Spieler: Mit einer Delegation aus Tatabanya reist Pánovics zum Achtelfinale im DHB-Pokal, das am 30. März 1989 in Groß-Bieberau zwischen der heimischen TSG und dem VfL Gummersbach stattfindet. »Du kannst nichts dafür, es war ein Unfall«[18], sagt Deckarm damals zu Pánovics.

Heute nennt Deckarm seinen Gegenspieler einen Freund, er besuchte ihn mehrfach in Ungarn und reiste sogar nach Tatabanya an den Ort des Zusammenstoßes. Danach sagte er: »Ich fühle mich wie in einer normalen Sporthalle, alles andere ist Vergangenheit.« [19]

Deckarm ist mit seiner Geschichte auch über den Handball hinaus ein Vorbild geworden. »Heute ist Joachim Deckarm für viele Menschen in unserem Land ein Beispiel dafür, dass der Sport allen gesellschaftlichen und persönlichen Krisen zum Trotz Teil einer Kultur des Helfens und der Solidarität geblieben ist«[20], lobte der heutige IOC-Chef Thomas Bach. 1999 wird Deckarm – der Weltmeister, Europapokalsieger, dreimalige Deutsche Meister und zweimalige deutsche Pokalsieger, der in keinem seiner 104 Länderspiele ohne Torerfolg blieb – zum »Sportler des Jahrhunderts (Handball)« in der Wahl des Sportmagazins *Kicker* gewählt.

6. GRUND

Weil die Sprache des Handballs deutsch ist

Als der polnische Spielmacher Bartłomiej Jaszka nach dem Triumph im EHF-Pokal 2015 mit den Füchsen Berlin ein Interview gab, tat er das wie selbstverständlich auf Deutsch. Als der französische Weltmeister Nikola Karabatić mit dem FC Barcelona beim Champions-League-Finalturnier in Köln gastierte, beantwortete dieser die Fragen der zahlreichen deutschen Journalisten lächelnd auf Deutsch. Und auch der mazedonische Nationalspieler Filip Mirkulovski erklärte nach seinem Wechsel zur HSG Wetzlar wie selbstverständlich, natürlich wolle er in drei, vier Monaten deutsch sprechen.

Deutsch ist die Sprache des Handballs – und Spieler, die in die deutschen Ligen wechseln, passen sich dem an. Während Fußballer ihre Interviews nach mehreren Jahren oft immer noch in ihrer Heimatsprache geben, ringen sich viele Handballer bereits nach wenigen Wochen die ersten deutschen Sätze ab – zur Freude der Fans und der Vereine. Die Verständigung auf Deutsch in der deutschen Liga ist so selbstverständlich, dass die englischen Ansprachen von Ljubomir Vranjes – der in den ersten Monaten 2015 auf die Weltsprache zurückgriff, um die Ansagen für seinen ägyptischen Neuzugang Ahmed El Ahmar verständlich zu gestalten – vielen Medien eine Nachricht wert waren.

2007 und 2008 hatten sich auch die Füchse Berlin mit einigen Neuzugängen verstärkt – die (zunächst) kein Deutsch sprachen. Genervt davon ließ sich Manager Bob Hanning zu der markigen Aussage hinreißen: »Wer nicht deutsch spricht, bekommt das Gehalt künftig in seiner Landeswährung ausbezahlt.«[21] Für die Boulevardmedien der Hauptstadt war das ein gefundenes Fressen – sie rechneten umgehend aus, welche Einbußen das für die Spieler bedeuten würde. Bei Spielmacher Jaszka, der damals noch kaum deutsch sprach, errechneten Zeitungen einen Gehaltsverlust von über 4.000 Euro, bekäme er das Gehalt in Zloty statt in Euro, den Norweger Kjetil Strand hätte es bei einem Umrechnungsfaktor von 1:8 zwischen Euro und Krone noch härter getroffen.

Der schnelle Handball erfordert quasi minütlich Absprachen zwischen den Spielern, und auch die taktischen Anweisungen und Motivationsreden der Trainer wollen natürlich verstanden werden. Für den ehemaligen Nationalspieler und heutigen Bundesligatrainer Michael Roth ist die gemeinsame Sprache deshalb die Grundlage: »Wer bei uns spielen will, muss deutsch verstehen und sprechen, egal, aus welchem Land er kommt.«[22] So gehört der Sprachunterricht für die Profis nach einem Wechsel nach Deutschland zum Alltag – was den Franzosen Olivier Nyokas, der sich 2014 dem HBW Balingen-Weilstetten anschloss, zu der scherzhaften Feststellung verleitete: »Deutsch ist viel schwerer als Handball«[23]. Er lernt es trotzdem – denn die Sprache des Handballs ist nun einmal Deutsch.

7. GRUND

Weil Regen und Schnee dem Spiel nichts anhaben können

Das Wetter kann so mancher Sportveranstaltung einen Strich durch die Rechnung machen. Beim Skispringen beeinflusst der Wind die Ergebnisse stark, beim Fußball weicht der Regen den Rasen auf. Auch Hitze, Hagel und Schnee können sich für jede andere Outdoor-Sportart als tödlich erweisen. Im Handball spielen die äußeren Bedingungen jedoch keine Rolle: Die Hallen lassen sich entsprechend klimatisieren, Abkühlung im Sommer und Heizen im Winter.

Entscheidend ist das nicht nur in den Profiligen, sondern auch gerade im Breitensport und dem Jugendbereich. Eltern müssen nicht durchnässt und zitternd das F-Jugend-Spiel verfolgen, es kommt bei Wettereskapaden nicht zu zahlreichen Spielabsagen und dem damit verbundenen Terminstress. In den Hallen und Arenen ist es trocken; die Spielstätten bieten daher bei schlechtem Wetter gar Zuflucht, um trotz Dauerregen aus der Wohnung herauszukommen. Die Wetterunabhängigkeit ist auch ein Grund, warum der Hallenhandball gegenüber dem Feldhandball die Oberhand behielt – die skandinavischen Länder schätzten die besseren Trainingsbedingungen. Und regnet es heute bei einem Rasenturnier, gibt es viele Spielerinnen und Spieler, die genervt festhalten: »Deshalb spiele ich ja Handball …«

Der Vollständigkeit halber sei jedoch hinzugefügt: Auch die Hallensportart Handball hat manchmal mit den Witterungsbedingungen zu kämpfen – so wie bei der WM 2005 in Tunesien, der wohl kältesten Weltmeisterschaft aller Zeiten. Das nordafrikanische Land war zu der Zeit des Turniers einer ungewöhnlichen Kältewelle ausgesetzt. Das Problem: In den Hallen bestanden keine Heizmöglichkeiten, da diese aufgrund der normalerweise hohen Temperaturen nicht gebraucht werden. In Sousse, dem Spielort der deutschen Mannschaft in der Vorrunde, herrschten zwischen einem und acht Grad, zudem zog es. »Es ist arschkalt in der Halle«, fluchte DHB-Kapitän Florian Kehrmann damals. »Die Finger sind total steif und ohne Gefühl.«[24] Torsten Jansen verkündete, »am liebsten in langer Unterhose« spielen zu wollen, und Teamarzt Dr. Berthold Hallmaier stellte genervt fest: »Wir haben schon überlegt, Kannen mit heißem Tee an die Bank zu stellen.«

8. GRUND

Weil der Handball Deutschland ein Wintermärchen bescherte

»Wenn nicht jetzt, wann dann?«, sangen De Höhner 2007 und sorgten damit für den Soundtrack für die Weltmeisterschaft im eigenen Land. Mit Erfolg: Auf das Fußball-Sommermärchen folgte das Handball-Wintermärchen wenige Monate später. Im Gegensatz zu dem Team von Jürgen Klinsmann, das im Halbfinale ausschied, holte das Team von Heiner Brand jedoch den WM-Sieg. »Deutschland krönt Traum-WM mit Titel«, schrieb der SPIEGEL nach dem Finalsieg und traf damit den Nagel auf den Kopf.

Es waren Wochen eines unglaublichen Handball-Rausches, den Deutschland erlebte. »Normalerweise ist Handball das vernachlässigte Stiefkind der Sportberichterstattung«, schrieb der SPIEGEL. »Mit der Weltmeisterschaft 2007 war der Hallensport plötzlich in aller Munde und mit jedem Spiel der deutschen Mannschaft im eigenen Land wuchs das Interesse. Mit einem Mal war jeder ein Handballfan.«

Und keiner war davon überraschter als die Nationalmannschaft selbst: Je weiter die Mannen um Brand kamen, desto größer wurde die Unterstützung. Fans säumten die Straßen und begleiteten den Mannschaftsbus mit schwarz-rot-goldenen Fahnen bis zum Spielort, und in den Hallen herrschte eine mitreißende Stimmung. »Ihr seid sensationell, Wahnsinn, was ihr in den letzten Wochen geleistet habt«, wandte sich Bundestrainer Brand an die abertausend Fans, die das Team nach dem Titelgewinn auf dem Kölner Rathausbalkon feierten. »Es ist unglaublich, was hier mit unserer kleinen Sportart Handball passiert. Ich brauche noch einige Wochen, um das zu begreifen.«

Bis auf den Rathausbalkon war es jedoch ein langer Weg: Die Probleme von Nummer eins Henning Fritz, der im Verein nur noch Nummer drei war, beherrschte viele WM-Vorberichte, und auch beim Eröffnungsspiel schwappte die Stimmung noch nicht über. Auch die Auftritte der deutschen Auswahl begeisterten zu Beginn noch nicht. »Deutschland holpert zum ersten Sieg«, schrieb der *SPIEGEL* nach dem 27:22-Auftaktsieg gegen Brasilien. Auch der folgende 32:20-Sieg gegen Argentinien wurde unter Pflichtsieg verbucht, bevor im letzten Vorrundenspiel die erste – und, wie sich herausstellen sollte, einzige – Niederlage im Turnier folgte. »Rückschlag für die DHB-Auswahl: Auf dem Weg in die Hauptrunde ließ das Team von Heiner Brand gegen Polen zwei wichtige Punkte liegen«, notierte der *SPIEGEL*. »Den Unterschied machten die Rückraumspieler.«

Für den Einzug in die Hauptrunde reichte es trotzdem; als Gruppenzweiter hinter Polen. »Unser Problem ist, dass wir die Angriffe nicht ausspielen«[25], hatte Bundestrainer Brand nach der Niederlage bilanziert. Das gelang im Verlaufe des Turniers immer besser – zumal zwei weitere personelle Faktoren hinzukamen: Torwart Henning Fritz fand sein Selbstvertrauen wieder und wurde zum sicheren Rückhalt, während Rückkehrer Christian Schwarzer die Moral der Mannschaft stärkte und dem Team den Glauben an sich gab.

So fuhr die deutsche Mannschaft in der Hauptrunde Siege gegen Slowenien (35:29), Tunesien (35:28), Frankreich (29:26) und Island (33:28) ein. Besonders das Spiel gegen die Franzosen war eine beeindruckende Leistung. Youngster Michael Kraus kompensierte den Ausfall von Markus Baur und spielte groß auf. »Deutschlands Nummer 18 riss die Begegnung an sich, dirigierte seine Nebenmänner, als wäre er seit Turnierbeginn Stammspieler, und spielte immer wieder kluge Pässe an den Kreis«[26], lobte der *SPIEGEL* in dem mit »Vom Feigling zu Favoriten« überschriebenen Spielbericht. Der Spielmacher reichte das Lob, das er erhielt, weiter: »Die Stimmung war sensationell. Mit solchen Fans im Rücken muss man sich keine Sorgen machen.«[27]

In der Tat war inzwischen der Funke übergesprungen: Deutschland stand hinter der DHB-Auswahl und verwandelte Dörfer und Städte in ein schwarz-rot-goldenes Meer der Begeisterung. »Die Fußball-WM war ein Sommermärchen, das ist nun ein Wintermärchen«[28], urteilte auch Fußballlegende Franz Beckenbauer. Mit dem 27:25-Viertelfinalsieg gegen Weltmeister Spanien fachte die Mannschaft die Begeisterung weiter an. »Rekordeinschaltquoten, sportliche Glanzleistungen und ein Glückwunsch-Fax von Jogi Löw: Vor dem WM-Halbfinale gegen Frankreich strotzt das DHB-Team vor Selbstbewusstsein«, notierte der *SPIEGEL* am Tag vor dem Spiel.

Und die Mannschaft enttäuschte die 19.000 Fans in der Kölner Arena nicht: Nach einem unglaublichen Kampf wurde Frankreich in der zweiten Verlängerung bezwungen. Den entscheidenden Treffer erzielte Kapitän Markus Baur. »Wir sind im Finale, und das im eigenen Land. Bei diesen Fans will man eigentlich gar nicht mehr aus der Halle gehen«, jubelte Linksaußen Dominik Klein, während Torwart Henning Fritz – der nach dem Abpfiff wie entfesselt über das Spielfeld stürmte – festhielt: »Wir haben jetzt zum zweiten Mal gegen Frankreich gewonnen, das ist unglaublich. Ich habe nach den letzten Spielen versucht, mich von einem Superlativ zum nächsten zu retten. Jetzt sage ich nur noch: Ich bin glücklich.«[29]

Glücklich war der Torwart auch drei Tage später – trotz Verletzung. In der 35. Minute im Finale gegen Polen war Fritz falsch aufgekommen und mit schmerzverzerrtem Gesicht zusammengebrochen. Für ihn kam Johannes Bitter in die Partie, und Fritz verfolgte von der Bank, wie die Mannschaft den 29:24-Sieg perfekt machte und sich für die Niederlage in der Vorrunde revanchierte. »Mir fehlen die Worte, ich weiß nicht, was ich sagen soll. Ich kanns noch gar nicht fassen. Ich habe vor drei Wochen nicht für möglich gehalten, dass so etwas passieren kann. Es wird dauern, bis ich das kapiere«, rang der Bundestrainer nach dem Titelgewinn um passende Worte. Henning Fritz und Michael Kraus wurden zudem mit einer Berufung ins All-Star-Team ausgezeichnet.

Für Baur, Brand und Co. begann nach dem Sieg ein wahrer Partymarathon. »Wir werden jetzt feiern wie die Weltmeister. Das ist nicht nur mit 24 Stunden getan. Dafür brauchen wir zwei Tage«, kündigte Oliver Roggisch freudetrunken an. Im ganzen Land schlossen sich die Fans an und feierten mit Autokorsos und Feuerwerk den WM-Titel. Selbst die Bundeskanzlerin gratulierte dem DHB-Team: »Sie und Ihre Jungs haben Millionen Deutschen mit einer beispiellosen Hingabe und Leidenschaft große Freude bereitet.« Für die Spieler war all das egal – sie hatten sich einen Lebenstraum erfüllt. Christian Schwarzer fasste zusammen: »Weltmeister im eigenen Land, was Größeres gibt es nicht.«[30]

Das Weltmeister-Team 2007: Henning Fritz, Johannes Bitter, Carsten Lichtlein, Oliver Roggisch, Dominik Klein, Holger Glandorf, Pascal Hens, Markus Baur, Christian Zeitz, Torsten Jansen, Andrej Klimovets, Michael Kraus, Florian Kehrmann, Lars Kaufmann, Christian Schwarzer, Sebastian Preiß und Michael Haaß. Trainer: Heiner Brand.

9. GRUND

Weil die Schiedsrichter dazugehören

Ohne Schiedsrichter geht es nicht: Das ist eine Tatsache. Ohne Schiedsrichter keine Spiele, ohne Schiedsrichter keine Meisterschaft, ohne Schiedsrichter kein Handball. Trotzdem werden die Unparteiischen (wie wohl in den meisten anderen Sportarten auch) teilweise aufs Heftigste kritisiert. Ein Grund, den Handball zu lieben, ist aber: Der Großteil der Handball-Schiedsrichter stellt sich trotzdem immer wieder in die Halle, bleibt seiner Sportart treu – und hält sie damit am Leben.

Insgesamt gibt es 27.449 (Stand: 2013) gemeldete Schiedsrichter im DHB. Sie alle haben die schwierige Aufgabe, eine der am schwersten zu pfeifenden Sportarten sauber über die Bühne zu bringen. Mit seinem Tempo, den vielen Aktionen auf engem Raum und dem hohen Maß an Körperkontakt sind es Tausende Entscheidungen, die die Schiedsrichter in einem Spiel zu fällen haben. »Du musst als Schiedsrichter akzeptieren, dass du Fehler machst«[31], gehört auch für Robert Schulze und Tobias Tönnies, die für den Deutschen Handballbund auch auf internationalem Parkett unterwegs sind, zu ihrem Job dazu.

Fakt aber ist: Bei einem Großteil ihrer Entscheidungen liegen die Schiedsrichter richtig. »Das Schlimme ist jedoch, dass vor allem die Spiele in der Erinnerung bleiben, die schlecht gelaufen sind«, gesteht Bundesligatrainer Michael Roth von der MT Melsungen ein. »Es gehen viele Bundesligaspiele über die Bühne, wo die Schiedsrichter wirklich Top-Leistungen bringen, aber diese werden nicht ausreichend honoriert.«[32]

So ist das Verhältnis zwischen Schiedsrichtern, Trainern und Spielern in der Regel auch gut – man kennt sich, man schätzt sich. Nach dem Spiel steht man in geselliger Runde zusammen und fachsimpelt; in unteren Spielklassen teilen sich Mannschaften und Unparteiische manchmal sogar die Dusche. Die Schiedsrichter sind ebenso ein Teil des Spieles wie Mannschaften, Trainer oder der Ball.

Dieses Gefühl der Zugehörigkeit ist auch für die Schiedsrichter wichtig – verbringen sie doch ebenso viel Freizeit an der Pfeife wie die Spieler am Ball. Es ist für viele eine Leidenschaft mit einem Nutzen für das gesamte Leben. »Es bringt uns so viel, denn neben den schönen Erlebnissen und Erfahrungen, die wir machen dürfen, war es auch für unsere Persönlichkeitsentwicklung sehr wichtig«, unterstreicht Bundesligaschiedsrichter Hanspeter Brodbeck, während sein Gespannpartner Simon Reich schlicht von »einem unglaublichen Spaß und einer unglaublichen Freude« am Pfeifen spricht. Er sagt – und spricht damit wohl für alle Schiedsrichter: »Uns geht es wie den Spielern – wir wollen aufs Spielfeld.«[33]

10. GRUND

Weil nachhaltige Arbeit belohnt wird

Die Geschichte des TuSEM Essen in den ersten Jahren nach der letzten Jahrtausendwende ließe sich mit einer Achterbahnfahrt vergleichen – oder dem Kreislauf eines Phoenix: Zu Asche zerfallen, wiederauferstanden, zu Asche zerfallen. 2005 erhielt der TuSEM aufgrund von finanziellen Schwierigkeiten – ein Sponsor hatte zugesicherte Gelder nicht gezahlt – keine Lizenz und musste nach 26 Jahren Bundesliga in die Regionalliga absteigen. Ein großer Fall für den dreifachen deutschen Meister. Mit einem Durchmarsch kehrte der TuSEM in zwei Jahren wieder in die Beletage zurück – nur, um im ersten Bundesligajahr aufgrund von finanziellen Schwierigkeiten erneut einen Zwangsabstieg in die Regionalliga hinnehmen zu müssen.

Das war der Wendepunkt beim Altmeister: Der TuSEM krempelte sein Konzept um und professionalisierte seine Struktur. In Essen setzten sie seitdem auf junge deutsche Spieler, die am besten aus dem eigenen Nachwuchs kommen sollen. »Der TuSEM hat sich mit großen Schritten vom Sorgenkind zum soliden Unternehmen in der Handball-Bundesliga entwickelt«, lobte Frank Bohmann, Geschäftsführer der HBL, die Entwicklung in Essen. Nach dem erneuten Aufstieg in die Bundesliga erklärte Stephan Krebietke, damals sportlicher Leiter: »Es gibt natürlich einige ungeduldige Fans, denen es nicht schnell genug geht, aber der Großteil unserer Zuschauer geht unseren Weg mit. Sie wissen, dass es nicht von heute auf morgen geht.«[34] Nicht von heute auf morgen, keine Achterbahn und kein Phoenix mehr, der ständig zu Asche zerfällt: Der Traditionsverein TuSEM Essen hat es mit einer Besinnung auf die nachhaltige Entwicklung geschafft, sich wieder zu stabilisieren.

Auch alle anderen Bundesligavereine setzen längst nicht mehr (ausschließlich) auf teure Neuzugänge, sondern gewähren dem eigenen Nachwuchs eine Chance. In der Bundesliga sind die Füchse Berlin dafür das beste Beispiel. Unter Manager Bob Hanning wurde nicht nur das Leistungszentrum »Füchse Town« gebaut, sondern mit Fabian Wiede und Paul Drux formte man in der Hauptstadt auch zwei A-Nationalspieler. Neben dem Duo gelang zudem zahlreichen weiteren »Jungfüchsen« der Sprung auf das Bundesligaparkett. Welchen Wert in Berlin auf den Nachwuchs gelegt wird, zeigt unter anderem das gemeinsame Trainingslager, das die Profis gemeinsam mit allen Jugendmannschaften bis hinunter zur C-Jugend absolvieren.

Die HBL hat die Bedeutung der Nachwuchsförderung ebenfalls erkannt und verleiht jährlich ein Jugendzertifikat an die Vereine, die die vorgeschriebenen Standards erfüllen. Ist das nicht der Fall, erhält der Klub das Gütesiegel nicht und muss eine Geldstrafe in einen gemeinsamen Jugend-Fonds einzahlen. Für 2015 erhielten 17 von 19 Erstligisten das Zertifikat. Doch auch abseits der Talentförderung versuchen die Vereine – von der Bundesliga bis zur Kreisklasse –, Kinder und Jugendliche mit zahlreichen Projekten und Aktionen für den Handball zu begeistern, damit die derzeit beeindruckende Mitgliederzahl nicht ebenfalls wie ein Phoenix zu Asche zerfällt.

2. KAPITEL

VON A WIE ANREISE BIS Z WIE ZEBRA

11. GRUND

Weil die Anreise zu einem Champions-League-Finale weniger als 80 Kilometer betrug

Manchmal ist die große europäische Handballwelt ganz klein – so wie im April 2007, als sich alle Augen auf Flensburg und Kiel richteten. Die beiden Fördestädte in Schleswig-Holstein wurden Schauplatz einer ganz besonderen Geschichte: des ersten deutsch-deutschen Finales in der EHF Champions League, wie der Europapokal der Landesmeister seit der Saison 1993/94 heißt. Der THW Kiel und die SG Flensburg-Handewitt, zugleich Nachbarn und Rivalen, maßen sich im Duell um die europäische Krone miteinander.

Bevor der Europäische Handballverband das große Finalturnier der Champions League in Köln ins Leben rief, wurde der Titelkampf in Hin- und Rückspiel ausgetragen. 77,8 Kilometer trennen die Flens-Arena in Flensburg und die Sparkassen-Arena in Kiel, die zum damaligen Zeitpunkt noch Campushalle und Ostseehalle hießen. Es war die wohl kürzeste Anreise in der Geschichte des Wettbewerbs, solange der Modus mit Hin- und Rückspiel existierte. Die Finalqualifikation, die Mannschaften und Fans sonst Flüge, Hotelübernachtung und Reisestrapazen bescherte, kostete die Gegner hier gerade mal eine einstündige Fahrt mit dem Auto. Für Hin- und Rückfahrt absolvierten die beiden Kontrahenten zusammen weniger Kilometer, als der FC Barcelona zwei Jahre zuvor nur für die Anreise zu BM Ciudad Real hatte fahren müssen.

Dass sich Flensburg und Kiel nun im Finale begegneten, war ein neuer Höhepunkt in der langen Derbygeschichte, welche die Vereine verbindet. Rivalitäten wie diese sind für den Sport ein Glücksfall, ziehen sie doch immer eine besondere Aufmerksamkeit auf sich und versprechen eine besondere Spannung. »Wenn Kiel gegen Flensburg spielt, nützt die internationale Erfahrung nichts«, erklärte selbst THW-Spielmacher Stefan Lövgren. SG-Urgestein Lars

Christiansen erklärte mit Blick auf seine Ankunft in der Bundesliga: »Ich habe schnell gelernt, wie verrückt das war – fast wie das Aufeinandertreffen zweier Religionen.«[35]

Doch selbst in der langen Geschichte der Rivalität zwischen den beiden Vereinen ist dieses Duell in der Königsklasse etwas Besonderes. »Die beiden Nachbarn von der Ostseeküste im Kampf um die europäische Handballkrone – was für eine Dramaturgie«, schreibt Journalist Frank Schneller im Buch *In der Hitze des Nordens*. Das Hinspiel in Flensburg fand am 22. April 2007 statt und endete mit 28:28. Die Entscheidung über das Champions-League-Finale mit der kürzesten Anreise sollte also in Kiel fallen. Die ersatzgeschwächten Kieler behielten vor eigenem Publikum nach großem Kampf die Oberhand und siegten mit 29:27. Es war der erste Kieler Champions-League-Titel – und dass dieser ausgerechnet gegen den Lokalrivalen gelang, stellte das Sahnehäubchen dar.

Randnotiz: Der Sieger in der Champions League wurde 1979 und von 1981 bis 2009 in Hin- und Rückspiel ermittelt (zuvor war das Endspiel an einem neutralen Ort ausgetragen worden, seit 2010 findet das VELUX EHF Final Four statt). Die längste Reisestrecke in diesem Zeitraum mussten in der Saison 1989/1990 der FC Barcelona und SKA Minsk auf sich nehmen – knapp 2.700 Kilometer beträgt die Entfernung zwischen den beiden Städten.

Randnotiz, die zweite: 2014 standen sich der THW Kiel und die SG Flensburg-Handewitt erneut in einem Champions-League-Finale gegenüber. Am 01. Juni siegten dabei die Flensburger vor 20.000 Zuschauern in der Kölner Lanxess-Arena. Mit dabei waren vier Akteure, die auch 2007 schon dabei gewesen waren: Ljubomir Vranjes hatte SG-Trikot gegen Trainershirt getauscht, die Linksaußen Anders Eggert (SG) und Dominik Klein (THW) liefen noch jeweils für denselben Klub auf – und auch Mattias Andersson war noch dabei. Der schwedische Keeper ist der erfolgreichste Spieler dieses Duells – gewann er 2007 noch mit dem THW Kiel den Titel, hütete er 2014 das Tor der SG …

12. GRUND

Weil Willi Daume seine große Funktionärskarriere beim DHB begann

Wer heute den Deutschen Handballbund besucht, wird allein durch den Sitz des Verbandes im Dortmunder Süden an den ersten Präsidenten erinnert. Der weltgrößte Handballverband residiert im Willi-Daume-Haus und verneigt sich damit stets vor einem seiner Gründungsväter. Der 1913 geborene Daume übernahm nach der Verbandsgründung 1949 den Vorsitz und führte den DHB sechs Jahre lang. Der Posten war für den Feldhandballer das Sprungbrett für seine Funktionärskarriere und verhalf ihm in der internationalen Sportszene zu einer einzigartigen Laufbahn – mit Höhen und Tiefen.

Dem Handball war der spätere Spitzenfunktionär Daume, der im Allgemeinen nicht mit dieser Sportart in Verbindung gebracht wird, seit frühester Kindheit verbunden. Als junger Mann gehörte der Torwart zum erweiterten Olympia-Kader der deutschen Mannschaft für die Spiele 1936, wurde dann jedoch in die aus dem Boden gestampfte Basketball-Nationalmannschaft beordert. Bei den Olympischen Spielen stand er dort zwar im Kader, blieb aber ohne Einsatz – und verpasste damit die Goldmedaille der Feldhandballer. 1938 beendete Daume seine sportliche Laufbahn, da er nach dem Tod seines Vaters die Eisengießerei der Familie übernahm.

Nach dem Ende des Zweiten Weltkrieges lag die deutsche Sportlandschaft ebenso wie Großteile des Landes in Trümmern. Daume beteiligte sich in seiner Heimat, dem Ruhrgebiet, auf ersten Funktionärsposten am Wiederaufbau. »In der Nachkriegszeit schlitterte ich von der aktiven Wettkampftätigkeit in die organisatorische«[36], beschrieb er seinen Aufstieg. 1949 wurde er erster Präsident des Deutschen Handballbundes, was er bis 1955 blieb. Den Weltmeistertitel im Feldhandball, den die deutsche Auswahl 1955 im eigenen Land errang, erlebte Daume so an der Spitze des Verbandes.

Das Fazit der Entwicklung fiel bei seinem Rücktritt entsprechend positiv aus: »Wenn wir von der Stunde null, dem Tage des Zusammenbruchs des ganzen Lebens in Deutschland im Frühjahr 1945, ausgehen und unsere Betrachtungen mit der vom Deutschen Handballbund so großartig durchgeführten Weltmeisterschaft abschließen, so können wir alle, die wir hier versammelt und die wir an dem Wiederaufbau im gleichen Umfange beteiligt sind, nur befriedigt und stolz sein.«

Parallel zu seiner Tätigkeit im DHB begann Daume bereits 1950 seine Laufbahn auf der großen Sportbühne. Zunächst wurde er Präsident des Deutschen Sportbundes, 1956 wurde Daume ins Internationale Olympische Komitee berufen, dessen Vizepräsident er von 1972 bis 1976 war. Der Unternehmer war Organisator der Olympischen Spiele von 1972 und kandidierte 1980 als IOC-Präsident. In der Abstimmung unterlag er jedoch gegen Juan Antonio Samaranch. »Ein Grund war der westdeutsche Boykott der Olympischen Spiele in Moskau – eine der größten Niederlagen in Daumes Karriere«, bilanzierte *HM – das Handballmagazin* in einem Rückblick auf die Karriere des Funktionärs. Doch selbst Daume gelang in seiner Karriere nicht alles. Als er 1955 als DHB-Präsident zurücktrat, erklärte der leidenschaftliche Feldhandballer: »Auch das Hallenspiel kommt auf – es sollte nicht zu viel aufkommen!« Und auch, wenn sich dieser Wunsch des ersten Verbandspräsidenten nicht erfüllte, spielte Daume für den Handball eine entscheidende Rolle.

13. GRUND

Weil einen der Handball ein Leben lang begleitet

Es ist eine Liebe fürs Leben: Wer einmal sein Herz an den Handball verloren hat, bekommt es nicht wieder. Der Sport gehört ab diesem Zeitpunkt zum Leben, ob als Spieler, Trainer, Ehrenamtler oder Fan.

Freunde teilen die Begeisterung für den Sport, oft fangen auch die Kinder mit dem Handball an, sobald sie alt genug sind. Ein schöneres Hobby als den Handball und die Liebe zu dieser tollen Sportart kann es eigentlich nicht geben – denn schließlich bekommt man unheimlich viel zurück.

Manchmal mag der Zweifel groß sein, ob das mit dem Handball wirklich eine gute Idee ist: Wenn wieder die Trikots der Jugendmannschaft gewaschen werden müssen. Wenn die favorisierte Mannschaft einfach nicht gewinnt. Wenn man sich beim Kuchenverkauf auf dem Vereinsturnier die Beine in den Bauch steht. Wenn der in der zugigen Sporthalle verkaufte Kaffee mal wieder kalt ist und das Kind ewig für das Umziehen braucht. Wenn der Trainer einen immer wieder und wieder auf die Bank setzt. Wenn statt um die Sache nur um Posten gestritten wird.

Es gibt so viele Möglichkeiten, sich mit dem Handball neben dem eigenen Spielen zu beschäftigen: Trainer, Schiedsrichter und Kampfgericht werden eigentlich immer gesucht; ebenso wie Freiwillige für den Kuchenstand in der Halle oder die Organisation eines Vereinsfestes. Eltern fahren ihre Kinder zu den Spielen und fiebern mit; Freunde unterstützen sich gegenseitig. Trikots müssen gewaschen, Hallenzeitungen erstellt werden. Es werden Hallensprecher gebraucht, ebenso wie Kassierer für das Eintrittsgeld. Als Jugendwart oder Abteilungsleiter kann man den eigenen Verein mitgestalten oder sich auch in Gremien im Landesverband einbringen. Fans unterstützen die Vereine in ihrer Region und reisen mit der Nationalmannschaft um die Welt.

Denn unabhängig von allen Zweifeln kommt auch immer wieder der Punkt, an dem man weiß, warum man sich das eigentlich antut: Wenn sich der E-Jugend-Spieler unbändig freut, weil er sein erstes Tor geworfen hat. Wenn man mit seinem Verein den Aufstieg feiert. Wenn einem die Gänsehaut über den Rücken läuft, weil ein Spieler bei seinem Comeback nach schwerer Verletzung frenetisch gefeiert wird. Wenn man nach dem Spiel mit den Mannschaftskollegen bei einem kühlen Getränk noch fachsimpeln kann. Wenn am Tag des Vereinsturniers die Sonne vom Himmel strahlt. Wenn dieser eine Wurf, den man immer wieder trainiert hat, endlich sitzt. Wenn man sich in seiner Mannschaft und seinem Verein zu Hause fühlt.

Dann weiß man wieder, warum man den Handball liebt – und warum man ihm ein Leben lang treu bleibt.

14. GRUND

Weil der Handball dem Basketball einen Schritt voraus ist

Eigentlich logisch, oder? Im Baskteball sind zwei Schritte erlaubt, im Handball drei – und mit einem Schritt mehr kommt man schließlich weiter … Unabhängig davon: Wird der Ball geprellt, ist die Anzahl der Schritte selbstverständlich egal – so weit und so schnell wie möglich, ist dann eher die Devise.

Kurios: Während beim Hallenhandball der Ball durchgehend geprellt werden muss, ist das Prellen bei der Sandvariante zwar erlaubt, aber (meist) nicht möglich (wer mal versucht hat, im Sand zu prellen, weiß das) – und im Feldhandball durfte einst der Ball beim Prellen zwischendurch in beide Hände genommen werden.

15. GRUND

Weil Deutschland das Mutterland des Handballs ist

Der deutsche Handball wird gerne mit Superlativen beschrieben: Die Bundesliga, da ist sich die Fachwelt einig, ist die stärkste Liga der Welt und der Deutsche Handballbund ist, das belegen die Mitgliederzahlen, der größte Verband der Welt. Man könnte also sagen: Der Handball ist in Deutschland zu Hause. Warum es bundesweit eine so große Verbundenheit mit dem Sport gibt, liegt auf der Hand: Der Sport wurde in Deutschland erfunden.

Vorformen des Handballs gab es bereits in der Antike: In Griechenland wurde Urania gespielt, im Römischen Reich übte man Harpastum aus. Mit dem heutigen Hallenhandball haben diese beiden Spiele jedoch allenfalls das Werfen gemein. Erst gegen Ende des 19. Jahrhunderts entwickelten sich in Europa parallel zum Fußball verschiedenste Formen wie Raffball, Korbball oder Torball. Inspiriert von diesen Vorläufern legte der dänische Lehrer Holger Nielsen ein erstes Regelwerk für seine Sportart »Haandbold« fest. Sein Entwurf verbot ausdrücklich das Spiel mit dem Fuß und sah ein 45 x 30 Meter großes Feld vor, auf dem sich Mannschaften mit elf Spielern begegneten. Bereits einen Vorläufer des Torkreises erdachte Nielsen. Die Entwicklung der verschiedenen Spielvarianten in Europa wurde jedoch durch den Ersten Weltkrieg gestoppt.

Während der dänische »Haandbold« eine in ihrer Rauheit für Männer ausgelegte Sportart war, gelang dem Deutschen Max Heiser mit der Entwicklung des Handballs als Frauensportart der Durchbruch. »Zur Aufzucht eines starken, wehrbaren Geschlechts bedarf es auch starker, gesunder Frauen«[37], erklärte ein Kreisturnwart damals. Der Berliner Max Heiser präsentierte daraufhin 1915 ein neues Frauenspiel, das er zunächst ebenfalls Torball nannte. Es untersagte jeglichen Kampf um den – noch relativ großen und schweren – Ball mit Körperkontakt und wurde auf einem 50 x 20 Meter großen Feld gespielt, dessen Tore von einem vier Meter großen Wurfkreis umgeben waren. Nach zwei Jahren, in denen die Sportart ausprobiert wurde, legte der Berliner Turnrat am 29. Oktober 1917 das Regelwerk schriftlich fest und benannte den Torball in Handball um. Unterzeichnet waren die Regeln von Max Heiser. Das Datum gilt seitdem gemeinhin als Geburtsstunde des Handballs.

Nach dem Ende des Ersten Weltkrieges wurde die Sportart durch Carl Schelenz weiterentwickelt. Er verkleinerte die Bälle, führte das Prellen ein und erlaubte den Körperkontakt, wodurch das Spiel für

Jungen und Männer interessant wurde. Das Spielfeld übernahm er vom Fußball. 1920 wurde in Berlin das erste (Feld-)Handballspiel zwischen zwei Männermannschaften ausgetragen, 1921 holte sich der TSV 1860 Spandau die erstmals ausgetragene Deutsche Meisterschaft. In den folgenden Jahren fanden sich immer mehr Mannschaften zusammen und der Handball erreichte auch die Nachbarländer. So fand 1925 das erste Länderspiel zwischen Deutschland und Österreich statt, welches die deutsche Auswahl mit 6:3 für sich entschied. Drei weitere Jahre später wurde im Rahmen der Olympischen Spiele in Amsterdam von elf Nationen der erste internationale Handballverband gegründet. Mitglieder der IAHF – des Vorläufers des heutigen Weltverbandes IHF, der nach dem Zweiten Weltkrieg entstand – waren unter anderem Deutschland, Dänemark und Frankreich. Damit war der Feldhandball, dessen Regeln inzwischen einheitlich festgelegt waren, offiziell in der Sportwelt angekommen – und im Gegensatz zu IAHF-Gründungsmitgliedern wie Kanada, Irland und den USA hat sich Deutschland als das Mutterland des Handballs in der Weltspitze gehalten.

16. GRUND

Weil ein Handicap keines sein muss

Inklusion ist seit einigen Jahren ein großes Thema in der Politik – von Gemeinden bis zur Bundesebene. Kinder und Jugendliche mit und ohne Handicap sollen gemeinsam lernen und so gegenseitige Berührungsängste abbauen. Während es im Schulwesen noch an der Umsetzung hapert, ist die Inklusion im Handball angekommen. Das Engagement ist bundesweit groß – um nur einige Beispiele zu nennen:

In Hamburg rief die Initiative »Freiwurf Hamburg« den ersten Ligaspielbetrieb für inklusive Mannschaften unter dem Dach eines

Fachverbandes ins Leben; der Bundesligist HSV Hamburg unterstützt das Projekt. In Lübeck ermöglichte es das Projekt »Handball für alle«, dass Jugendliche mit und ohne Handicap gemeinsam trainieren. In Flensburg bieten die »Fireballs Munkbrarup« ebenfalls eine Trainingsgruppe an. In Hamburg wurde der geistig behinderte Sven Schmalfeld zum Schiedsrichter ausgebildet. Der Verein ETB Schwarz-Weiß Essen meldete als erster Verein eine Mannschaft mit geistig behinderten Menschen für den regulären Spielbetrieb in einer Liga. Der Badische Handball-Verband organisierte vor einem Bundesligaspiel der Rhein-Neckar Löwen ein Spiel von zwei Mannschaften gegeneinander, deren Spieler ein Handicap haben.

Die Projekte begeistern auch die deutschen Spitzenhandballer. Der ehemalige Bundestrainer Heiner Brand beispielsweise übernahm für das Lübecker Projekt die Schirmherrschaft. »Ich bin begeistert von dem ganzen Projekt. Die Kinder haben gezeigt, wie viel Spaß sie am Handball haben«, erklärte der Weltmeister von 1978 und Weltmeistertrainer von 2007.

Sein Engagement war auch persönlich begründet: »Ich habe in Joachim Deckarm einen sehr guten Freund, mit dem ich in engem Kontakt stehe. Er ist seit einem schweren Sportunfall auf fremde Hilfe angewiesen. Auch deshalb hat mich das Projekt sehr angesprochen und ich habe die Schirmherrschaft gerne übernommen.«[38] Denn Aktionen wie diese zeigen, dass ein Handicap im Handball längst eines mehr sein muss …

17. GRUND

Weil er auch in der Hauptstadt (wieder) zu Hause ist

So groß die Handballtradition in der Hauptstadt auch ist: Die Anhänger der Füchse Berlin mussten lange warten, bevor sie wieder Erfolge wie den DHB-Pokal (2014) oder den EHF-Cup (2015) feiern durften. Doch wenn nun die Füchse Berlin vor 8.000 Zuschauern in die Max-Schmeling-Halle einlaufen, wenn der Nachwuchs der Füchse (mal wieder) eine Deutsche Meisterschaft feiert, wenn die Spreefüxxe über wichtige Siege in der 1. Bundesliga jubeln – dann sind das Beweise dafür, dass der Handball auch in der deutschen Hauptstadt wieder zu Hause ist.

Man könnte auch sagen: Der Spitzen-Handball ist in seine Geburtsstadt zurückgekehrt. In Berlin wurde 1917 das erste Handball-Regelwerk verabschiedet, von hier aus überrollte die Sportart die Republik. Nach dem Ende des Zweiten Weltkrieges fasste die Sportart in der geteilten Stadt auch unter erschwerten Bedingungen Fuß. 1956 und 1964 wurde der Berliner SV Deutscher Meister in der Halle. Die Reinickendorfer Füchse spielten von 1981 bis 1986 dank Mäzen Willi Bendzko in der 1. Bundesliga. Als bekannte Spieler wie Noka Serdarušić, Walter Don und Predrag Timko den Verein nach und nach verließen und der Mäzen sich zurückzog, stieg der Verein zwischenzeitlich bis in die Regionalliga ab. In der DDR holte der SC Dynamo Berlin zwischen 1967 und 1971 drei Deutsche Meisterschaften; 1990 triumphierte der 1. SC Berlin.

Nach der Wende lag der Spitzenhandball im Männerbereich jedoch jahrelang brach, die Füchse Berlin Reinickendorf dümpelten in der 2. Bundesliga herum – bis Bob Hanning die Bühne des Berliner Sports betrat. Am 11. Juli begann er als neuer Geschäftsführer und führte den damals abstiegsbedrohten Zweitligisten 2007 in die 1. Bundesliga und weiter zu den ersten Titeln. »Ich war von Anfang an von dieser Stadt und ihrem Umfeld fasziniert und habe die Möglichkeit gesehen, Dinge anders machen zu können und einen Verein mit kurzen Entscheidungswegen und dem Mut zur Veränderung aufzubauen«, erklärte Hanning bei seinem zehnjährigen Jubiläum rückblickend. »Es ist immer im Leben so: Wenn alle von innen heraus für eine Sache brennen, wird sich auch etwas bewegen lassen.«[39]

Das gelang dem umtriebigen Manager gemeinsam mit Trainer Dagur Sigurðsson: Der Verein wurde in »Füchse Berlin« umbenannt, zog in die Max-Schmeling-Halle und entschied sich für eine konsequente Nachwuchsförderung. Mit Erfolg: 2012 qualifizierten sich die Füchse Berlin für das Final Four um die Champions League, 2013 wurde das Trainingszentrum »Füchse Town« eröffnet, 2014 gewann man den DHB-Pokal, und 2015 folgte mit dem EHF-Pokal der erste Titel der Vereinsgeschichte. In Paul Drux und Fabian Wiede halfen dabei zwei Eigengewächse nach Kräften mit. Von 2011 bis 2014 holte die A-Jugend die Deutsche Meisterschaft, die B-Jugend triumphierte 2010, 2013 und 2015. Wie wichtig den Berlinern ihr Nachwuchs ist, zeigte sich 2015: Manager Hanning weilte mit der B-Jugend bei der Deutschen Meisterschaft in Essen, obwohl die Profis am gleichen Wochenende in Berlin um den EHF-Cup kämpften. Das Finale um den internationalen Pokal konnte er deshalb lediglich im Fernsehen verfolgen.

Die Erfolge beschränken sich jedoch nicht nur auf den Männerhandball: 2014 stiegen die Spreefüxxe in die 1. Bundesliga auf. Die Mannschaft, die ebenfalls zu den Füchsen Berlin gehört, schreibt damit die eigene Bundesligageschichte sowie die erfolgreiche Frauenhandballgeschichte der Hauptstadt fort. Erfolgreichstes Team seit dem Ende des Zweiten Weltkrieges war der TSV Guts-Muth Berlin. Das Team spielte zwischen 1975 und 2000 insgesamt 19 Jahre in der 1. Bundesliga und holte neben drei Pokalsiegen im Jahre 1977 gar den Meistertitel an die Spree. Wann eines der beiden Füchse-Teams daran anknüpfen kann, steht in den Sternen – aber der Bundesligahandball ist in Berlin trotzdem wieder zu Hause ...

18. GRUND

Weil der Trainer eine Auszeit nehmen kann

Wenn es im Spiel nicht so läuft wie gewünscht, sehnt sich mancher Fußballcoach eine Auszeit herbei. Mehr als heftiges Gestikulieren und kurze Einzelgespräche bleiben ihm nicht. Der Handball gesteht seinen Trainern – ebenso wie beim Basketball und beim Hockey – bessere Möglichkeiten des Eingreifens zu: Mit dem Legen der Grünen Karte auf den Kampfgerichtstisch kann der Trainer eine einminütige Unterbrechung beantragen.

Grundsätzlich steht jeder Mannschaft pro Halbzeit eine Grüne Karte zur Verfügung; die Bundesligisten der 1. und 2. Liga können seit 2012 auf eine zusätzliche Auszeit zurückgreifen. Mit einem solchen Time-out lässt sich der Ausgang einer Partie verändern: Ob man nun den Lauf des Gegners unterbrechen, seine Mannschaft neu einstellen oder den Spielern die Möglichkeit zum Durchatmen geben will – der Zeitpunkt, wann ein Trainer die Auszeit legt, kann über Sieg und Niederlage entscheiden.

19. GRUND

Weil ein deutscher Trainer die Champions League gewann

Als der HSV Hamburg im Juni 2013 den größten Erfolg seiner Vereinsgeschichte feierte, freuten sich die Medien nicht nur über den ersten Titel der Hanseaten. »Martin Schwalb ist der erste deutsche Handball-Trainer, der eine Mannschaft zum Sieg in der Champions League geführt hat«, meldete der Sport-Informations-Dienst und zitiert den Trainer mit den Worten: »Das freut mich, keine Frage. Aber ich will mich da nicht in den Vordergrund stellen. Ich bin stolz auf meine Mannschaft.«[40]

Der Champions-League-Erfolg war für den ehemaligen Bundesligaspieler Schwalb ohne Zweifel der wichtigste Erfolg als Coach des HSV – doch genau genommen war er nicht der erste deutsche Trainer, der einen Verein auf den europäischen Thron geführt hatte. Als der THW Kiel im Jahr 2007 über die SG Flensburg-Handewitt triumphierte, saß Noka Serdarušić auf der Bank. Geboren im damaligen Jugoslawien, gab der ehemalige Weltklassekreisläufer im Mai 1998 seinen kroatischen Pass ab und nahm die deutsche Staatsbürgerschaft an.

Die Entscheidung war für den Trainer – der Anfang der 80er-Jahre für den THW Kiel und die Reinickendorfer Füchse in der Bundesliga auflief und 1989 seine erste Trainerstation in Deutschland antrat – eine Herzensentscheidung. Das zeigte sich bei der WM 2003: Deutschland unterlag im Finale Kroatien. Die Frage, ob er zwei Herzen in seiner Brust gehabt hatte, verneinte Serdarušić danach: »Absolut nicht. Ich verdiene mein Geld in Deutschland und werde mein Leben lang hier bleiben«, erklärte der Trainer des THW Kiel und fügte an: »Dass wir Deutschen von den Kroaten etwas lernen könnten, wie viele Experten immer wieder behaupten, ist eine Lachnummer.«[41]

Unabhängig davon, wie diese Aussage sportlich einzuschätzen war – die Kroaten hatten sich bei der WM stark präsentiert –, zeigte sie die innere Überzeugung Serdarušićs. Und so hätte es 2013 wohl heißen müssen: Schwalb war der erste gebürtige deutsche Handballtrainer, der eine Mannschaft zum Sieg in der Champions League führte.

20. GRUND

Weil ein Zebra Kultstatus genießt

Es gibt viele Maskottchen in der Handball-Bundesliga – aber nur einen Hein Daddel. Während viele Klubs ihren Glücksbringer erst in den letzten Jahren entwarfen, sorgt das Zebra seit August 1999 für Stimmung. Das schwarz-weiße Schaumstoffwesen, immer gut gelaunt und immer etwas tollpatschig, genießt längst Kultstatus; in keinem anderen Verein gehört das Maskottchen so eng zur Mannschaft wie in Kiel. Wenn die Fans in der Sparkassen-Arena alle Spieler aufgerufen haben, bildet das Aufrufen von Hein Daddel den Abschluss der Zeremonie.

Benannt wurde das Zebra nach THW-Legende Heinrich Dahlinger. Das Publikum zog den Namen »Hein Daddel« den anderen beiden Vorschlägen »Max« und »Herbert« vor. Der 1922 geborene Dahlinger gewann in den 50er- und 60er-Jahren mit dem THW Kiel fünf Deutsche Meisterschaften und mit der Nationalmannschaft zwei WM-Titel. In 1.871 Spielen erzielte er 5.423 Tore. Sein Spitzname entstand, als ein Zuschauer dem Rückraumspieler zugerufen hatte: »Hein, daddel los«[42] – und Jahrzehnte später ist Hein Daddel jedem Handballfan als Name des Maskottchens ein Begriff.

Die Aufgabe des Zebras? Für Stimmung sorgen. Ein festes Programm gibt es dafür nicht. Er klatscht mit den Fans, animiert sie und treibt vor dem Spiel und in den Auszeiten seine Späße. Mal macht er einarmige Liegestütze, mal fährt er mit Inline-Skatern über das Feld, mal boxt er die Schiedsrichter, und mal balanciert er auf der Bande. Gerade die Kinder lieben das knuddelige Zebra. »Ich achte immer darauf, dass ich viel Kontakt zu den jungen Zuschauern aufnehme. Die lieben dieses Maskottchen«[43], gewährte Hendrik Dold einen Einblick in sein Leben als Hein Daddel.

Das Innenleben des dreiteiligen Schaumstoffkostüms wechselt regelmäßig, meist sind es Studenten, die den begehrten Job übernehmen. Man müsse »Spaß daran haben, Quatsch zu machen«[44], beschrieb Daniel Pöhlmann das Anforderungsprofil, während Philipp Biber die Gefühle bei seinem ersten Heimspiel als Hein Daddel mit den Worten schilderte: »Gänsehaut, einfach nur Gänsehaut – und bloß nicht stolpern.«[45] Auch zum Werbestar wurde das Zebra schon. Der Dreh für den Werbespot eines Sponsors sorgte dabei für ein Novum: Pöhlmann brach die oberste Maskottchen-Regel und nahm in der Halbzeitpause mitten in der Arena seinen Zebra-Kopf ab.

Entworfen und gebaut wurde das Zebra in der Werkstatt von Peter Röders. »Der wohl bekannteste Filmpuppenbauer Deutschlands, aus dessen Werkstatt auch »Bernd das Brot«, »Rabe Rudi« oder »Tabaluga« stammen, hatte vom THW Kiel und dessen Hauptsponsor Provinzial den Auftrag erhalten, ein Maskottchen für die Schwarz-Weißen zu entwickeln«, schildert der Verein den Entstehungsprozess von 1998. »In monatelanger Arbeit entstand aus Zeichnungen und späteren Modellen das erste professionelle Maskottchen eines Bundesligavereins.«

2,10 Meter maß die Figur aus Fleece, Polyurethan- und PPI-Schaum; heute gibt es zwei Ausfertigungen, damit das Kostüm regelmäßig gewaschen werden kann. Beim THW kann man sich ein Leben ohne das Zebra nicht mehr vorstellen: »Hein Daddel und der THW Kiel sind unzertrennbar, das ›Maskottchen‹ ist zu einem sympathischen Markenzeichen des deutschen Rekordmeisters und dreifachen Champions-League-Siegers geworden.«[46] Es ist eben ein Maskottchen mit Kultstatus.

3. KAPITEL

VON KEMPA, DREHER UND LEGER

21. GRUND

Weil der spektakulärste Trick der Sportart von einer deutschen Handball-Legende erfunden wurde

Im WM-Halbfinale 2007 treffen Deutschland und Frankreich aufeinander. Nach 60 hart umkämpften Minuten ist immer noch kein Sieger ermittelt, das Spiel geht in die Verlängerung. Beim Stand von 22:23 aus deutscher Sicht fasst sich Spielmacher Markus Baur mit der linken Hand an die Nase – es ist die Ansage des nächsten Spielzugs. Er macht Druck auf Tor, spielt den Ball hoch in den Kreis, und Linksaußen Dominik Klein fliegt hinein, fängt den Pass in der Luft und verwandelt gegen die französische Torwartlegende Thierry Omeyer sicher. Unentschieden, 19.000 Fans jubeln, Deutschland ist zurück im Spiel.

Der Rest der Geschichte ist bekannt: Deutschland gewinnt nicht nur das Halbfinale, sondern auch das Endspiel und holt den WM-Titel im eigenen Land. Und das alles, weil der erfahrene Stratege Baur im Halbfinale abgezockt genug war, in der entscheidenden Phase auf den Kempa-Trick zurückzugreifen. »Ich denk mir nur: Schorsch, was machst du da?«, erinnert sich der damals gerade erst 23 Jahre alte Klein im Film *Projekt Gold* an die Situation. Doch er springt natürlich trotzdem – und trifft. »Wenn nicht mehr viel geht, geht der sogenannte Kempa-Trick«, jubelte der ZDF-Kommentator, und Klein gestand später ein: »Das war schon ein geiles Gefühl.«

Der Kempa-Trick: Er ist wohl jedem Handballer weltweit ein Begriff. Die Herausforderung, den Ball in der Luft nicht nur zu fangen, sondern vor der Landung auch wieder zu werfen – und das möglichst ins Tor –, lässt Kinder und Jugendliche seit der Erfindung des Tricks stundenlang üben. Auch in der Bundesliga gehört der Kempa-Trick zum Repertoire einer jeden Mannschaft – ihn spielen zu können ist längst selbstverständlich. Im Beachhandball zählt ein Tor per Kempa-Trick gar doppelt.

So leicht sich der Trick zunächst anhören mag, ist er jedoch nicht: Das Timing von Pass und Absprung, die Höhe, ausreichend Sprungkraft und die Kunst, den Ball nach dem Fangen im Sprung sofort platziert zu werfen, verlangt viel Können. Stimmt auch nur eine Komponente nicht, fliegt der Ball meist ins Aus, und der Angriff ist verspielt.

Doch wer ist der Mann, der den Kempa-Trick erfand? Bernhard Kempa, geboren 1920 in Oberschlesien, gehört nicht nur wegen seines Tricks zu den bekanntesten deutschen Handballern aller Zeiten. Er führte die deutsche Feldhandball-Nationalmannschaft als Kapitän zu den Weltmeistertiteln 1952 und 1955 und wurde viermal Deutscher Meister – zweimal in der Halle, zweimal auf dem Großfeld. Zu seiner Zeit galt er als der beste Handballer der Welt, eine Sportartikelmarke ist nach ihm benannt.

Seinen Trick erfand Kempa in den 50er-Jahren im Training: »Der Rückraumspieler nimmt kurzen Blickkontakt mit dem Außen auf, der läuft an und springt ab – und während er das tut, spielt der Rückraumspieler ihm den Ball über die Abwehr hinweg zu, der Außen fängt den Ball in der Luft schwebend und kann ihn am überraschten Torwart vorbei leicht ins Tor werfen«[47], beschreibt der Göppinger den Grundgedanken. Als eine »Steilvorlage in den Torraum«[48] wird er den Trick später bezeichnen.

Internationale Premiere feierte der Kempa-Trick am 24. März 1954 bei einem inoffiziellen Länderspiel zwischen Deutschland und Schweden. Neben Kempa standen vier weitere Spieler des amtierenden Meisters Frisch Auf Göppingen im Auswahlkader, die den Kempa-Trick aus dem Training im Verein in und auswendig kannten. Der erste Versuch misslang trotzdem, die schwedische Abwehr fing den Ball ab. Er habe die Größe der schwedischen Spieler falsch eingeschätzt, erinnert sich Kempa später. Deshalb passte er die Taktik umgehend an: »Ich habe zu meinem Außen gesagt: Du musst ein bisschen später abspringen, weil ich den Ball höher über die Deckung spielen muss.«[49] Diesmal gelang der Trick, und in der

Halbzeitpause fragte der schwedische Trainer bei Kempa beeindruckt nach, was das denn gewesen sei. Das Spiel ging am Ende 10:10 aus, fünf Tore erzielte die deutsche Mannschaft mit seinem zur damaligen Zeit innovativen Spielzug.

Nach dieser öffentlichen Premiere trat der Kempa-Trick seinen Siegeszug durch die Handballhallen der Welt an, und der Erfinder musste die Entstehung wieder und wieder schildern – auch nach dem Ende seiner aktiven Karriere 1957. Kempa wechselte auf die Trainerbank, führte seine Göppinger zu fünf Deutschen Meisterschaften und holte 1960 den Europapokal der Landesmeister.

Auch in den folgenden Jahren rissen die Titel nicht ab – wenn auch in einer anderen Sportart: Kempa wird 50 Mal Deutscher Meister im Senioren-Tennis, holt 41 Europameister-Titel und schmückt sich mit zwei Weltmeisterschaften im Doppel. 1977 wird ihm das Bundesverdienstkreuz verliehen, 1980 erhält der damals 60-Jährige die Goldene Ehrennadel des Deutschen Handballbundes.

Auch zur Jahrhundertwende hat man Kempa in der Handballwelt noch nicht vergessen. Hinter Joachim Deckarm und Rekordnationalspieler Frank-Michael Wahl wurde der Göppinger Dritter bei der Wahl zum »Sportler des Jahrhunderts (Handball)« des Sportmagazins *Kicker*. Dazu schrieb Kempa in seiner Biografie: »Drittbester Handballer des Jahrhunderts, ich konnte und kann es noch immer fast nicht glauben.« 2011 wird Kempa schließlich in die Hall of Fame des deutschen Sports aufgenommen.

Bernhard Kempa und der Handball – es ist die Geschichte einer langen Liebe. Auch nach seinem Einsatz als WM-Botschafter 2007 besucht Kempa die Bundesligaspiele seines alten Vereins Frisch Auf Göppingen. Die *L'Equipe* adelte Kempa einst als »Monsieur Handball«[50] und traf damit den Nagel auf den Kopf. Oder, um es mit den Worten des langjährigen Bundestrainers Heiner Brand zu sagen: »Der Name Bernhard Kempa wird allen Handballern immer ein Begriff sein, dafür sorgt schon allein sein legendärer Trick.«[51]

22. GRUND

Weil man daran kleben bleibt

Was dem Turner sein Magnesium, das ist dem Handballer sein Harz: Der Klebstoff, der auf den Ball geschmiert wird, um das runde Spielgerät besser fangen zu können. Spektakuläre Trickwürfe lassen sich dank dieses legalen »Dopings« besser ausführen, und wenn ein Spieler den Ball in vollem Lauf mit einer Hand fängt, ist die klebrige Masse meist ebenfalls beteiligt. Wurde früher noch mit »echtem« Baumharz gespielt, ist die Backe inzwischen meist künstlich hergestellt und ist – bedeutsam für die anschließende Reinigung – oft wasserlöslich.

Harz. Backe. Patte. Kleber: Wie auch immer man den Klebstoff nennt, er spaltet die Geister. Während man in den oberen Ligen sowieso nicht ohne kann und will, sperren sich in den unteren Ligen oft die Hausmeister der Hallen ob der gefürchteten Verschmutzung gegen die Verwendung. Dabei sähen viele Jugendtrainer das Harz in ihren Mannschaften gerne, soll es doch angeblich zu einer besseren Technik beitragen. Als Beispiel dafür werden die technisch starken skandinavischen Länder angeführt, in denen das Wort »Haftmittelverbot« im Handball wahrscheinlich nicht einmal existieren dürfte. Puristen beharren hingegen auf einem Training ohne Harz, damit die Kinder die Grundlagen auch ohne Hilfsmittel auszuführen lernen.

Harz oder kein Harz – es ist und bleibt im Amateursport eine Gewissensfrage. Im Leistungsbereich wird sich wie selbstverständlich eifrig an dem Klebstoff bedient – was manchmal zu kuriosen Szenen führt. So musste der frischgebackene Weltmeister Kentin Mahé im Bundesliga-Spiel mit dem HSV Hamburg verblüfft mitansehen, wie sein Aufsetzer unter dem Gelächter der Fans im rechten Winkel des Tores an Latte und Innenpfosten kleben blieb. »Das habe ich noch nie geschafft«[52], staunte der Franzose nach Abpfiff. Ähnlich wie seine Kollegen dürfte es der Spielmacher trotzdem mit den Worten halten: »Handball ohne Harz ist wie Fußball ohne Stollenschuhe.«

23. GRUND

Weil ein aktiver Nationalspieler seine eigene TV-Sendung hatte

Dass Bundesliga- und Nationalspieler nach dem Ende ihrer Karriere als TV-Experten arbeiten, ist keine Seltenheit. Dass ein Profisportler jedoch während seiner Laufbahn eine eigene Fernsehshow moderiert, die zudem nichts mit ihrem Sport zu hat, dürfte ziemlich einmalig sein. Insofern sorgte Stefan Kretzschmar mit seiner Serie *MTV Sushi* für einen Meilenstein in der deutschen Fernsehgeschichte.

Am 18.11.1999 lief die erste Folge von *MTV Sushi*, einer Alternative-Rock-Sendung, im TV. Die ersten acht Folgen wurden in der umgebauten Fabriketage gedreht, in der Kretzschmar damals wohnte. »Ein Konzept hat die Sendung eigentlich nicht«[53], erklärte der Linksaußen damals. Musikvideos, kurze Clips und Interviews wechselten sich ab. Der Kreativ-Direktor des Senders hatte Kretzschmar in der Sendung von Harald Schmidt gesehen und war sich mit Senderchefin Christiane zu Salm einig: Den tätowierten Handballer, der auch mal aneckte und seine eigene Meinung vertrat, wollten sie haben.

Bei dem Nationalspieler rannten sie damit offene Türen ein. Angeblich war zuerst eine Sportsendung angedacht, doch Kretzschmar lehnte zugunsten der Musikserie ab. »Die Intention, die Sendung zu machen, ist einfach nur, weil es wieder eine geile Idee war und weil die Leute von MTV sehr geil zu mir waren«, schilderte der Magdeburger die Entstehung im Jugendmagazin *POP UP* und fuhr fort: »… weil wir dort ein cooles Gespräch hatten und weil die Leute auf mich zugekommen sind, und gesagt haben: ›So sieht es aus. Das ist deine Sendung. Du kann machen, was du willst, du kannst die Musik spielen, die du willst.‹ Im Prinzip ist es das, wovon jeder irgendwie mal träumt.«[54]

So wurde *MTV Sushi* zu einer Erfolgsgeschichte: Zwei Jahre lief die Sendung, es wurden am Ende fast 100 Folgen, die aus einer Kneipe ausgestrahlt wurden. Die Ärzte waren zu Gast bei Kretzschmar, auch Freunde von sich lud der Linksaußen in die Sendung ein. »Klar bin ich kein super Moderator«, stellte er selbstkritisch fest. »Aber wenn ich es nicht bringe, wird mir das schon einer sagen.«

24. GRUND

Weil man es auch im Sand spielen kann

Wenn die Sonne im Sommer vom Himmel brennt, ist ein Training in den meist stickigen Sporthallen mehr Qual als Lust. Im Beachhandball kennt man dieses Problem nicht: Dort ist die Sonne der Freund der Spieler – zumindest so lange, bis der Sand so heiß geworden ist, dass er sich die Füße verbrennt. Der Beliebtheit des Beachhandballs tut das jedoch keinen Abbruch – zu attraktiv und abwechslungsreich ist die Sandvariante des Handballs.

Der deutsche Beachhandball blickt dabei auf eine lange Geschichte der noch recht jungen Sportart zurück: Bereits 1993 – nur knapp ein Jahr nach dem weltweit ersten Beachhandballspiel in Italien, das am 20. Juni 1992 ausgetragen wurde – hatte die Sandvariante des Handballs beim TSV Bartenbach ihren ersten Standort in Deutschland gefunden. In dem Stadtbezirk Göppingens fand 1994 das erste Beachhandball-Turnier Deutschlands statt. Auch bei der ersten Durchführung der Masters-Serie durch den Deutschen Handballbund (DHB) im Jahre 1995 spielte der TSV eine wichtige Rolle.

Die Regeln im Beachhandball unterscheiden sich leicht von denen der Hallenhandballer: Im Sand agieren nur vier statt sieben Spieler, da das Feld deutlich kleiner ist. Spektakuläre Tore, wozu der Kempa-Trick und die Pirouette im Sprungwurf zählen, werden zweifach gewertet. Ebenfalls doppelt zählen Torwarttore, sodass dem mit nach vorne laufenden Keeper immer eine besondere Aufmerksamkeit der gegnerischen Abwehr zuteilwird. Größter Unterschied dürfte jedoch die Spielwertung sein, denn ein Unentschieden gibt es im Sand nicht. Steht es am Ende einer Halbzeit Remis, entscheidet das »Golden Goal« über die Wertung. Gewinnt jede Mannschaft einen Durchgang, wird das Spiel im Penalty-Werfen entschieden.

Mitte der 90er-Jahre fasste der Beachhandball aufgrund seiner Attraktivität zunehmend Fuß in Deutschland: »Im Männerbereich hatten sich in diesen Anfangsjahren drei Keimzellen des Beachhandballs herauskristallisiert«, erinnert sich der ehemalige Nationaltrainer Alexander Gehrer und spielt damit auf die Traditionsstandorte Bartenbach, Kelkheim und Minden an, die auch heute noch eine wichtige Rolle im Beachhandball spielen.

Auch der erste offizielle deutsche Meistertitel im Beachhandball ging an eine Mannschaft dieser Standorte: Die TSG Münster holte den Titel 1999 bei den Männern (Frauen: MTV Wisch). Gegner der Mannschaft aus dem Frankfurter Raum damals: die heutigen Sand Devils Minden. Inzwischen firmierte das Team auch bereits unter seinem Namen – 1996 war das frisch gegründete Team noch als SC Bielefeld angetreten. »Es steckte alles noch in den Kinderschuhen«, erinnert sich Beachhandball-Pionier Kai Bierbaum an den Beginn seines Teams. »Auf unseren Trikots stand entsprechend auch ›SC Bielefeld‹, denn niemand schaffte sich extra Trikots für den Sand an.«

In den darauffolgenden Jahren ging die Erfolgsgeschichte des Beachhandballs weiter, die Beliebtheit der spektakulären Sandvariante stieg stetig an, und sie etablierte sich als feste Abwechslung für die Sommermonate. »Es war alles super strukturiert und boomte extrem«, beschreibt Bierbaum rückblickend die großen Jahre. In seinem Buch *Beachhandball – der neue Sommersport* nennt Gehrer für das Jahr 2004 beeindruckende Zahlen: »Auf über 35 Masters-Turnieren und weit über 100 Fun-Turnieren in ganz Deutschland bejubelten geschätzte 100.000 Zuschauer die über 200 Beachhandballteams.« Der Beachhandball war auf einem neuen Höhepunkt angekommen.

Parallel zum nationalen Erfolgsmarsch konnten die deutschen Beachhandballer auch international überzeugen. 1997 hatte die IHF ein erstes Regelwerk zum Beachhandball herausgegeben, im Juli 2000 fand in Gaeta die erste Europameisterschaft statt. Acht Nationen kämpften um diesen ersten internationalen Titel – auch Deutschland war dabei. Gehrer schreibt: »Die deutschen Auswahlteams starteten ausgezeichnet und konnten am ersten Turniertag mit fünf Siegen aus fünf Spielen aufwarten.« Vor allem das »taktisch-technische hervorragende Spiel« habe überzeugt, führt der ehemalige Nationalcoach aus.

Auch Bierbaum – damals als Spieler mit dabei – schwärmt von dem Beachhandball, den die deutschen Auswahlen spielten: »Bei uns war alles auf Kempa ausgelegt, richtig fein, mit guten Konzeptionen. Das sah einfach sehr gut aus, während andere Nationen teilweise nur über ihre individuelle Stärke kamen«, so der Mindener Torwart. »Wir hatten eine Spritzigkeit und einen Spaßfaktor, den man nach außen sehen konnte. Jahrelang haben sich alle gefreut, wenn die Deutschen kamen, weil wir für eine gewisse Spielkultur standen.« Man habe, so Bierbaum, den vielleicht schönsten Beachhandball gespielt – nur der Erfolg sei ausgeblieben.

In der Tat gingen die Titel stets an die anderen Nationen: 2000 sicherte sich Weißrussland den Titel bei den Männern, die deutsche Mannschaft wurde trotz des überragenden Starts nur Sechster. Bei den Frauen siegte die Ukraine – im Finale gegen Deutschland. Es war das erste Ausrufezeichen der sportlich erfolgreichen DHB-Spielerinnen: 2004 holte man EM-Bronze und 2007 ein zweites Mal EM-Silber – nachdem man sich im eigenen Land 2006 zum Europameister gekrönt hatte. In Cuxhaven holte die deutsche Frauen-Auswahl damals Gold. Die Männer platzierten sich ebenfalls stets unter den Top-Ten und ließen mit der Vize-Europameisterschaft 2004 aufhorchen.

Zum vielleicht erfolgreichsten Jahr des deutschen Beachhandballs avancierte jedoch das Jahr 2006: Bei der ersten WM-Teilnahme erkämpften sich die Frauen die zweite Medaille des Jahres – auf den Europameistertitel folgte die Silbermedaille bei der WM. Auch die Männer waren qualifiziert und schlossen das Turnier am Ende auf dem achten Platz ab. Das Team von Gehrer reiste jedoch hoch erhobenen Hauptes ab – war es doch gelungen, Gastgeber Brasilien vor den eigenen Fans klar zu besiegen. Die Spieler, die wie Kai Bierbaum damals dabei waren, schwärmen noch heute von diesem Match.

Die WM-Teilnahme sollte zur Krönung der deutschen Beachhandballer im internationalen Sand werden – denn nun folgte durch den DHB die für viele Akteure schmerzhafte Degradierung zu einer reinen Breitensportart. »Der Verband verlor das Interesse«[55], ist Bierbaum noch rückblickend fassungslos – denn damit verlor die Sportart ihren Rückhalt. Der DHB stellte keine Beachhandball-Delegierten mehr und löste die Auswahlmannschaften auf – 2007 erfolgte der zunächst letzte Auftritt einer deutschen Nationalmannschaft im Sand für mehrere Jahre.

Auch für die Vereinsmannschaften hatte die neue Haltung des DHB schmerzhafte Folgen: Ohne National Observer konnten die Turniere innerhalb Deutschlands nicht mehr als Standorte für die European Beachhandball-Tour (EBT) gemeldet werden – wer auf Vereinsebene europäisch spielen wollte, musste nun reisen. So verabschiedeten sich die meisten deutschen Teams aus dem internationalen Wettkampf – lediglich die Sand Devils hielten in all den Jahren die Fahne tapfer hoch und etablierten sich auf europäischer

Ebene. Highlights waren die Qualifikationen für das EBT-Final-turnier 2004, 2005, 2011 und 2013 – bei den ersten beiden Malen gelang gar der Halbfinaleinzug.

Doch das Mindener Team war eine Ausnahme – die meisten Beachmannschaften arrangierten sich aus Zeit- und Kostengründen mit der neuen Situation, und der Beachhandball schrumpfte zu einer reinen Breitensportart. 2011 fanden die letzten offiziellen Deutschen Meisterschaften statt; bereits einige Jahre zuvor hatte sich der Süden abgespalten und in den »BW Open« seine eigene Serie ins Leben gerufen. Die German Open 2014 in Wildeshausen, an denen Teams aus dem ganzen Bundesgebiet teilnahmen, dürften so nicht umsonst als eine Zeitenwende gewertet werden.

Seitdem ging es in der Sandvariante wieder aufwärts: Die Sieger der German Open nahmen 2014 am erstmals ausgetragenen Champions Cup des Europäischen Handballverbandes teil – quasi der Champions League des Beachhandballs. Entscheidender jedoch war die Kehrtwende des DHB: Der Verband rief die Nationalmannschaften ebenso wieder ins Leben wie eine offizielle Deutsche Meisterschaft. 2015 nahmen erstmals wieder Auswahlmannschaften an der Europameisterschaft teil.

Die Entwicklung des Beachhandballs ist damit jedoch noch nicht am Ende angekommen – weder in Deutschland noch in der Welt. Denn die Beachhandballer wollen mehr: Olympia ist das große Ziel. »Ich kann in Zukunft neben dem Hallenhandball einen Platz im Olympischen Programm für Beachhandball sehen«, erklärte der damalige EHF-Präsident Tor Lian schon 2009. »Das Olympische Programm braucht mehr Abwechslung und der Beachhandball kann dies sicher bringen. Ich sehe zum Beispiel im Vergleich zum Beach-Volleyball deutlich mehr Potential, denn wir haben mehr Spieler auf der Fläche, mehr technische Möglichkeiten und viel spektakulärere Aktionen.«[56] Einen ersten Schritt in diese Richtung hat die Sandvariante schon gemacht: 2018 gehört der Beachhandball erstmals dem Programm der Olympischen Jugendspiele an.

25. GRUND

Weil es in Flensburg den
Lars-Christiansen-Platz gibt

Dass großer Persönlichkeiten nach ihrem Tod mit der Umbenennung von Straßen gedacht wird, ist nichts Besonderes. Aber nur wenige Menschen dürfen eine solche Ehrung selbst miterleben – und nur einer davon dürfte ein aktiver Handballer gewesen sein: 2010 wurde der Lars-Christiansen-Platz in Flensburg offiziell getauft. Seitdem erinnert der Vorplatz der Heimspielstätte der SG Flensburg-Handewitt an den dänischen Linksaußen, der 14 Jahre das Trikot des Nordklubs trug. »Normalerweise wird ein Sportler nicht bei einem Vereinswechsel geehrt und verabschiedet«, erklärte Oberbürgermeister Klaus Tscheuschner anlässlich der Enthüllung des Namensschildes. »Aber es ist eine einmalige Situation für eine einmalige Persönlichkeit.«[57]

Insgesamt 2.875 Tore erzielte Christiansen von 1996 bis 2010 für die SG – und damit die meisten Treffer für einen Verein in der Bundesliga. Dabei war es kein glücklicher Start, den der damals 24-Jährige in der Beletage des deutschen Handballs erlebte: Als Nummer zwei hinter dem damaligen Nationalspieler Holger Schneider schmorte Christiansen zunächst auf der Bank. »Ein junger Neuzugang kann nicht eben mal den Spielführer vom Thron stoßen«, schildert der Däne später und erinnert sich: »Mein Kopf ist nicht einverstanden, mein Blut schäumt vor Enttäuschung, und mein Handballerherz will unbedingt spielen.«

Doch Christiansen gelingt es, seine Ungeduld zu bezähmen – er beißt sich durch. In der folgenden Spielzeit, seiner zweiten in der Bundesliga, ist er erstmals der beste Torschütze der Flensburger und beginnt nach zwei Meisterschaften in Dänemark auch in Deutschland mit dem Titelsammeln: EHF-Cup-Sieger 1997, DHB-Pokal-Sieger 2003, 2004 und 2005, Deutscher Meister 2004 und der

Triumph im Europapokal der Pokalsieger 2001 stehen schließlich zu Buche.

Christiansen hat einen großen Anteil an den Erfolgen der Flensburger. Im Pokalfinale 2003 erzielte er, um nur ein Beispiel zu nennen, Sekunden vor dem Ende das entscheidende 31:30 gegen den TuSEM Essen. Nach einer Parade von Jan Holpert war der Linksaußen zum Gegenstoß gestartet und überwand Chrischa Hannawald eiskalt mit einem Leger. »Wie ich es wagen kann, zu so einem Zeitpunkt so zu werfen?«, fragt er in seiner Biografie: »Ich weiß es nicht, aber für mich geht es nicht darum, ob ich mich traue oder nicht. Ich mache immer das, was mein Instinkt meinem Körper rät.«

Der feine Techniker und meist sichere Siebenmeterschütze, der für seine Trickwürfe bekannt wurde, beweist in seiner Karriere wiederholt Nervenstärke – nicht nur im Vereinstrikot, sondern auch in der Nationalmannschaft. Bereits 1992 hatte er mit 20 Jahren sein Debüt gefeiert, doch lange schien die Karriere unter keinem guten Stern zu stehen: Dänemark qualifizierte sich nicht für alle Großereignisse; 2002, 2004 und 2006 gab es schließlich »nur« EM-Bronze.

Die große Stunde der Dänen – und die von Christiansen – schlägt bei der Europameisterschaft 2008 in Norwegen. »Die Stille. Ich erinnere mich an die Stille«, schildert er die entscheidende Szene im Halbfinale gegen Deutschland. »Die ganze Halle hält für drei Sekunden den Atem an. Ich stehe am Punkt. Einige Zuschauer halten sich die Augen zu. Es ist mein Augenblick. Mein großer Augenblick. In drei Sekunden bin ich der Held oder der Versager.« Er wird der Held. Beim Stand von 25:25 trifft Christiansen von der Siebenmeterlinie gegen Henning Fritz: »Ich sehe die Lücke, knicke zur Seite weg und treffe mit einem Aufsetzer.«

Es ist eine Premiere für den Ballkünstler, der erste Strafwurf, den er per Aufsetzer verwandelt – und der Strafwurf, der Dänemark nach mehr als 40 Jahren wieder ins EM-Finale bringt. Dieses gewinnen die Dänen gegen Kroatien, der Linksaußen wird ins All-Star-Team gewählt. Christiansen ist spätestens jetzt ein Volksheld in Dänemark – und auch in Flensburg ist der Däne längst Publikumsliebling. Er fühlt sich in der kleinen Stadt an der Förde, nahe der deutsch-dänischen Grenze, immer wohl. »Die 14 Jahre in Flensburg waren ein Traum«, unterstrich der Linksaußen anlässlich der Benennung des Lars-Christiansen-Platzes. »Immer, wenn ich zur Campushalle komme und mein Sohn oder später vielleicht die Enkelkinder mich auf den Namen dieses Platzes ansprechen werden, kann ich ihnen von diesen 14 Jahren erzählen.«

Randnotiz: Auch nach Weltmeistertrainer Heiner Brand ist übrigens ein Platz benannt. Im August 2013 wurde der Vorplatz der Gummersbacher Schwalbe-Arena offiziell nach dem ehemaligen Bundestrainer getauft.

26. GRUND

Weil man es auch mit neun Fingern ins olympische All-Star-Team schafft

Es war ein Ausflug mit Folgen für Ivan Čupić: Die kroatische Handballnationalmannschaft bereitete sich in der Hafenstadt Rijeka auf das olympische Turnier 2008 vor. Von dem Vorfall, der den damals 22 Jahre alten Linksaußen die Teilnahme an dem Großturnier kostete, den gibt es eine offizielle und eine inoffizielle Version.

Die offizielle: Čupić stolperte und blieb mit dem Ringfinger an einem Drahtzaun hängen. Er verlor den Finger. Die inoffizielle: Einige kroatische Spieler hatten sich aus dem Mannschaftshotel auf eine Gartenparty geschlichen. Es gab ein paar Bier. Co-Trainer Slavko Goluža drängte irgendwann zum Aufbruch. Um Zeit zu sparen, kletterten die Spieler über einen Zaun. Čupić blieb mit seinem Ehering an dem Zaun hängen; als er herunter sprang, rissen zwei Fingergelenke ab. Er verlor den Finger. Statt zu Olympia ging es für den Rechtsaußen ins Krankenhaus.

Der Pechvogel ließ sich jedoch nicht entmutigen – und setzte entgegen allen Erwartungen seine Karriere auch ohne zwei Drittel seines linken Ringfingers fort. Bereits zwei Monate nach dem unglücklichen Ausflug stieg Čupić wieder ins Training ein, mit nur noch vier Fingern an seiner Wurfhand. Er wechselte aus Spanien zu RK Velenje, wurde 2009 slowenischer Meister und zog 2010 zu den Rhein-Neckar Löwen weiter. Mit den Mannheimern nahm er 2011 am VELUX EHF Champions League Final Four teil. Zwei Jahre später zog es ihn zum polnischen Topklub KS Vive Targi Kielce.

Auch in die Nationalmannschaft kehrte Čupić wieder zurück – nicht zuletzt aufgrund seiner starken Leistungen in Velenje. »Das Ganze ist für mich ein Traum«, hielt der Rechtsaußen nach der Nominierung für die WM im eigenen Land fest. Am Ende zog Kroatien ins Finale ein, gewann am Ende Silber, und Čupić, der mit einem Verband um die Hand spielte, wurde ins All-Star-Team berufen. Auch bei den Olympischen Spielen 2012 gab es eine Nominierung für das All-Star-Team für Čupić, obwohl die Kroaten im Halbfinale dem späteren Olympiasieger Frankreich unterlagen und am Ende nur Vierter wurden.

Nicht nur für Čupić war seine Rückkehr in das Nationalteam ein Traum, auch für die Mannschaftskollegen war es eine Erleichterung, den quirligen Rechtsaußen wieder bei sich zu haben. »Wir waren down, als wir das gesehen haben«, blickte Blaženko Lacković 2009 auf den Unfall Čupić‹ zurück. »Jetzt sind wir alle so froh, dass Ivan wieder so gut Handball spielen kann.«[58]

27. GRUND

Weil Handballer Fußball zum Aufwärmen spielen

Das ist Grund genug.

28. GRUND

Weil ein Handgelenk die Handballwelt verwundert

2016 feiert der Handball sein 100-jähriges Bestehen. Nach dieser langen Zeit noch einen neuen Trick zu erfinden, der sich im Bundesligaalltag bewähren kann, ist schwer. Den Kempa-Trick erfand Bernhard Kempa bereits in den 50er-Jahren, Jochen Fraatz war in den 80er-Jahren der erste deutsche Linksaußen, der den Dreher perfektionierte und dafür Ärger mit seinem Trainer bekam. Auch andere trickreiche Wurfvarianten entwickelten sich im Laufe der vergangenen Jahrzehnte schleichend. Einem ist es nun dennoch gelungen, einen neuen Trickwurf zu entwickeln: Uwe Gensheimer.

Der Linksaußen der Rhein-Neckar Löwen, der seit 2014 Kapitän der deutschen Nationalmannschaft ist, prägte einen Wurf, der sich wohl am besten als Dreher in der Luft beschreiben ließ. Für Gensheimer war das eine Reaktion auf die Fortschritte im Torwartspiel: »Den normalen Drehwurf, bei dem der Spieler dem Ball einen Drall gibt und über den Boden am Torwart vorbei ins Tor dreht, kann mittlerweile jeder Linksaußen«, erklärt der Linksaußen. »Als ich 15 war, habe ich gemerkt, dass die Torhüter sich darauf immer besser einstellen. Ich dachte, dass noch was anderes möglich sein muss, und habe experimentiert. Ich wollte meinen ganz eigenen Trick.«

Es gelang ihm – und die Szene verbeugt sich vor ihm. »Unglaublich, was der macht«[59], lobte Stefan Kretzschmar seinen Nachfolger im Nationaltrikot auf der linken Außenbahn, und der dänische Nationalspieler Anders Eggert, der sowohl in der Bundesliga als auch im Auswahltrikot schon öfter auf Gensheimer traf, erklärte respektvoll: »Den Wurf, den Uwe Gensheimer erfunden hat, habe ich auch oft probiert, aber ich kann das Handgelenk nicht so verbiegen, wie Uwe das bei diesem Wurf macht.«[60]

Die Beweglichkeit des Handgelenks ist zusammen mit den koordinativen Fähigkeiten der entscheidende Faktor bei Trickwürfen

– auch bei dem von Gensheimer. Sein Handgelenk verwunderte jedoch ob seiner Beweglichkeit die Handballwelt; von dem »Mann mit den Gummi-Handgelenken« ist gar die Rede. »Ich spiele seit 20 Jahren Handball, mein Arm und mein Handgelenk ist deshalb gut genug trainiert«, verweist Gensheimer auf jahrelange Schulung, gibt jedoch auch zu: »Ohne Haft-Harz, das wir Handballer uns immer auf die Hände schmieren, damit wir bessere Kontrolle über den Ball haben, ginge das nicht.«[61]

Drei von vier Versuchen seines Drehers in der Luft landen laut Aussage Gensheimers im Tor. »Besonders Sinn macht es aber, wenn der Winkel von der Außenposition extrem spitz ist und der Torwart denkt, dass ich aus meiner Wurfposition gegen ihn sowieso keine Chance habe«, erklärt der Linksaußen. Die Handballfans wissen, was sie an Gensheimer haben und wählten ihn von 2011 bis 2014 zum »Handballer des Jahres« in Deutschland.

29. GRUND

Weil ein Ersatzspieler zum entscheidenden Mann werden kann

193 Sekunden sind kurz. Drei Minuten und 13 Sekunden. In 193 Sekunden lässt sich kein Ei kochen und kein Leitartikel in der *ZEIT* lesen. Ein Tee muss meist länger ziehen als 193 Sekunden, diese Zeit verstreicht beim Fußball manchmal allein, bis ein Freistoß ausgeführt worden ist. Dieter Waltke brauchte 193 Sekunden, um ein Held zu werden.

Weltmeisterschaft 1978, Finale in Kopenhagen. Die bundesdeutsche Auswahl trifft auf die scheinbar übermächtige Sowjetunion, den amtierenden Olympiasieger. Die Halle ist ausverkauft, von den 7.200 Zuschauern kommen rund 2.000 aus Deutschland. Doch auch die Sympathien der dänischen Zuschauer liegen aufseiten des vermeintlichen Underdogs, die Russen werden beim Einlaufen ausgebuht. In der ersten Halbzeit entwickelt sich ein hart umkämpftes Spiel. Die favorisierten Sowjets gehen zunächst in Führung, doch die Deutschen um Mannschaftskapitän Horst Spengler halten dagegen. Bei 9:7 liegt die DHB-Auswahl erstmals vorne, nach einer zwischenzeitlichen Führung der Sowjets netzt Joachim Deckarm mit dem Pausenpfiff zum 11:11 ein.

Die große Stunde von Dieter Waltke schlägt in der 39. Minute. Seine Mannschaft liegt noch mit 13:12 vorne, doch Arno Ehret – der Stammspieler auf Linksaußen – hat sich einen Fehler in der Deckung erlaubt. Der wütende Stenzel beordert Ehret zur Bank und schickt Waltke aufs Feld – zum ersten Mal im gesamten Turnier. In den fünf bisherigen WM-Spielen hatte »Jimmy«, wie der Linksaußen in Anlehnung an seine Jimi-Hendrix-Frisur gerufen wurde, auf der Bank schmoren müssen, am Vorabend des Endspieles wollte er gar abreisen. »Wir standen im Finale, das ja, aber ich war trotzdem tief enttäuscht vom ganzen Verlauf der WM«, erinnerte sich Waltke später. »Auf gut Deutsch gesagt, fühlte ich mich ein bisschen verarscht.« Auch der Aussage des Bundestrainers, der zu ihm sagte »Morgen spielst du auch mit«, traute er zunächst nicht. Der Linksaußen blieb jedoch – für das Team: »Innerhalb der Mannschaft hatten wir uns ziemlich gut verstanden«, so Waltke, der überzeugt ist, dass er nur »auf Druck der Mannschaft doch noch mitspielen durfte«.

In jener 39. Minute im Finale sollte Waltke all seinen Frust vergessen. Die deutsche Mannschaft spielt mit ihrem neuen Linksaußen im Angriff, doch »keiner hat sich so richtig getraut«, beschreibt Waltke. »Da habe ich einfach den ersten Wurf von außen genommen.« Er versenkt den Ball gegen den russischen Torwart Michail Istschenko – und trifft auch in den folgenden beiden Angriffen: Erst verwandelt er einen Gegenstoßpass von Heiner Brand, dann ist der Linksaußen gar aus dem Rückraum erfolgreich. Gegen die körperlich überlegene russische Deckung trifft er zum 16:12 für die deutsche Mannschaft. Innerhalb von drei Minuten hatte Waltke damit für die Vorentscheidung gesorgt. »Für dieses Finale hatte ich das Gefühl, dass es ein ganz entscheidendes Spiel für mich werden könnte«, blickt er später zurück. »Ich war kein bisschen nervös und mir absolut meiner Stärken bewusst.«

Und was macht Bundestrainer Stenzel? Der wechselt seinen Linksaußen zur Verblüffung der über 7.000 Zuschauer in Kopenhagen und den Millionen Fans vor den TV-Bildschirmen nach 193 Sekunden wieder aus und schickt Ehret zurück ins Spiel. »Stenzel hatte offenbar kaum registriert, dass ich drei Tore in Folge geworfen hatte«, glaubt Waltke heute. »Warum nimmt man sonst jemanden wieder raus, der so einen Lauf hat?« In der Tat wird es in den folgenden Minuten noch einmal eng, die Sowjets verkürzen Tor um Tor. Am Ende jedoch reicht es: Die DHB-Auswahl gewinnt mit 20:19 und feiert ihren Weltmeistertitel ausgelassen. Das Bild, wie die Spieler ihren Trainer Stenzel – mit Pappkrone auf dem Kopf – auf den Schultern durch die Halle tragen, geht um die Welt.

Der Weltmeistertitel wird der größte Erfolg der bundesdeutschen Nationalmannschaft bis zur Wiedervereinigung bleiben – und ist auch das Highlight in der Karriere von Waltke, der das erste seiner 76 Länderspiele noch als Verbandsligaspieler absolvierte. Zwar holt der Linksaußen mit Grün-Weiß Dankersen 1977 bereits die Deutsche Meisterschaft, wird zweimal Pokalsieger und gewinnt mit dem TuS Nettelstedt 1981 den Europapokal der Pokalsieger, doch jene 193 Sekunden von Kopenhagen bleiben unerreicht. »Jedes einzelne Tor hat sich mir ins Gehirn gefräst«, sagt Waltke später selbst. »Es war das absolute Highlight meiner Karriere.«[62]

30. GRUND

Weil auch Ehepaare Nationalmannschaft spielen können

Warum der Handball die beste Partnerbörse ist, ist ein Grund für sich. Das derzeit wohl bekannteste Paar der Sportart ist jedoch trotzdem etwas Besonderes: Dominik und Isabell Klein sind nicht nur seit 2009 verheiratet, sondern spielen auch beide in der deutschen Nationalmannschaft. Linksaußen Dominik wurde 2007 Weltmeister, Linkshänderin Isabell – geborene Nagel – wurde 2011 zur Kapitänin der Nationalmannschaft.

Der Handball ist ihre große Gemeinsamkeit – und war zugleich dafür verantwortlich, dass die beiden mehrere Jahre eine Fernbeziehung führen mussten. Dominik spielt seit 2006 beim THW Kiel, Isabell wechselte deshalb 2007 aus Süddeutschland zum Buxtehuder SV. »Der wichtigste Faktor für den Wechsel war für mich die Nähe zu Dominik«, gestand die Linkshänderin drei Jahre nach der Hochzeit ein. Trotzdem trennten die beiden noch gut 120 Kilometer. »Ich glaube, dass viele Ehepaare, die zusammenwohnen, sich innerlich nicht so nahe sind wie wir«, zeigte sich Isabell überzeugt. »Wir wissen immer, dass wir beieinander sind, und wenn wir tatsächlich zusammen sind, genießen wir die gemeinsame und kostbare Zeit intensiv.«[63]

Das Ehepaar Klein würde es ohne den Handball gar nicht geben. Die beiden lernten sich bei einem Beachhandballturnier in Hartheim kennen. Auch nach dem Wechsel von Isabell in den Norden hatten die beiden nicht viel Zeit füreinander; zu der hohen Trainingsbelastung kamen die Auswärtsfahrten mit dem Verein und die Reisen mit der Nationalmannschaft. Anders als viele andere Paare wissen beide aus eigener Erfahrung um die Anforderungen, die der Job mit sich bringt. »Es ist sicher angenehm, wenn es gewisse Parallelen gibt. Der Partner muss für diese Intensität – zweimal Training pro Tag, Spiele am Wochenende, Touren durch Deutschland und

Europa – schon ein gewisses Verständnis mitbringen«, weiß Dominik. »Wir ergänzen uns da sehr gut und geben uns gegenseitig Kraft.«[64]

Das Hauptgesprächsthema im Hause Klein ist deshalb (natürlich) meistens der Handball. »Ich bin eher die Kritikerin von Dominik«[65], gewährte Isabell einen Einblick, während der Linksaußen einst offen erklärte: »Sie hat ein sehr gutes Spielverständnis. Und bei ihrer Abwehrarbeit auf der halben Position – da kann ich mir noch einiges abschauen.«[66] Inzwischen haben die beiden auch einen gemeinsamen Sohn, um den sie sich vollkommen gleichberechtigt kümmern – ist Isabell mit der Nationalmannschaft unterwegs, wird Dominik zum Vollzeitvater.

Während das Ehepaar Klein jedoch immer noch mit verschiedenen Terminen jonglieren muss, gestaltete sich der Terminplan von Gro und Anja Hammerseng-Edin einfacher. Die beiden Norwegerinnen sind seit 2010 zusammen und heirateten 2013. Sie spielten nicht nur gemeinsam in der Nationalmannschaft, sondern auch bei Larvik HK in der ersten norwegischen Liga.

4. KAPITEL

VON GLANZTATEN, GEWALTWÜRFEN UND GEGENSPIELERN

31. GRUND

Weil Goran Stojanović auf Goran Stojanović traf

Es war eine ungewöhnliche Begegnung, die sich am 5. November 2005 in Hamburg ereignete: 4.982 Zuschauer hatten sich in der damaligen Color-Line-Arena eingefunden, und alle jubelten über die Paraden von Goran Stojanović – allerdings nicht alle über jede. Denn beide Vereine hatten einen Torwart namens Goran Stojanović zwischen den Pfosten. Der ältere von beiden, geboren 1966 im damaligen Jugoslawien, hütete zu dem Zeitpunkt seit drei Jahren den Kasten des HSV Hamburg; der jüngere, geboren 1977 im damaligen Jugoslawien, hatte vor Saisonbeginn beim VfL Pfullingen/Stuttgart unterschrieben.

Es war das erste Mal, dass die beiden Stojanović-Keeper in der Bundesliga aufeinandertrafen – und während der HSV mit 26:20 siegte, hatte der jüngere Stojanović im Torwartduell die Nase vorne. »Einen Gewinner gab es auf Pfullinger Seite«, schrieb die *Schwäbische Post* zwei Tage nach der Niederlage. »Torhüter Goran Stojanović hielt mehr Bälle als sein Namensvetter auf Hamburger Seite.«[67]

In den folgenden beiden Jahren sollten sich die Torhüter, die übrigens nicht verwandt sind, noch öfter über den Weg laufen, denn sie hielten beide der Bundesliga die Treue. Nach dem Abstieg Pfullingens im Sommer 2006 wechselte der jüngere Stojanović zum VfL Gummersbach, wo er 2009 den EHF-Pokal und in den darauffolgenden beiden Jahren den Europapokal der Pokalsieger gewann. Mit dem dritten Titel im Gepäck verabschiedete sich der montenegrinische Nationalspieler 2011 zu den Rhein-Neckar Löwen, wo er 2013 das zweite Mal den EHF-Pokal gewann. Seit 2013 besitzt Stojanović die katarische Staatsbürgerschaft und holte 2015 mit der Nationalmannschaft die Silbermedaille bei der WM im eigenen Land.

Sein Namensvetter hat ebenfalls einige Titel aufzuweisen: Mit dem THW Kiel gewann der ältere Stojanović zwischen 1996 und

1999 den EHF-Pokal und je zweimal die Deutsche Meisterschaft und den DHB-Pokal. Mit dem VfL Bad Schwartau (1999–2002) und dessen Nachfolgeklub HSV Hamburg (2002–2007) ließ er zwei Siege im DHB-Pokal und den Europapokal der Pokalsieger im Jahre 2007 folgen. Nach einer kurzzeitigen Reaktivierung durch den SC DHfK Leipzig 2011 beendet Stojanović, der 120 Länderspiele für Jugoslawien absolvierte, seine aktive Karriere endgültig und wechselte auf die Trainerbank. Im Laufe der Zeit verflog die Besonderheit des Duells: »Während die Experten anfangs noch über das »Double« vom Hamburger Namensvetter sprachen, baute sich der elf Jahre jüngere Keeper über gute Leistungen bald eine eigene Identität auf«[68], konstatierte Bundesligakonkurrent SG Flensburg-Handewitt 2008 in einem Gegnerporträt. So dürften irgendwann einzig die Journalisten in Spielen mit beiden Stojanovićs im Tor die Namensdopplung verflucht haben ...

32. GRUND

Weil Jan Holpert nicht nur durch einen Kopftreffer bekannt wurde

Aus der Karriere des Jan Holpert ist den Handballfans besonders eine Szene in Erinnerung – natürlich aus einem Derby der SG Flensburg-Handewitt gegen den THW Kiel. Im Finale um die Champions League läuft der Kieler Christian Zeitz einen Gegenstoß, springt völlig frei und unbedrängt auf Höhe der Siebenmeterlinie an – und trifft Holpert mit seinem Wurf mit voller Wucht am Kopf. Der Keeper geht erst zu Boden, springt wieder auf und will auf den Kieler los. Er muss von drei Mannschaftskollegen gebändigt werden, sie halten ihn mühsam zurück. Danach sinkt der Keeper wieder zu Boden, wird minutenlang behandelt und schließlich ausgewechselt.

»Meine Wut musste einfach raus«, kommentierte Holpert die Szene einige Tage später in den *Kieler Nachrichten*. »Er nimmt einen Kopftreffer in Kauf. Das ärgert mich. Ich glaube aber, dass Christian auf jeden Fall ein Tor machen und mir nicht die Birne vom Hals schießen wollte, denn wir spielen kein Kirmes-Turnier, sondern das Finale der Champions League.« Die Wut des Sportmanns Holpert hatte sich zu diesem Zeitpunkt bereits wieder gelegt. »Es war keine Absicht«, gesteht er dem wurfgewaltigen Linkshänder zu. »Ich kann Christian die Hand schütteln und ihm in die Augen schauen.«[69]

Denn nachtragend ist Holpert nicht; das würde auch nicht zu ihm, dem fairen Sportsmann, passen. In Flensburg ist der Torwart bis heute eine bewunderte Identifikationsfigur. 1993 wechselte er aus Milbertshofen an die Förde und war ein Baustein des sportlichen Höhenflugs, den der kleine Verein aus dem Norden nahm. Krönung seiner Karriere war die Deutsche Meisterschaft 2004. Seine Titelsammlung komplettierte Holpert mit dem dreimaligen Gewinn des DHB-Pokals, dem EHF-Cup 1997 und dem Europapokal der Pokalsieger, den er 1991 bereits mit dem TSV gewonnen hatte. Anders als im Verein blieb Holpert in der Nationalmannschaft (245 Länderspiele) jedoch der große Erfolg verwehrt – für mehr als eine Bronzemedaille bei der EM 1998 reichte es nicht.

Bei der SG wissen sie um die Bedeutung. »Die Ära Flensburg, das sagen alle Offiziellen bei der SG, hätte es ohne Holpert in dieser Form wohl nie gegeben«, schreibt Journalist Frank Schneller 2007 in seinem Buch *In der Hitze des Nordens* und zitiert den Vereinspräsidenten Frerich Eilts mit den Worten: »Ohne Jans Verpflichtung hätten wir wohl in der Folge nie so viele tolle Spieler nach Flensburg holen können. Er stand am Anfang dieser Entwicklung, wegen ihm kamen weitere Topleute zu uns.«[70]

Am 12. Oktober 2005 trug sich Holpert endgültig in die Annalen der Bundesligageschichte ein. Beim 33:27 (21:14)-Sieg der SG in Pfullingen absolvierte Holpert sein 562. Bundesligaspiel und stellte damit einen neuen Bundesligarekord auf. Seine Karriere beendete

Holpert im Jahr 2007 – nach insgesamt 618 Bundesligaspielen. Bis heute hat kein Spieler mehr Einsätze als der Torwart absolviert. »Es war eine unvergessliche Zeit mit vielen Emotionen«, blickte Holpert vor seinem Abschied auf seine Karriere zurück. »Flensburg ist meine Geburtsstadt, dass ich mit der SG Pokalsieger und Meister werde, habe ich mit fünfzehn, als ich mit Handball anfing, nicht einmal zu träumen gewagt.«[71]

33. GRUND

Weil ein Knie über Olympia entschied

Die Karriere zweier Männer lässt sich auf eine Sekunde am 6. März 1976 reduzieren: Manfred Hofmann gegen Hans Engel. Es ist der entscheidende Siebenmeter im Duell zwischen den Auswahlmannschaften der Bundesrepublik und der DDR im Kampf um die Olympischen Spiele in Montreal. Trifft Engel, ist die DDR bei Olympia; hält Hofmann, darf sich die BRD freuen. »Alle lagen enttäuscht am Boden, weil sie damit gerechnet hatten, dass die vielen Stunden Quälerei nicht belohnt werden«, erinnert sich Torwart Hofmann an die bedeutende Szene. »Ich war ganz ruhig. Das war eine Ausnahmesituation, in der ich mich nur auf den letzten Wurf konzentriert habe. Danach stürzte eine ganze Welt auf mich ein. Ich hatte kaum noch Luft zum Atmen.«[72]

Rückblick: Das Hinspiel zwischen der BRD und der DDR – in der Presse zum »Spiel des Jahres« aufgebauscht – gewann die bundesdeutsche Auswahl im Dezember 1975 in München mit 17:14. 100.000 Anfragen für Tickets sollen für die 10.500 Plätze vorgelegen haben, der Nadelfilzboden in der Olympiahalle wurde von den DDR-Funktionären als »Foul vor dem Anpfiff« bezeichnet.[73] Da Deutschland gegen Belgien einen 34:6-Kantersieg gefeiert hatte, würde dem Team von Vlado Stenzel im Rückspiel eine 3-Tore-

Niederlage für die Olympia-Qualifikation reichen – und die DDR stand unter Zugzwang.

Entsprechend aufgeheizt war die Atmosphäre beim Rückspiel in Karl-Marx-Stadt. Das DDR-Team war als Vizeweltmeister 1974 gegenüber der jungen bundesdeutschen Mannschaft eigentlich favorisiert, eine Niederlage wäre für das ostdeutsche System ein Rückschlag. So wurde das Spiel von einem sportlichen Duell zu einem Kampf der konträren politischen Systeme. Die Verantwortlichen setzten deshalb schon bei der Wahl des Spielortes auf eine Signalwirkung: In Karl-Marx-Stadt hatte die BRD bei der WM 1974 zwei deutliche Niederlagen kassiert.

Bundestrainer Stenzel versuchte, seine Spieler auf die erwartet hasserfüllte Stimmung vorzubereiten. Beim letzten Testspiel in Dietzenbach bat er die Zuschauer, seine Mannschaft auszupfeifen, und verlangte von den Schiedsrichtern, »alles, was geht, gegen uns zu pfeifen«. Doch die Stimmung, die Stenzel, Hofmann und Co. in der umfunktionierten Eissporthalle von Karl-Marx-Stadt erwartete, ließ sich nicht simulieren. Stenzel: »Uns schlug eisiger Wind entgegen. Alles, was westdeutsch war, wurde niedergeschrien.« Kurt Klühspieß erinnert sich: »Das war Klassenkampf auf dem Spielfeld.«[74]

Das Schicksalsspiel wurde in der *ARD-Sportschau* live übertragen, und gefühlt schaute ganz Deutschland zu, wie die DDR sich sich auf 7:2 absetzte. Der starke Joachim Deckarm verkürzte mit einem direkten Freiwurf zur Halbzeit auf 4:7. In der zweiten Halbzeit entwickelte sich zwischen den beiden Kontrahenten ein von beiden Abwehrreihen dominierter Fight. Deckarms Treffer zum 8:9-Anschluss schien bereits die Vorentscheidung zu sein, doch die DDR zog durch Hans Engel noch einmal auf 11:8 davon. Zu diesem Zeitpunkt fehlte der ostdeutschen Auswahl noch ein Tor für das Olympia-Ticket. Die Uhr läuft herunter, die 60 Minuten sind abgelaufen, doch die schwedischen Schiedsrichter beenden das Spiel nicht. »Als inzwischen 66 Minuten auf dem hitzigen Spielfeld zugebracht waren, da sollte Horst Spengler ein Foul an Peter Rost begangen haben«, erinnert sich Heiner Brand an das dramatische Finale. »Nielsson und Olsson, die von beiden Trainern später stark kritisiert wurden, zeigten auf den Siebenmeterpunkt und bedeuteten, dass die Spielzeit nun endgültig abgelaufen sei.«[75]

Für die bundesdeutschen Spieler brach mit diesem Pfiff eine Welt zusammen. Die BRD-Akteure sanken zu Boden, konnten es nicht fassen. »Muss das jetzt wirklich sein?«, soll Hofmann die Schiedsrichter gefragt haben. Es musste. Eigentlich wollte Stenzel noch seinen zweiten Torwart Rudi Rauer einwechseln, doch Hofmann – der beim TV Großwallstadt unter Vertrag stand und in seiner Karriere noch drei Deutsche Meistertitel feiern sollte – verhinderte dies. Stenzel verrät: »Hofmann hat mit der Hand signalisiert: Lass das! Er wusste, dass er den Ball hält.«[76]

Sein Gegner ist Linksaußen Hans Engel, der von DDR-Trainer Hans Seiler die Anweisung zum Wurf bekommen hatte. Das Duell zwischen Ost und West, BRD und DDR – reduziert auf eine einzige Sekunde. »Ich sehe heute noch sein linkes Knie zucken und den Ball im hohen Bogen ins Seitenaus fliegen«, beschreibt Brand. »Ob dieser unglaublichen Tat unserer Schlussmannes führten wir wahre Tänze auf dem Spielfeld auf. Zu hören war mittlerweile nur noch unser Jubel, ansonsten war das Publikum verstummt. Geschockt.« Während Hofmann mit seinen Mannschaftskameraden feierte, sank Unglücksrabe Engel zu Boden und vergrub sein Gesicht in den Händen.

Das 8:11 aus bundesdeutscher Sicht bedeutete für das Team von Stenzel das Ticket für die Olympischen Spiele in Montreal. Dort holte die Bundesrepublik den vierten Platz – es war die Rückkehr auf die große Handballbühne, die mit dem WM-Titel zwei Jahre später gekrönt wurde.

34. GRUND

Weil Torhüter auch Torschützen sind

Die frohe Nachricht erreichte Tess Wester an einem Julimorgen, als sie noch im Bett lag. »Mein Telefon hat geklingelt, ich kannte die Nummer nicht«, schildert die junge Niederländerin die Situation belustigt. »Es hat ein bisschen gedauert, bis ich geschnallt hatte.« Am anderen Ende der Leitung war ein Vertreter der Handball-Bundesliga, der Wester zum »Tor der Saison 2014/15« beglückwünschte. So weit, so gut – als jemand, der in der vergangenen Saison eines von zwölf »Toren des Monats« erzielt hatte, durfte Wester damit rechnen. Warum sie es trotzdem nicht tat? Ganz einfach: Wester ist Torhüterin.

Torhüter, die Torschützen sind: Im Handball ist das keine Seltenheit mehr. Immer wieder erzielen die Keeper im Anschluss an ihre eigentliche Aufgabe – den Ball abzuwehren – selbst Treffer. Nimmt der Gegner den Torwart heraus, um einen zusätzlichen Feldspieler aufbieten zu können, ist der Kasten verwaist – und damit quasi eine Einladung. Da dieses taktische Mittel trotz dieses Risikos bei vielen Trainern immer beliebter wird, treffen Keeper immer öfter. Die Fans in den Hallen honorieren das stets mit großem Jubel und Applaus. Auch Wester erzielte ihren Treffer auf diese Art. Aus dem eigenen Torkreis traf sie für den VfL Oldenburg beim Kantersieg gegen den HC Leipzig und krönte damit ihre überragende Leistung an jenem Tag.

Es war das erste Tor ihrer Profikarriere – und machte sie als einzige weibliche Kandidatin gleich zur Siegerin beim »Tor der Saison«. Für Wester kam das überraschend »Schon, als das Tor zum ›Tor des Monats‹ gewählt wurde, habe ich nur gedacht: Häh?«, erinnert sich die Niederländerin. »Klar geht so ein Wurf öfter mal daneben, aber es war doch trotzdem ein relativ einfaches Tor – und bei der Wahl waren so schöne Trickwürfe dabei. Dazu habe ich ja einfach nie die Möglichkeit.«[77]

Randnotiz: Beim Beachhandball sind Tore von Torhütern noch lieber gesehen als in der Halle – denn dort zählen die Treffer des Torwarts doppelt …

35. GRUND

Weil 1,66 Meter auf 2,14 Meter treffen können – und der Sieger nicht klar ist

Wäre Ljubomir Vranjes 20 Jahre später geboren worden, hätte er dann ebenfalls eine so erfolgreiche Karriere hingelegt? Es darf wohl bezweifelt werden. Dem schwedischen Spielmacher hätte es nicht an Technik, nicht an Dynamik, nicht an Spielübersicht gefehlt, sondern schlicht und einfach an Körpergröße. Auch, wenn er selbst seine Größe nie als Nachteil angesehen hat – dazu gleich mehr –, weiß er um die Besonderheit seiner Laufbahn: »Es ist heute schwerer, sich als kleinerer Spieler durchzusetzen«, glaubt auch Vranjes. »Es gibt heute zwar noch Spieler, von denen man sagt, dass sie klein sind – aber sie sind trotzdem 1,80 Meter.«

Das war eine Größe, zu der Vranjes einiges fehlt. Als der Schwede 2001 aus Spanien in die Bundesliga wechselte, tauchte er deshalb sofort in der Rekordliste der Liga auf: Er war mit 1,66 Meter[78] der kleinste Bundesligaspieler der Saison. So boten besonders die Spiele zwischen der HSG Nordhorn und der SG Flensburg-Handewitt in dieser Spielzeit ein besonderes Duell: Spielmacher Vranjes stand SG-Kreisläufer Mark Dragunski gegenüber – dem mit 2,14 Meter längsten Spieler der Liga.

Im Handball mag die Körpergröße nicht die gleiche Rolle wie im Basketball spielen, dennoch ist sie ein nicht zu unterschätzender Faktor. Gerade deshalb ist die Karriere von Vranjes so besonders – anders als ein Mark Dragunski (2,14 m), Volker Zerbe (2,11 m) oder Finn Lemke (2,10 m) konnte er sich nicht auf seine Größe verlassen, sondern musste sich einen anderen Weg suchen. Das Schöne am Handball: Anders als im Basketball, wo Vranjes wohl nie eine Chance gehabt hätte, entschied hier nicht alleine die Körpergröße. In Deutschland blieb ihm ein nationaler Titel als Spieler zwar versagt, doch mit der Nationalmannschaft wurde er 1999 Weltmeister, dreimal Europameister und gewann Silber bei den Olympischen Spielen.

Sein Erfolgsrezept: Für den Schweden stellt die geringe Körpergröße kein Problem dar. »Die Sache mit der Größe ist eine Kopfsache – und ich habe mich selbst nie als klein gesehen«, erklärt Vranjes. »Ich habe stattdessen immer das Positive gesehen. Statt zu sagen, die sind aber groß, habe ich gesehen: Die sind langsam. Statt zu sagen, dass es keine Lücke gibt, habe ich die Lücke kreiert. Ich habe immer in diese Richtung gedacht und keine Probleme gesehen, sondern Möglichkeiten.«

Anders als Dragunski, der im Kampf mit der Abwehr auf seine Körpergröße und sein Gewicht setzte, um sich am Kreis durchzusetzen, vertraute Vranjes auf die spielerische Variante. Als Spielmacher zog er die Fäden, und statt aus dem Rückraum über den Block der Abwehr zu werfen, warf er hindurch. »An einen Sprungwurf aus dem Rückraum war für mich einfach nicht zu denken«, sagt er selbst rückblickend. »Also musste ich andere Wege finden, durch die gegnerische Abwehr zu kommen – oder durch die Abwehr durchzuschießen.«

Acht Jahre lief Vranjes in der Bundesliga auf, 2006 wechselte er aus Nordhorn nach Flensburg. »Ich habe immer das Glück gehabt, in guten Mannschaften zu spielen«, freut er sich rückblickend. Für seine Spielweise war das von enormer Bedeutung, denn erst mit Nebenleuten, die seine Ideen mittrugen, konnte er aufblühen. »Meine Art und Weise zu spielen tat weh – sie hat meinen Körper viel gekostet«[79], sagt er heute. In Flensburg fand er inzwischen sein Zuhause und ist immer noch mittendrin: Als Trainer führte der Schwede 2014 zum Champions-League-Titel – und als seine Spieler ihn nach Abpfiff hochleben ließen und in die Luft warfen, war er für einen Moment der Größte.

Randnotiz: Der größte Spieler, der je in der Bundesliga gespielt hat, war Valerie Savko. Der in der Sowjetunion geborene Kreisläufer spielte in der Saison 1996/97 eine Halbserie beim TuS Nettelstedt. Er maß je nach Quelle zwischen 2,20 und 2,24 Meter.

36. GRUND

Weil ein Torwart als bester Akteur seiner Sportart ausgezeichnet wurde

Es gibt Spiele, die im Gedächtnis bleiben. Spiele, an die man sich noch Jahre später erinnert. Spiele, in denen nahezu Unglaubliches geschah. So ein Spiel war das Viertelfinale bei den Olympischen Spielen 2004. Nach Ablauf der regulären Spielzeit und zweimaliger Verlängerung steht es zwischen Deutschland und Spanien 30:30 – ein Siebenmeterwerfen muss die Entscheidung bringen. Damit rücken die Torhüter in den Mittelpunkt: David Barrufet und Henning Fritz haben sich bereits in den 80 vorangehenden Minuten ein unglaubliches Duell geliefert – und nun entscheidet der deutsche Keeper es für sich. Drei Siebenmeter pariert Fritz, der vierte Wurf geht an den Pfosten. Deutschland steht dank eines überragenden Henning Fritz im Halbfinale.

2004 wird so endgültig zum Jahr des Magdeburgers: Im Februar feierte Fritz mit der Nationalmannschaft den Europameistertitel, bei Olympia gewann die DHB-Auswahl die Silbermedaille, und mit dem THW Kiel holte er den EHF-Pokal. Auch die persönlichen Ehrungen reißen nicht ab: Sowohl bei der EM als auch bei Olympia wird er zum besten Torhüter gewählt und steht im All-Star-Team. Fritz wird zudem als Handballer des Jahres 2004 in Deutschland ausgezeichnet – und als erster Deutscher nach Daniel Stephan zum

Welthandballer gekürt. Er erhält bei der Umfrage des Weltverbandes IHF 38 Prozent der Stimmen und gewinnt so mit deutlichem Vorsprung vor dem Spanier Juanín García (17,2) und dem Kroaten Mirza Džomba (9,7).

Es ist die vielleicht größte Ehre, denn Fritz ist der erste Torwart, der diesen Titel erhält. »Ich hatte das Glück, dass es bei den Olympischen Spielen in Athen diese Wahnsinnspartie gab«, blickt der Keeper später zurück. »Ohne dieses Spiel wäre ich vielleicht bei all den Ehrungen nur Zweiter oder Dritter geworden. Aber an diese Begegnung erinnern sich die Leute. Die ist in den Köpfen geblieben, und davon profitiere ich natürlich.«[80] Danach hagelt es Lob und Anerkennung von allen Seiten. So titelt die Fachzeitung *Handballwoche* »Gut – besser – Fritz«, und sein Vorbild Wieland Schmidt lobte nach der Wahl: »Henning hat es so verdient, ich freue mich richtig für ihn. Bei der Europameisterschaft und bei Olympia hat er überragende Leistungen geboten. Die Wahl ist aber zugleich auch der Lohn für die letzten zwei bis drei Jahre, wo er immer auf sehr hohem, konstantem Niveau gehalten hat.«[81]

Für Fritz war es der vorläufige Höhepunkt seiner Karriere, er galt in dieser Zeit als bester Torhüter der Welt. Grundstein für diese Entwicklung war der Wechsel vom SC Magdeburg zum THW Kiel. Mit dem ersten Deutschen Meistertitel seiner Karriere im Gepäck zog es den Torwart an die Förde. »Die Jahre 2001 bis 2007 in Kiel waren sehr wichtig für meine Weiterentwicklung, fast noch wichtiger als die Jahre beim SCM«, blickt Fritz später zurück. Der damalige Bundestrainer Heiner Brand bescheinigt ihm: »In Kiel hat Henning sich vom Klasse- zum Weltklassemann gesteigert.«[82] Als er Kiel 2007 verlässt, hat er unter anderem vier Meistertitel und den Champions-League-Sieg 2007 gesammelt.

Es war jedoch nicht immer leicht: In den ersten Jahren ist Henning Fritz gesetzt und versteht sich mit seinem Torwartkollegen Mattias Andersson bestens. Doch in der Saison 2005/2006 fällt er in ein Loch, kann seine Leistung nicht mehr abrufen. Der THW reagiert mit der Verpflichtung des französischen Nationaltorwarts Thierry Omeyer. Der ehrgeizige Fritz, der an sich selbst den Anspruch stellt, die Nummer eins zu sein, ist plötzlich nur noch dritter Torwart. Die Fans beginnen an ihm zu zweifeln, er selbst tut es auch – nur einer nicht: Heiner Brand. Der Bundestrainer beruft Fritz in den WM-Kader für 2007 und macht ihn zu seiner Nummer eins.

Der Torwart zahlt ihm das Vertrauen zurück: Nach Startschwierigkeiten, die jedoch die gesamte Mannschaft hatte, findet Fritz in der WM-Hauptrunde zu alter Stärke zurück. Es gelingt ihm wieder, »Willen zu zeigen, Willen zu präsentieren … ich habe das auch vorher versucht mit der Faust, aber das war nicht ehrlich. Es war keine Kraft dahinter.« Nach dem Spiel gegen Slowenien ist Fritz jedoch wieder da. »Es ist mir gelungen, mich nicht mehr auf meine Fehler und Schwächen zu konzentrieren, sondern auf die Mannschaft«, formuliert er den entscheidenden Faktor im Film *Projekt Gold*.

Der Torwart pusht die Mannschaft nun wie vor seinem Leistungstief nach vorne und führt Deutschland mit seinen Paraden bis ins Endspiel. Das Bild, wie Fritz nach dem gewonnenen Halbfinale gegen Frankreich entfesselt über das Spielfeld stürmt, den Ball von seiner letzten Parade noch in der Hand, geht durch die Medien. »Es war das größte und vielleicht wichtigste Spiel meiner Karriere«, wird er später sagen. »Alle, mit denen ich über die Weltmeisterschaft 2007 spreche, reden nur von diesem Spiel.«[83] Aufgrund seiner Leistung ist es auch kein Wunder, dass er am Ende des Turniers erneut zum besten Torwart gewählt wurde und im All-Star-Team stand – so wie bereits bei Olympia 2004, als er sich mit vier parierten Siebenmetern im Viertelfinale endgültig unter den weltbesten Torhütern etabliert hatte.

37. GRUND

Weil Andrej Lawrow unter drei Flaggen Olympiasieger wurde

Jeder Olympiasieger hat seine Geschichte. Es sind Geschichten von überwundenen Niederlagen, glücklichen Zufällen und harter Arbeit. In der Geschichte des Andrej Lawrow spiegeln sich die politischen Umwälzungen zu Beginn der 90er-Jahre wider: Trug der Torwart zunächst noch das Nationaltrikot der Sowjetunion, lief er nach dem Zusammenbruch des Ostblocks in Barcelona für das Vereinte Team auf, bevor er unter der Fahne Russlands seine Karriere beendete. Die verschiedenen Flaggen beeinflussten seine Erfolgsgeschichte jedoch nicht: Mit jedem Team wurde Lawrow Olympiasieger – und ist damit der einzige Olympionike, der drei Goldmedaillen für drei verschiedene Nationalmannschaften gewann.

Dass Lawrow überhaupt beim Handball landete, hatte er seiner Mutter zu verdanken. Sie verbot dem damals Neunjährigen das Fußballspielen, sodass er stattdessen zum Handballverein in Krasnodar ging – hatte er doch von Freunden gehört, dass dort im Training auch mal gekickt würde. Lawrow erwies sich jedoch schnell als großes Talent und schaffte später den Sprung in die erste Mannschaft, die in der 1. sowjetischen Liga spielte. 1981 trat der Torwart erstmals international in Erscheinung, als er mit der sowjetischen Auswahl bei der Junioren-WM Silber gewann.

1988 folgte nach dem Aufstieg zum Weltklasse-Keeper das erste Olympia-Gold in Seoul. Unter der Fahne mit den fünf Ringen – hatten die als Vereintes Team angetretenen GUS-Staaten doch keine eigene Flagge – wiederholt Lawrow den Erfolg vier Jahre später in Barcelona. 1993 fuhr der Keeper den ersten von zwei WM-Erfolgen ein und erhielt für seine Leistung im russischen Trikot großes Lob. »Heute habe ich zum ersten Mal erlebt, dass der gegnerische Torhüter besser war als meine eigenen«[84], erklärte der schwedische Trainer Bengt Johansson nach der Finalniederlage seiner Mannschaft. 1996 komplettierte er seine Titelsammlung mit dem EM-Triumph.

Während er auf Vereinsebene von Klub zu Klub tingelte und nach seinem Weggang von Krasnodar in 13 Jahren für neun Mannschaften auflief (u.a. den TV Niederwürzbach und den TuS Nettelstedt), erfuhr Lawrow in der Nationalmannschaft große Anerkennung. Lange Zeit war er Kapitän, und 2000 war er in Sydney Fahnenträger bei der Eröffnungsfeier. Auf diese Ehre folgte das dritte Olympia-Gold, vier Jahre später fügte der Torwart im Alter von 42 Jahren noch eine Bronzemedaille hinzu. »Andrej ist ein Garant für Titel und Pokale, ein hundertprozentiger Profi«, lobte der russische Nationaltrainer Wladimir Maximow seinen Keeper – und bereits 1996 adelte das Sportmagazin *Kicker* ihn mit den Worten: »Er ist Leitwolf, Idol, Musterprofi – und der Handballer mit der wertvollsten Trophäensammlung der Welt: Andrej Lawrow.« Dem wäre nicht mehr hinzuzufügen.

Randnotiz: Während Lawrow der erfolgreichste Handballer der Olympiageschichte war, war Iñaki Urdangarin wohl einer der adeligsten. Der spanische Linkshänder, der von 1986 bis 2000 für den FC Barcelona auflief, wurde durch seine Heirat mit Cristina de Borbón, der Tochter des damaligen spanischen Königs Juan Carlos I., zum Herzog – und beendete seine Karriere trotz des neuen Adelstitel nicht. 2000 holte der Rückraumspieler mit der spanischen Mannschaft bei den Olympischen Spielen in Sydney die zweite Bronzemedaille nach 1996. Seine Ehefrau lernte er übrigens wo kennen? 1996 bei den Olympischen Spielen in Atlanta …

38. GRUND

Weil man auch innerorts über 50 Sachen haben darf

Wer die Geschwindigkeit liebt, ist beim Handball richtig: Es ist ein schneller Sport, dessen Tempo gerade in den letzten Jahrzehnten durch die Einführung der »schnellen Mitte« noch einmal verschärft wurde. Doch nicht nur das Spiel begeistert mit Geschwindigkeit – auch die Würfe der Rückraumspieler erreichen Werte jenseits der 100 km/h. Wäre ein Autofahrer in der Innenstadt von Hamburg, Kiel oder Mannheim mit einer den Würfen vergleichbaren Geschwindigkeit unterwegs, würde ihn die Polizei verhaften. In den Hallen ärgern sich allenfalls die Torhüter über die Geschosse, die ihnen um die Ohren fliegen – das Publikum bejubelt die Würfe meist und nickt selbst beim Gegner manchmal anerkennend mit dem Kopf, wenn dessen Spieler solche Granaten loslassen.

Weltrekordhalter bei der Wurfgeschwindigkeit ist nach mehreren Quellen derzeit Erhard Wunderlich. Der Nationalspieler, der 1999 zum »Handballspieler des Jahrhunderts« in Deutschland gewählt wurde, erzielte eine Wurfgeschwindigkeit von 131 km/h[85]. Doch immer wieder werden auch andere Namen genannt – wie Frank-Michael Wahl, der bei der B-Weltmeisterschaft 1985 159 km/h geworfen haben soll. Im Weltmeister-Jahr 2007 ermittelte die *Sportbild* die Wurfkraft der Nationalspieler, dort hielt Lars Kaufmann mit 122 km/h den Rekord. Geschwindigkeiten zwischen 120 und 125 km/h sind in der Bundesliga inzwischen an der Tagesordnung – zur Freude der Geschwindigkeitsliebhaber der Fans …

39. GRUND

Weil eine Parade den Olympiasieg perfekt machte

Fragt man nach dem größten Erfolg einer deutschen Handball-nationalmannschaft, werden meist die WM-Titel 1978 und 2007 genannt – und damit ein Titel vergessen: Die Auswahl der DDR holte 1980 sensationell den Olympiasieg. Bei den Spielen in Moskau setzte sich das Team um Torwart Wieland Schmidt mit 23:22 nach Verlängerung gegen den Gastgeber UdSSR durch. »Ein würdiges olympisches Turnier ist mit einem Sieg beschlossen worden, von dem ein Trainer vorher nur zu träumen wagte«[86], erklärte Trainer Paul Tiedemann danach euphorisch.

Dass die DDR diesen Erfolg feiern konnte, war vor allem zwei Faktoren zu verdanken: dem effektiven Tempospiel, welches die Mannschaft bot – und Torwart Wieland Schmidt. Das ›Phantom‹, wie der Magdeburger Keeper genannt wurde, sicherte im Finale mit einer spektakulären Parade vier Sekunden vor dem Schlusspfiff den Sieg. »Ich riss den rechten Arm hoch. Der Ball traf mich am Unterarm, sprang auf die Latte und raus. Wir waren Olympiasieger«, schildert Schmidt die entscheidende Szene. »Es löste sich eine ungemeine Anspannung. Die letzten Wochen liegen wie im Film vor mir ab: Das harte Training. Der nervliche Druck.«[87]

Der Olympiasieg war die Krönung von Schmidts Karriere, die 1966 in Magdeburg begann. Der damals 13-Jährige hatte sich zuerst als Feldspieler versucht, wechselte kurz darauf jedoch ins Tor. Von dort aus forcierte er das Tempospiel, mit dem sowohl der SC Magdeburg als auch die DDR-Auswahl ihre Gegner überrumpelten. »Eine Parade war für mich nicht dann abgeschlossen, wenn ich den Ball in den Händen hielt. Ich war erst zufrieden, wenn er sofort ins gegnerische Tor gelangte«, erklärte Schmidt später. Parade, langer Pass, Tor – die heute als »einfache Treffer« betitelten Gegenstoßtore waren in der damaligen Taktik quasi revolutionär.

Als Vorbild nannte Schmidt den Rumänen Cornel Penu, dessen Leistung er bei der WM 1974 verfolgte. »Er gewann gegen uns im Alleingang«, schildert Schmidt seine prägenden Erinnerungen. »Er parierte fast jeden Ball. Als ich das sah, war meine Motivation klar: Ich wollte auch so halten können, dass ich ein Spiel alleine entscheiden konnte.« Um das zu erreichen, trainierte der Magdeburger hart und dachte sich eigene Übungen aus, um Reflexe und Reaktionsschnelligkeit zu trainieren. Mit Erfolg: Schmidts unorthodoxe Paraden verunsicherte die Werfer und seine Art, eigentlich unhaltbare Bälle zu halten, flößte seinen Gegnern Respekt ein. Das brachte ihm nicht nur den Beinamen »Phantom« ein. sondern auch einige Titel: Achtmal feierte er mit dem SC Magdeburg die Meisterschaft in der DDR, 1978 und 1981 holte der Traditionsverein den Europapokal der Landesmeister – und stellte einen Rekord auf: Mit Schmidt im Tor verlor der SCM von 1972 bis 1989 kein einziges Heimspiel in der altehrwürdigen Hermann-Gieseler-Halle[88].

Mit der Nationalmannschaft blieb Schmidt der große Wurf jedoch lange verwehrt. Nach der Vizeweltmeisterschaft 1974 und einer WM-Bronzemedaille 1978 standen die Zeichen auch vor den Olympischen Spielen 1980 nicht gut. Linkshänder Wolfgang Böhme, eine der Säulen der Mannschaft, wurde aus sportpolitischen Gründen suspendiert. Zudem boykottierte ein Großteil der NATO-Staaten aus Protest gegen den sowjetischen Einmarsch in Afghanistan die Spiele – inklusive des amtierenden Weltmeisters BRD. Die Mannschaft war in den Monaten vorher als einer der Turnierfavoriten gehandelt worden und brach nach der Boykott-Erklärung auseinander, da Heiner Brand, Manfred Hofmann und Kurt Klühspies – des großen Zieles beraubt – ihren Rücktritt erklärten.

So war die DDR die einzige deutsche Mannschaft in Moskau – und zog mit Siegen über Spanien, Kuba, Polen und Dänemark sowie einem Unentschieden gegen Ungarn in das Finale ein. »In dem Augenblick hat man Silber sicher. Da konnte nichts mehr passieren«, erinnerte sich Schmidts Mannschaftskollege Lothar Döring.

Deshalb gelte es, so der Rückraumspieler, »die Chance, die eigentlich nicht da war, zu nutzen«.[89] Denn Gegner im Finale würde der große Turnierfavorit UdSSR sein, der sich in der Parallelgruppe ebenfalls mit vier Siegen durchgesetzt hatte.

Im Finale entwickelte sich ein Spiel auf Augenhöhe: Beide Teams agierten überlegt und auf Sicherheit bedacht, keines konnte so auf mehr als zwei Tore wegziehen. »Wenn wir bis zur 40. Minute dranbleiben, werden die Sowjets nervös«, hatte Tiedemann seiner Mannschaft mit auf den Weg gegeben. Und die DDR blieb dran: Auch nach einem 16:18 wurde die deutsche Auswahl nicht nervös, sondern kämpfte sich bis zum Schlusspfiff auf 20:20 heran. Unentschieden – und damit Verlängerung. Das bisher einzige olympische Männer-Finale, welches in die Verlängerung ging.

Schmidt, welcher in der 1. Halbzeit nicht so gut gespielt hatte, war nun ein sicherer Rückhalt. Beide Teams wussten: Ein Fehler kann nun der entscheidende sein. Zwar hatte sich die DDR zwischenzeitlich auf 23:21 abgesetzt, doch die UdSSR hatte auf einen verkürzt und war vier Sekunden vor dem Ende in Ballbesitz. Torhüter Nikolai Tomin passt den Ball nach vorne auf den rechten Rückraumspieler Alexei Schuk. Dieser leitet den Ball als Kempa zu Linksaußen Aljaksandr Karschakewitsch. Der springt ab, wirft – und Schmidt pariert. Der Rest ist unbeschreiblicher Jubel: Die DDR ist Olympiasieger. Es ist bis heute das einzige Olympiagold einer deutschen Handballmannschaft – und auch deshalb der wohl größte Erfolg.

Die Olympia-Mannschaft von 1980: Hans-Georg Beyer, Lothar Doering, Günter Dreibrodt, Ernst Gerlach, Klaus Gruner, Rainer Höft, Hans-Georg Jaunich, Hartmut Krüger, Peter Rost, Dietmar Schmidt, Wieland Schmidt, Siegfried Voigt, Frank-Michael Wahl und Ingolf Wiegert. Trainer: Paul Tiedemann.

40. GRUND

Weil Torhüter gleichzeitig Konkurrenten und Partner sind

Es kann nur ein Torwart im Tor stehen: An diesem Grundsatz lässt sich nicht rütteln. Was eigentlich ein Grund für einen erbarmungslosen Konkurrenzkampf wäre, schafft im Handball jedoch vielmehr eine erstaunliche Partnerschaft. Denn natürlich will jeder Torwart spielen, doch ebenso gut weiß jeder Torwart, dass er auf seinen Gespannpartner angewiesen ist. Gleichzeitig Konkurrenten und Partner – im Handball ist das kein Widerspruch.

Beim Bundesligisten Füchse Berlin teilen sich der deutsche Nationalkeeper Silvio Heinevetter und der tschechische Nationalspieler Petr Štochl seit 2009 den Job zwischen den Pfosten. »Das ist schon eine Art Sportler-Ehe«, beschrieb Heinevetter das Verhältnis einst. »Wir sind nun mal die Letzten, die hinten drin stehen und die Chance haben, Tore zu verhindern. Und wenn es bei dem einen nicht läuft, dann kommt der andere und macht es hoffentlich besser.« Keiner von beiden trägt die Nummer 1, es ist eine ausgewogene Partnerschaft. Wer besser aufgelegt ist, steht auf dem Feld. »Wir sind beide Torwart und wollen immer spielen – aber das geht natürlich nicht«, weiß auch Štochl. »Es ist die Sache des Trainers, er muss entscheiden, wen er bringt.«

In einer gelungenen Partnerschaft gibt es keinen Neid. »Es ist ja nicht wie beim Fußball, wo einer der beiden Torhüter dann drei oder vier Jahre auf der Bank sitzt und auf seinen Einsatz wartet. Wenn man im Handball auf Dauer zu den Spitzenmannschaften gehören will, dann braucht man zwei starke Torhüter«, macht Štochl deutlich. Auch Heinevetter – so ehrgeizig er ist – weiß: »Man wird ja nicht ohne Grund ausgewechselt. Und dann setzt man sich eben nicht auf die Bank und ist sauer, sondern versucht, dem anderen Tipps zu geben und ihn zu unterstützen.« Der deutsche Nationalkeeper verdeutlicht: »Man will dem anderen ja nichts Böses, im Gegenteil: Wir wollen alle gewinnen. Und am Ende der Saison fragt niemand, wer von uns jetzt welchen Ball gehalten hat.«[90]

Auch im WM-Finale 2007 war es am Ende egal, wer beim deutschen Sieg die Bälle gehalten hatte. Das Verhältnis zwischen Henning Fritz, von Bundestrainer Heiner Brand trotz Problemen im Verein zur Nummer eins gemacht, und seinem Back-up Johannes Bitter, dem jungen und aufstrebenden Talent, wurde danach überschwänglich gelobt. Es war aber auch ein perfektes Drehbuch: Bitter stärkte Fritz uneigennützig den Rücken, der Routinier fand zu seiner Leistung zurück und sicherte dem DHB-Team den Finaleinzug, um sich dann im Endspiel zu verletzen, sodass Bitter einspringen musste. »Bei uns ist es mit Sicherheit harmonisch, wir verstehen uns prächtig«, erklärte Bitter damals. »Ich kann mich über jeden Ball, den ein Kollege hält, so freuen, als wäre es mein eigener.«[91] Doch auch Fritz trug das seinige zu der Partnerschaft bei: In der Vorrunde überließ er Bitter beim deutlichen Sieg gegen Argentinien in der zweiten Halbzeit den Kasten – freiwillig. Bitter freute sich: »Henning ist in der Pause zu mir gekommen und hat gefragt, ob ich spielen will.«[92] Denn Torhüter sind eben nicht nur Konkurrenten, sondern auch Partner.

Randnotiz: Dritter im Bunde bei der WM 2007 war übrigens Carsten Lichtlein. Der Würzburger hatte bereits am 27. November 2001 sein Länderspieldebüt gegeben und stand 2004 beim EM-Titel und 2007 beim WM-Titel im Kader. Er musste jedoch stets seinen Kollegen den Vortritt lassen. Doch seine Loyalität und seine konstante Leistung bescherten ihm schließlich die Belohnung: Bei der Weltmeisterschaft 2015 in Katar erhielt Lichtlein von Bundestrainer Dagur Sigurðsson den Vorzug vor Heinevetter und war endlich die Nummer eins.

41. GRUND

Weil man auch mit nur einem Auge Bundesliga spielen kann

Nur noch eine schlichte Sportbrille erinnert an den Unfall, der Karol Bielecki fast seine Karriere kostete. Sie dient dem Schutz des gesunden Auges. Ansonsten ist alles wieder normal, und der polnische Nationalspieler hat längst wieder sein Leistungsniveau erreicht. Seinen ebenso harten wie platzierten Würfen aus dem Rückraum ist nicht anzumerken, dass sein linkes Auge blind ist.

Rückblick in den Juni 2010: In einem Test-Länderspiel zwischen Polen und Kroatien erwischt Gegenspieler Josip Valčić den wurfgewaltigen Bielecki mit seinem Finger im linken Auge. Hornhaut, Linse und Augapfel platzen, Netz- und Lederhaut werden schwer beschädigt. Obwohl sich Sanitäter sofort um den Polen kümmern und er ins Krankenhaus gebracht wird, kann sein Augenlicht nicht mehr gerettet werden. Auch eine zweite Operation in Tübingen ändert nichts mehr an dem Zustand: Bielecki ist auf dem linken Auge blind.

Der Linkshänder steckt jedoch trotzdem nicht auf: »Natürlich war das ein großer Schock. Da hatte ich elf Jahre gar keine Verletzung und nun das«, erklärt Bielecki 2013 kurz nach der zweiten Operation. Er will zurück auf das Spielfeld: »Ich weiß, ich habe eine Chance, die will ich auch ergreifen.«[93] Sein Verein, die Rhein-Neckar Löwen, unterstützen ihn in allen Belangen. Fünf Wochen nach dem Unfall läuft Bielecki in einem Testspiel gegen einen Drittligisten erstmals wieder auf. Die Zuschauer empfangen ihn mit tosendem Applaus, in der 2. Minute trifft der Pole zum 1:0.

Doch es war ein langer Weg bis dorthin. Bielecki musste alles neu lernen. Den Rhythmus beim Fangen, Werfen, Passen. Die Orientierung auf dem Feld. Das Wahrnehmen des Balles. Er hat es geschafft. »Die Präzision und Kraft seiner Würfe hat kein bisschen nachgelassen«, lobte sein damaliger Mitspieler Henning Fritz, der es als Torwart genau einschätzen konnte. »Im Gegenteil: Ich habe das Gefühl, dass er noch genauer wirft, weil er sich noch mehr konzentriert.«[94]

Sein Bundesligacomeback feiert Bielecki im September 2010 gegen Frisch Auf Göppingen. Er steuert zu dem 28:26-Sieg elf Treffer bei – es war, als wäre nichts gewesen. »Man hat richtig feuchte Augen gekriegt in den letzten zehn Minuten. Schön, dass Karol das erleben darf«, zeigt sich Manager Thorsten Storm gerührt. »Ich hatte die ganze Zeit einen Kloß im Hals. Das heute war für mich einfach mehr wert als jeder Sieg.«[95]

2012 verlässt Bielecki die Rhein-Neckar Löwen, kehrt in sein Heimatland zurück und schließt sich dem polnischen Topklub KS Vive Targi Kielce an. Es wird eine erfolgreiche Zusammenarbeit: Drei Jahre in Folge holt der Klub das Double aus Meisterschaft und Pokal und zieht 2015 zudem erneut ins VELUX EHF Final Four ein. Um sein Handicap macht Bielecki kein Aufhebens – und dem unglücklichen Valčić, der ihn verletzte, gibt er keine Schuld: »Ich mache ihm keine Vorwürfe. Es war ein unglücklicher Zusammenprall. Sport ist eben Risiko«, betont Bielecki und erklärt überraschend: »Sein Finger hat mein Auge getroffen. Aber richtig ist auch, dass mein Auge seinen Finger traf.«[96]

42. GRUND

Weil Wieland Schmidt den russischen Kameramann verfehlte

Im Moment seines größten Triumphes war Wieland Schmidt wütend: Die Deutsche Demokratische Republik (DDR) hatte gerade den großen Favoriten UdSSR im Finale der Olympischen Spiele 1980 besiegt. Doch statt mit seinen Mannschaftskameraden zu feiern, hatte der adrenalingeladene Torwart ein anderes Ziel: Mit dem Ball in der Hand, den er Sekunden zuvor noch mit der alles entscheidenden Parade abgewehrt hatte, stürmte er auf die Bande am Rande des Spielfeldes zu.

»Eigentlich wollte ich den russischen Kameramann, der mich nach jedem von mir kassierten Tor angegrinst hat, mit dem Ball abschießen«, erinnert sich Schmidt noch Jahre später an die Anekdote, auf die er bis heute immer wieder angesprochen wird. »Aber im letzten Moment habe ich es mir noch überlegt und der Ball flog haarscharf an seinem Kopf vorbei in eine Blechwand.«[97] Dort hinterließ er eine Delle, der Kameramann war sichtlich erschrocken. Schmidt hingegen widmete sich nun ausgiebig dem Jubeln.

43. GRUND

Weil man auch ohne WM-Teilnahme einer der besten Spieler der Welt sein kann

Zweimaliger Deutscher Meister, dreimaliger DHB-Pokalsieger, einmal Europacupsieger, drei Olympiateilnahmen, Europameister 2004, dreimal Handballer des Jahres und als erster Deutscher überhaupt zum Welthandballer gewählt: Dass Daniel Stephan zu den großen Spielern der deutschen Handball-Geschichte gehört, ist unbestritten. Er sammelte nicht nur Titel, sondern war einer der prägenden Akteure des sogenannten »TBV Deutschland«. Umso tragischer ist es, dass dieser großartige Handballer nicht ein Spiel bei einer Weltmeisterschaft absolvierte.

Es zog sich wie ein roter Faden durch die Karriere Stephans: 1995 verfolgte der damals 22-Jährige das Turnier nur von der Tribüne, 1997 hatte Deutschland die Qualifikation ganz verpasst – und bei den folgenden vier Turnieren fehlte er verletzungsbedingt. 2005 trat er schließlich aus der Nationalmannschaft zurück. »Viele sagen, ich hätte so viel Pech gehabt, aber ich möchte vermitteln, dass das nicht so ist«, erklärte er nach seinem Abschied im *Handballmagazin*. »Welcher Spieler erreicht denn so viel wie ich? Die Erfolge mit Lemgo und der Nationalmannschaft kann mir keiner mehr nehmen. Dass ich oft verletzt war und keine WM gespielt habe, das sind Fakten, aber ich versuche, die negativen Dinge hinter mir zu lassen und die positiven mitzunehmen. Das gelingt mir.«[98]

Denn auch ohne WM-Teilnahme gab es in der Karriere des Daniel Stephan genug positive Dinge – wie die oben aufgeführte Titelsammlung schon zeigt. Neben dem Europameistertitel 2004 erlebte Stephan seine große Stunde bei den Olympischen Spielen 2004 in Athen. Im hart umkämpften Viertelfinale wurde der Regisseur zum Matchwinner: Nach Ablauf der ersten Verlängerung verwandelte Stephan den ersten entscheidenden Strafwurf und rettete seine Mannschaft damit in die zweite Extra-Zeit. Als danach noch immer keine Entscheidung gefallen war, ging es ins Siebenmeterwerfen – und neben dem überragenden Henning Fritz war es Stephan, der die Nerven bewahrte und den letzten Siebenmeter zum 32:30 für Deutschland verwandelte.

Der Lemgoer erlebte die Endphase der Partie wie in Trance: »Ich wusste gar nicht, wohin ich den letzten Siebenmeter der Verlängerung geworfen habe. Ich war überzeugt rechts oben. Am anderen Tag sah ich, dass es links oben war«, schildert er seine Erinnerung. »Da war so viel Anspannung, und mir sind so viele Gedanken durch den Kopf gegangen … Normalerweise denke ich beim Siebenmeter, den haue ich jetzt rein, aber da habe ich nur auf unsere Mannschaft gesehen, Blacky, Zebu, Kretzsche: Wenn ich den Siebenmeter verwerfe, hören die auf. Es ging gar nicht mehr um Olympia und das Weiterkommen. Es kam mir vor, als ob der Weg zur Siebenmeterlinie eine halbe Stunde gedauert hätte. Den Ball reinzumachen war Glück pur, obwohl wir damit noch nicht am Ziel waren.«[99] Am Ende besiegten Stephan und Co. im Halbfinale Russland, doch Kroatien im Finale war eine Nummer zu groß – die Silbermedaille ist trotzdem der größte Erfolg in Stephans Karriere.

Seine Laufbahn begann der Spielmacher in Rheinhausen, wo er beim OSC Rheinhausen das erste Mal Bundesligaluft schnuppern durfte. Nach einem Jahr stieg der Verein ab, doch Stephan erhielt mehrere Angebote – und entschied sich für den TBV Lemgo. Das sollte sich als eine goldrichtige Entscheidung herausstellen: Von 1994 bis 2008 trug er das Trikot des lippischen Erstligisten und holte unter anderem zwei Meistertitel. 1998 wurde Stephan als erster deutscher Handballer der Geschichte zum Welthandballer gewählt. »Ein Hundert-Prozent-Spieler«, urteilte Bundestrainer Heiner Brand über ihn. »Halbe Sachen gibt es bei ihm nicht.«[100]

Vielleicht wäre er noch erfolgreicher gewesen, hätten ihn Verletzungen nicht so gebeutelt: Der Auftakt der Misere war ein Bruch des Daumensattelgelenks 1999 kurz vor der WM – innerhalb von vier Jahren folgten acht weitere Verletzungen. Kapselriss, Schulterprobleme, Bänderriss, Achillessehnenriss, ein chronisch schmerzender Ellenbogen – zwischenzeitlich schien Stephan vom Pech verfolgt. Er ließ sich jedoch nicht demotivieren und kämpfte sich immer wieder zurück. Er versuche, die Schmerzen auszublenden, erklärte er 2006 in einem Interview. Warum? »Es macht noch Spaß.«[101]

44. GRUND

Weil man manchmal zwei Minuten Zeit zum Nachdenken bekommt

Da sage noch einmal jemand, der Wettkampfsport sei nicht pädagogisch: Begeht man im Handball ein allzu schlimmes Foul, gibt einer der Schiedsrichter zwei Minuten Zeit, um in aller Ruhe auf der Bank über den eigenen Fehler nachzudenken und ihn bei einem Schluck aus der Wasserflasche zu reflektieren. Sogar ein zweites Mal darf man sich einen solchen Fauxpas noch leisten; erst mit dem dritten Mal muss man auf der Tribüne Platz nehmen. Freundlich, oder?

Randnotiz: Trotzdem empfiehlt es sich natürlich, diese zwei Minuten – auch Zeitstrafe genannt – nicht zu kassieren; muss die eigene Mannschaft diese 120 Sekunden doch in Unterzahl agieren. Wie das im schlimmsten Fall aussehen kann, erlebte der THW Kiel im April 2003 im Spiel gegen die HSG Wetzlar. Nach fünf Zeitstrafen innerhalb kürzester Zeit – zwei davon wegen Reklamierens gegen die vorherigen Bestrafungen – standen für knapp zwei Minuten nur noch Torwart Mattias Andersson und Spielmacher Stefan Lövgren auf dem Feld. Die zwei einsamen Kieler kassierten trotzdem von sieben Wetzlar-Spielern lediglich einen Treffer aus dem Feld, das Spiel endete 24:24.

45. GRUND

Weil ein Raufbold zum Publikumsliebling wurde

Folgt man dem Klischee, gibt es in jeder Mannschaft verschiedene Spielertypen: den introvertierten Torwart, den eiskalten Rückraumshooter, den ebenso flinken wie kreativen Spielmacher – und das Kampfschwein. Denjenigen, der dorthin geht, wo es wehtut. Der sich nicht schont und auch seine Gegenspieler nicht. So ein Spieler war Oliver Roggisch. Der langjährige Abwehrchef der Rhein-Neckar Löwen und der deutschen Nationalmannschaft gab immer 100 Prozent – und bewegte sich nicht selten am Rande des Erlaubten.

Erhielt Roggisch eine Zeitstrafe – was nicht selten vorkam –, dürfte kaum ein Zuschauer verwundert den Kopf geschüttelt haben. Mit 497 Zeitstrafen in 432 Bundesligaspielen liegt er mit nur elf Strafzeiten Rückstand auf Volker Zerbe auf dem zweiten Platz der Rangliste. Doch spätestens mit dem Wintermärchen 2007 wandelte sich die Sicht auf Roggisch – und der als Raufbold verschriene Abwehrspezialist wurde zum Publikumsliebling. Als er im Mai 2015 seine Karriere beendete, kamen 13.200 Fans zu seinem Abschiedsspiel.

Seine Rolle in all den Jahren hat Roggisch, der 1998 beim TuS Schutterwald sein Bundesligadebüt feierte, nicht bereut. »Im Angriff werden Spiele gewonnen, in der Abwehr Meisterschaften«, war der Kreisläufer stets überzeugt. Denn dass er kein großer Techniker werden würde, war ihm schnell klar: »Ich habe früh gemerkt, dass ich Schwerpunkte setzen muss, wenn ich in einem Team spielen wollte, das auch für Titel infrage kommt«, erinnert sich Roggisch. »Ich hätte sicher auch bei einem Mittelfeldteam weiter als Kreisläufer agieren können, aber ich wollte immer mehr und habe mich deshalb spezialisiert.«

2002 debütierte er gegen die Schweiz in der deutschen Nationalmannschaft, die er 2007 als Abwehrchef zum Weltmeistertitel führte. »Das größte Erlebnis in meiner Karriere«, blickt Roggisch zurück. »Das ganze Land hat Handball gelebt.« Ansonsten blieben ihm die großen Titel verwehrt: Zwar gewann er mit dem TuSEM Essen (2005) und dem SC Magdeburg (2007) jeweils den EHF-Pokal, doch die Deutsche Meisterschaft sollte er ebenso wie den DHB-Pokal nicht mehr holen. Auch mit der Nationalmannschaft kam trotz insgesamt fünf WM-Teilnahmen, vier EM-Turnieren und den Olympischen Spielen 2008 kein weiteres Edelmetall hinzu.

Stolz ist er auf seine Karriere trotzdem: »Mittlerweile habe ich 200 Länderspiele hinter mich gebracht. Auf diese Marke bin ich schon ein bisschen stolz – auch weil ich nicht der Torjäger vom Dienst bin und eher eine sehr spezielle Rolle ausfülle«, weiß Roggisch um die Besonderheit. »Ich habe zehn Turniere gespielt und könnte heute jedes einzelne sofort wieder abrufen. Es hat mich immer stolz gemacht, das Trikot mit dem Bundesadler tragen zu dürfen.«

Auch sein Glück im Verein fand der Abwehrrecke – bei den Rhein-Neckar Löwen, die ihn 2007 als frischgebackenen Weltmeister verpflichteten. »Ich habe in den sieben Jahren keine Minute bereut und habe dem Verein unheimlich viel zu verdanken«, sagt Roggisch. Mit seinem unbedingten Einsatz nahm er die Anhänger der Mannheimer für sich ein. Er ist sich auch deshalb sicher: »Rackern gehört zum Handball eben auch dazu, und es gibt sicherlich genug Fans, die nicht nur das schöne Tor oder ein Kabinettstückchen, sondern auch ehrliche Arbeit in der Abwehr zu schätzen wissen, wenn die sich im Rahmen der Fairness bewegt.«

Das tat es nicht immer, wie seine hohe Zahl an Zeitstrafen zeigt. Für Roggisch ist das normal: »Die Schiedsrichter«, erklärt er zu seiner Position im Innenblock, »haben diesen Bereich immer besonders im Blick, deshalb kommt man dort nicht immer um Zeitstrafen herum.« Die Abwehrarbeit hat er jedoch geliebt: »Dort wird buchstäblich die Drecksarbeit gemacht, und es wäre gelogen, wenn ich sagen würde, dass ich mich dort nicht wohlfühlte«, unterstreicht der 2,02-Meter-Hüne. »Schließlich konnte ich hier meine Stärken einbringen.«[102] Im Handball braucht es eben verschiedene Spielertypen.

5. KAPITEL

VON STARS UND STERNSTUNDEN

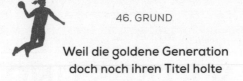

46. GRUND

Weil die goldene Generation doch noch ihren Titel holte

2. Februar 2004, in den frühen Morgenstunden: Mit Zigarren und Longdrinks feiert die »goldene Generation« der deutschen Nationalmannschaft in einer Disco in Ljubljana ihren größten Erfolg. Nach Verletzungspech, zwei Silbermedaillen und etlichen Rückschlägen ist das Team um Spielmacher Daniel Stephan am Ziel angekommen: Europameister 2004. Es ist nicht nur das erste EM-Gold für Deutschland in seiner Geschichte, es ist auch die die ersehnte Krönung für eine Generation, die den deutschen Handball zurück in die Weltspitze geführt hatte.

Dabei schien es lange so, als sollten die Karrieren der prägenden deutschen Handballer dieser Jahre unvollendet bleiben: Daniel Stephan, Henning Fritz, Mark Dragunski, Klaus-Dieter Petersen, Christian Schwarzer, Florian Kehrmann, Stefan Kretzschmar, Markus Baur und Volker Zerbe bildeten das Gerüst der Mannschaft von Bundestrainer Heiner Brand – und das bereits seit Jahren. Der wurfgewaltige Zerbe hatte sein Debüt bereits 1987 gefeiert, Kreisläufer Schwarzer und Abwehrchef Petersen stießen zwei Jahre später zur Auswahl des DHB. Sie waren tragende Säulen des Wiederaufbaus, der unter Brand mit dem Viertelfinalzug bei Olympia 2000 sowie zwei Silbermedaillen bei der EM 2002 und der WM 2003 erste Früchte trug.

Der große Wurf war der »goldenen Generation« jedoch lange verwehrt geblieben – und das mehr als unglücklich: Im Viertelfinale der Olympischen Spiele 2000 scheiterte die DHB-Auswahl an Spanien, nachdem der Aufsetzer von Stefan Kretzschmar in den letzten Sekunden an der Latte abgeprallt war und die Iberer im Gegenzug das entscheidende 27:26 erzielten. Bei der WM 2001 schied man ebenfalls im Viertelfinale aus – hauchdünn nach Verlängerung, diesmal gegen Frankreich. Gekrönt wurde diese Pechsträhne von der Finalniederlage bei der EM 2002: Florian Kehrmann erzielte in der Schlusssekunde im Endspiel gegen Gastgeber Schweden den vermeintlichen 27:26-Siegtreffer, doch die Schiedsrichter erkannten das Tor nicht an. Am Ende siegte die Tre Kronor mit 33:31 – nach Verlängerung. Auch 2003 verpasste die deutsche Mannschaft trotz eines Durchmarsches ins WM-Finale den Coup, unter anderem da die Leistungsträger Kretzschmar und Zerbe im Endspiel verletzt passen mussten – 31:34 hieß es nach 60 umkämpften Minuten gegen Kroatien.

So verlief das Schicksal der »goldenen Generation« bis zu jenem Winter 2004 trotz zweifach Silbers tragisch. Die Vorzeichen auf eine Wende standen in Slowenien dabei alles andere als gut: In Stefan Kretzschmar und Frank von Behren hatten zwei Leistungsträger ihre Teilnahme bereits im Vorfeld absagen müssen, sodass die deutsche Mannschaft geschwächt ins Rennen um die Medaillen ging. Nach der Auftaktniederlage gegen die Auswahl von Serbien und Montenegro sowie einem Remis gegen Frankreich besiegte das Brand-Team zwar Polen, zog jedoch nur als Gruppendritter – und belastet mit 1:3 Punkten – in die Hauptrunde ein. Dort begann trotz der Verletzung von Spielmacher Baur im Spiel gegen Frankreich der Siegeszug: Drei Siege aus drei Spielen bescherten der deutschen Mannschaft den Einzug ins Halbfinale.

Einige Spieler hatten im Verlauf des Turniers nur geringe Spielanteile erhalten, wie der damals 27-jährige Jan-Olaf Immel. Immer wieder aber hatte Brand die Bedeutung des Teams unterstrichen und wiederholt: »Jeder Einzelne ist wichtig.« Dies sollte sich im Halbfinale bewahrheiten: In einem von den Deckungsreihen geprägten Spiel hatte Dänemark den deutschen Rückraumspieler nicht auf der Rechnung. So wurde dieser neben Torwart Fritz zum Matchwinner: Er erzielte beim 22:20 sieben seiner acht Turniertreffer und war trotz nur 61 Spielminuten im gesamten Verlauf der EM einer der entscheidenden Akteure.

»Es war ein Traum, nie gab es Ärger«, beschrieb Kretzschmar die mannschaftliche Geschlossenheit, die eine entscheidende Grundlage für die Erfolge dieses Teams war. »Es war eine Zusammenführung von Freunden«, so der Linksaußen, der die Finalspiele am Seitenrand verfolgte – im Trikot. Brand unterstrich nur wenige Monate nach der EM die besondere Stimmung: »Dieses Team kam meinem Ideal vom Mannschaftssport sehr nah.«[103]

Mit dem hoch eingeschätzten Gegner aus dem Nachbarland hatte die deutsche Mannschaft, wie sich herausstellen sollte, den größten Konkurrenten bereits im Halbfinale aus dem Weg geräumt. Gegen Gastgeber Slowenien triumphierte die Auswahl von Brand souverän mit 30:25. Mit neun Toren war Kehrmann bester Werfer im Finale, der Rechtsaußen sicherte sich somit den zweiten Platz in der Torschützenliste (45 Treffer) – vor Mannschaftskamerad Daniel Stephan (42). Doch Zahlen waren an diesem Abend in Ljubljana nur Nebensache, das Gold war da.

»Nach der Schlusssirene brach bei den deutschen Spielern unbeschreiblicher Jubel aus. Trotz der Strapazen nach acht Spielen in elf Tagen tanzten und sprangen sie ausgelassen auf dem Parkett in der mit 7.000 Zuschauern ausverkauften Halle Tivoli und sangen den alten Queen-Gassenhauer ›We are the champions‹ aus vollen Kehlen«, beschrieb der *SPIEGEL* den Augenblick des größten Erfolgs. Die Party sollte erst am nächsten Morgen enden – in einer Disco in Ljubljana bei Longdrinks und Zigarren.

Das Europameister-Team von 2004:

Henning Fritz, Pascal Hens, Mark Dragunski, Jan-Olaf Immel, Christian Schwarzer, Klaus-Dieter Petersen, Volker Zerbe, Christian Ramota, Markus Baur, Christian Zeitz, Torsten Jansen, Heiko Grimm, Daniel Stephan, Florian Kehrmann, Christian Schöne, Steffen Weber und Carsten Lichtlein. Trainer: Heiner Brand.

47. GRUND

Weil es Stars in der Provinz gibt

Als 2013 der neue Verein von Weltstar Ivano Balić bekannt gegeben wurde, mussten viele Fans in seiner Heimat Kroatien erst einmal zur Landkarte greifen. Wetzlar? Die 50.000-Einwohner-Stadt in Mittelhessen ist in der internationalen Handballszene ein weitgehend unbeschriebenes Blatt. Nach den renommierten Stationen Portland San Antonio, RK Zagreb und Atletico Madrid, für die Balić in der Champions League auflief, war seine neue Heimat ein deutscher Provinzverein. »Handball-Bundesligist HSG Wetzlar ist der größte Coup der Vereinsgeschichte gelungen«, kommentierte selbst die Deutsche Presse-Agentur den Transfer mit einem Superlativ. Mit der »spektakulären Verpflichtung« des Olympiasiegers, Weltmeisters und Welthandballers ziehe bei den Mittelhessen »Glamour und sportliche Extraklasse« ein.[104]

Was will ein Paradiesvogel wie der langhaarige Balić, der in seiner Heimat ehrfürchtig als »Mozart des Handballs« verehrt wird, bei einem soliden, aber mit dem Image einer grauen Maus versehenen Verein wie der HSG Wetzlar? Diese Fragen stellten sich nicht nur zahlreiche europäische Handballjournalisten, sondern auch Handballfans in Deutschland und Balićs Heimat Kroatien. Die Antwort lieferte Balić selbst: »Ich hatte ein paar Optionen, die hier hat mir am besten gefallen. Außerdem will jeder mal in der besten Liga der Welt spielen. Hier hat es für mich gepasst. Wir haben uns schnell geeinigt.«

Weltstar in der Provinz: Diese Überschrift wurde nach dem Wechsel von Balić in den Medien überstrapaziert. Doch sie war passend: Spätestens nach seinem Wechsel von RK Split zu RK Metkovic im Jahr 2001 spielte sich Balić in die Herzen der Fans. Seine Klasse war dabei auch die etwas andere Spielweise: aus dem Basketball entlehnte No-Look-Pässe, ein lässiges Auftreten, aus dem immer wieder überraschend die Dynamik herausbrach und mit Einzelaktionen, Anspielen oder verdeckten Würfen für Torgefahr sorgte. »Es ist eigentlich nur problematisch, wenn du jung bist. Später akzeptieren alle, dass du deinen eigenen Stil im Spiel hast«, schildert Balić das zunehmende Verständnis seiner Trainer für das Entwickeln einer eigenen Spielkultur. 2003 und 2006 wurde er auch deshalb zum Welthandballer gewählt.

Ein Beleg für die außergewöhnliche Klasse ist eine vermutlich einmalige Serie: Beginnend bei der EM in Slowenien 2004 über die Olympischen Spielen in Athen, die WM in Tunesien und die EM in der Schweiz bis zur WM in Deutschland 2007 wurde er bei fünf großen Turnieren in Folge zum wertvollsten Spieler des Turniers gewählt. Und zwar nicht nur aufgrund seiner Aktionen in der Offensive, auch in der Deckung wusste der Superstar zu überzeugen – auch auf der kräfteraubenden vorgezogenen Position. »Es ist natürlich eine große Ehre, wenn man zum Welthandballer oder MVP eines Turniers gewählt wird, aber ich habe mir aus diesen persönlichen Titeln nicht viel gemacht, denn der Erfolg des Teams steht über allem und ohne meine Mitspieler war und bin ich nichts«, erklärt der Spielmacher allerdings.

Dabei ist der Kroate längst nicht der einzige Nationalspieler, der anstatt der lebendigen Metropole die vermeintliche Provinz wählt. Auch Flensburg, Kolding oder Ostwestfalen mit den langjährigen Bundesliga-Städten Lemgo, Minden und Lübbecke sind nicht die coolen Hotspots urbanen Lebens, aber dort ist der Handball zu Hause – wie nicht erst der Champions-League-Sieg 2014 der SG Flensburg-Handewitt bewies. Der Handball ist keine Sportart nur für die Großstadt, er ist auch und gerade die Sportart der kleinen Dörfer und Städte, wo er sich nicht mit Sehenswürdigkeiten und dem ewigen Konkurrenten Fußball messen muss – sondern der Handball und der heimische Verein die Sehenswürdigkeit sind.

Insofern konnte auch Weltstar Balić die Frage, warum er denn ausgerechnet in die deutsche Provinz wechseln würde, irgendwann nicht mehr hören. »Ausgerechnet?«, gab er nur zurück. »Ich bin hier, um Handball zu spielen, und ich werde mein Bestes geben. Natürlich ist hier weniger los als zuletzt in Madrid, es gibt weniger Cafés und weniger Geschäfte. Aber das spielt keine Rolle.«[105] So sind die deutschen Klubs, die das Gehalt regelmäßig zahlen und eine starke Liga zu bieten haben, weiterhin gern gesehene Arbeitgeber von Nationalspielern aus aller Welt.

Dabei dürfte wohl niemand überraschter über den Balić-Transfer gewesen sein als die Verantwortlichen der HSG Wetzlar selbst. »Dass wir ihn holen konnten, das war wie Weihnachten und Ostern zusammen«, konnte Geschäftsführer Björn Seipp es nicht fassen. Dass er mit Balićs Wechsel die Wette mit Torwart Magnus Dahl verlor, war mehr als nebensächlich. Der Keeper hatte dem Geschäftsführer nach der Insolvenz von Balićs damaligem Arbeitgeber Atletico Madrid geraten, doch einfach mal bei dem Weltstar nachzufragen. »Niemals wird er das machen«[106], hatte Seipp getippt und trotzdem zum Telefonhörer gegriffen – mit Erfolg. Nicht zuletzt die Fürsprache von Dahl, der mit Balić in Madrid zusammengespielt hatte, sorgte für den Paukenschlag.

Allein der Name Balić zog die Fans in die Hallen, wo Wetzlar in den darauffolgenden Monaten auflief, sein Trikot wurde ein Verkaufsschlager. Der geniale Spielmacher präsentierte sich jedoch keineswegs als Superstar oder gar als Diva, wie einige vermeintliche Experten geunkt hatten. »Er ist bodenständig, bescheiden, stellte sich stets in den Dienst der Mannschaft und ist auch viel umgänglicher als behauptet wurde«[107], unterstrich Trainer Kai Wandschneider. So passte es zu Balić und seinem Wechsel in die Provinz, dass der Verein selbst für die glamouröseste Aktion sorgte: Für sein Abschiedsspiel im Juni 2015 flog die HSG extra Jackson Richardson ein, das große Vorbild von Balić. So nahm der Weltstar an der Seite seines Vorgängers als Weltstar Abschied aus der Provinz …

48. GRUND

Weil ein Bravo Boy Weltmeister wurde

Michael Kraus fand sich 2007 plötzlich in seinem eigenen Traum wieder: Auf ihm, dem gerade einmal 23 Jahre alten Spielmacher, ruhte die ganze Verantwortung. Kapitän Markus Baur hatte sich im WM-Hauptrundenspiel gegen Frankreich verletzt, die Wade des Routiniers machte nicht mehr mit. Nach Oleg Velyky fehlte Bundestrainer Heiner Brand nun der nächste Mittelmann. »Es war ein Schock für mich, dass der Schorsch rauskommt«, blickt Kraus im Film *Projekt Gold* auf seine Einwechslung zurück. »Ich wusste, jetzt wird der Heiner sich gleich umdrehen und sagen: ›Mimi, auf geht's‹ und das war dann ein paar Sekunden später auch so. Da habe ich mich natürlich auch gefreut, dass ich für mein Land spielen darf.«

Was folgte, ist eine der schönsten Geschichten der WM: Kraus springt für den 13 Jahre älteren Baur, den er ein Vorbild nennt, in die Bresche – und mischt die Abwehr der favorisierten Franzosen gehörig auf. Ob mit einem dynamischen Sprungwurf aus dem Rückraum, per Anspiel auf dem Kreis oder einem frechen Schlagwurf durch den Block: Der Youngster aus Göppingen macht das »Spiel seines Lebens«, wie der Fernsehkommentator euphorisch festhält. Kraus zeigt keinen Respekt vor den Franzosen, spielt unbekümmert auf und führt das deutsche Team zu einem überraschenden 14:9-Halbzeitvorsprung.

Am Ende stehen sieben Treffer für den jungen Spielmacher zu Buche, die deutsche Auswahl gewinnt 29:26. »Ich habe nur gedacht: Junge, reiß dich am Riemen«, erinnert sich Kraus später. »Denk an die Worte vom Heiner und führe die Mannschaft. Dann ist man natürlich froh, dass es so gut klappt.« Die folgenden Partien verfolgt Baur verletzt hinter der Spielerbank sitzend. Er beobachtet das Spiel und unterstützt seinen jungen Vertreter, der meist zwischen Angriff und Abwehr wechselt, von außen. »Ich habe ihn richtig aufgefordert, mir Tipps zu geben, was ich noch einmal spielen und was ich noch einmal probieren soll«, verrät Kraus. Die Zusammenarbeit klappt – Deutschland marschiert auch ohne Kapitän Baur bis ins Halbfinale.

Am Vorabend des erneuten Duells mit Frankreich holt Brand seine Mannschaft zum Videostudium zusammen. Doch statt der Spielszenen flimmert ein anderer großer Auftritt von Kraus über den Bildschirm: 2000 gewann der Spielmacher die Wahl zum »Bravo Boy«. Die Siegerehrung des Wettbewerbes, bei dem Kraus auf Betreiben seiner Zwillingsschwester teilnahm, zeigte Brand seinen Spielern – und für den Spott war gesorgt. Der Spitzname »Bravo Boy« blieb an dem Spielmacher hängen, seiner Leistung tat das jedoch keinen Abbruch: Gemeinsam mit Baur führte Kraus die deutsche Mannschaft zum dritten WM-Titel der Geschichte.

Für Kraus war es die Krönung einer bis dahin steilen Karriere. 2002 debütierte er in Göppingen, wo er in Velimir Petković einen Freund und Förderer fand, der dem Spielmacher Zeit und Freiraum für seine Entwicklung gab. Drei Jahre später verpflichtete Heiner Brand ihn erstmals in die Nationalmannschaft. Mit seiner Leistung bei der WM 2007 – für die Kraus vor Kroatiens Legende Ivano Balić als »bester Spielmacher« ausgezeichnet wurde – schien ihm alles offen zu stehen, Deutschland hatte einen neuen Star. Sein Image des »Bravo Boys« wurde ihm indes irgendwann zu viel. »Mit 26 will ich kein ›Bravo Boy‹ mehr sein«, erklärte Kraus rund zweieinhalb Jahre nach der WM. »Das passt nicht mehr zu mir, auch wenn es eine tolle Erfahrung war.«[108]

49. GRUND

Weil Frauen Männer-Bundesliga pfeifen dürfen

Was beim Fußball unvorstellbar war, war beim Handball schon lange Realität: Frauen als Schiedsrichter in der Männer-Bundesliga. Von 1990 bis 2009 leiteten Jutta Ehrmann und Susanne Künzig 511 Spiele auf der Ebene des Deutschen Handball-Bundes, darunter über 150 in der Beletage des deutschen Männer-Handballs. Auch international waren die beiden Frauen im Einsatz, sowohl für den europäischen Verband als auch für den Weltverband IHF. 115 Spiele stehen für die beiden zu Buche.

Die Karriere des Gespanns Ehrmann/Künzig ist bis heute unerreicht. Sie waren nicht nur das erste, sondern bisher auch das einzige Gespann in der Männer-Bundesliga. »Zu Beginn hat es natürlich schon eine Rolle gespielt«, blickt Ehrmann auf die besondere Stellung zurück, welche die beiden als die einzigen Frauen unter all den Männern genossen. »Aber nach einer gewissen Eingewöhnung bei allen Beteiligten und vor allem durch gute Leistungen war es kein Thema mehr, dass wir Frauen sind.« Auch für die beiden Schiedsrichterinnen spielte es keine Rolle, einschüchtern ließen sie sich von den körperlich überlegenen Spielern nicht.

Bis Ehrmann/Künzig ihr Standing erworben hatten, war es jedoch ein langer Kampf. »Wir standen mehr im Fokus bei den Beteiligten und vor allem im Umfeld«, gewährt Ehrmann einen Einblick. »Aber wir haben uns den Respekt in den vielen Jahren erarbeitet.« Davon profitiert die ehemalige Schiedsrichterin bis heute – sie blieb der Männer-Bundesliga auch nach ihrem Karriereende als Delegierte am Kampfrichtertisch erhalten. »Sie macht dort einfach einen guten Job«, lobt der langjährige DHB-Schiedsrichter Matthias Brauer seine frühere Kollegin. »Sie weiß sie ganz genau, wann sie eingreifen muss.«

Dieses Fingerspitzengefühl zieht sie aus der Erfahrung ihrer eigenen Laufbahn. Schiedsrichterinnen haben es bis heute häufig schwerer als ihre männlichen Kollegen; da es deutlich weniger Frauen gibt, die pfeifen, schaffen auch deutlich weniger den Sprung an die Spitze. In die Fußstapfen von Ehrmann/Künzig treten die Schwestern Tanja und Maike Schilha, die zwar noch nicht in der Männer-Bundesliga eingesetzt werden, aber international bei den Frauen bereits Erfahrungen sammeln. Eines vereint jedoch die Gespanne Ehrmann/Künzig, Schilha/Schilha und alle männlichen Schiedsrichter, die neu in der Leistungsspitze des Schiedsrichterwesens ankommen: »Man muss sich den Respekt verdienen – das geht allen jungen Gespannen so.«[109] Und egal, ob Mann oder Frau – letztlich kommt es nur auf eines an: das Spiel sauber und korrekt über die Bühne zu bringen. Dass Ehrmann/Künzig das konnten, beweisen ihre zahlreichen Einsätze.

50. GRUND

Weil ein groß gewachsener Koreaner den Torrekord in der Bundesliga hält

2.905 Tore. In Worten: Zweitausendneunhundertundfünf. So viele Treffer erzielte Kyung-shin Yoon zwischen 1996 und 2008 in der Bundesliga. Es ist der Bundesligarekord. Der Südkoreaner lief für den VfL Gummersbach (2.481 Tore) und den HSV Hamburg (424) auf und war in beiden Vereinen vor allem eines: ein Torgarant. Eine Rolle spielte seine Quote für den 2,04 Meter großen Koreaner irgendwann jedoch nicht mehr: »Wichtiger ist, dass die Mannschaft gewinnt«[110], hielt er bescheiden fest.

Gewinnen, das taten die Mannschaften von Yoon häufig – nicht zuletzt seinetwegen. Er war nicht der Typ für verspielte Tricks, er war ein Vollstrecker, der Maß nahm und die Bälle eiskalt versenkte.

2007 warf er Sekunden vor dem Ende genauso das entscheidende Tor gegen Ademar Leon und sicherte dem HSV damit den Europapokal der Pokalsieger. Durch das Tor von Yoon unterlag der HSV lediglich mit 33:37, was bei einem 28:24-Hinspielsieg aufgrund der mehr erzielten Auswärtstore für den Titel reichte. Es blieb jedoch der einzige große Vereinstitel von »Nick«, wie Yoon gerufen wurde. Der Spitzname stammt noch aus seiner Anfangszeit in Deutschland: Wenn Trainer Heiner Brand in Gummersbach etwas erklärte, nickte der Koreaner stets höflich – jedoch ohne etwas zu verstehen.

Worauf Yoon sich hingegen bestens verstand und was er fast nebenbei sammelte, waren persönliche Auszeichnungen: Siebenmal wurde der Koreaner Torschützenkönig in der Bundesliga. Er hält nicht nur den Rekord für die meisten geworfenen Tore insgesamt, sondern auch für die meisten Treffer in einer Saison: Yoon warf in der Spielzeit 2000/01 324 Tore. Er wurde 2001 zum Welthandballer gewählt und holte 1993, 1995 und 1997 die WM-Torschützenkrone.

Die größte Ehre wurde Yoon jedoch 2008 zuteil: Bei seinen fünften Olympischen Spielen führte der Handballer die südkoreanischen Sportler als Fahnenträger bei der Eröffnungsfeier an – als erster Mannschaftssportler, der nie eine Olympiamedaille gewann. Das sei »ein unbeschreibliches Gefühl«, blickte der Rückraumspieler, der mit seinem Nationalteam fünfmal die Asienspiele gewann, darauf zurück. »Ich glaube, das war als kleines Geschenk für mich gedacht. Tatsächlich aber ist es ein großes Geschenk gewesen. Damit habe ich ein kleines Stück koreanische Sportgeschichte geschrieben.«[111]

51. GRUND

Weil der Tabellenletzte jederzeit den Spitzenreiter schlagen kann

Es sind jene Spiele, deren Verlauf den Zuschauern in der Halle den Mund offen stehen lässt, die den Handball so faszinierend machen. Wenn der Underdog den Favoriten niederringt. Wenn ein bis dahin unbekanntes Talent groß aufspielt und den Routinier vernascht. Wenn der Abstiegskandidat den Titelfavoriten stolpern lässt. Neun von zehn Spielen mögen so ausgehen, wie es im Vorfeld erwartet wird – doch das zehnte Spiel ist dann der Paukenschlag, über den der Verein noch Jahrzehnte spricht. Der Handball ist nicht berechenbar – und gerade deshalb ein so unglaublich spannender Sport.

52. GRUND

Weil ein französischer Ritter in drei Ländern das Triple gewann

Es gibt keinen großen Titel, den er noch nicht gewonnen hat: Nikola Karabatić. Bis 2015 wurde der Franzose bereits zweimal Olympiasieger, dreimal Weltmeister und dreimal Europameister. Er wurde WM-Torschützenkönig, mehrfach ins All-Star-Team und zum wertvollsten Spieler gewählt und zweimal als Welthandballer ausgezeichnet. Bereits 2008 wurde er in Frankreich zum Ritter der Ehrenlegion ernannt. Noch beeindruckender, falls das möglich ist, ist seine Erfolgsbilanz mit seinen Vereinen: In allen drei Ländern, in denen Karabatić bisher spielte, gewann er das Triple aus nationaler Meisterschaft, nationalem Pokal und Champions League. 2003 mit Montpellier AHB, 2007 mit dem THW Kiel und 2015 mit dem FC Barcelona.

Experten, Mitspieler und Fans überschlagen sich mit Lob und Superlativen. Stefan Lövgren, der einst selbst Vorbild von Karabatić war, bezeichnete ihn respektvoll als »Handballer-Nonplusultra«, Stefan Kretzschmar erklärte »der bester Spieler, der unser Spiel jemals gespielt hat« und Dänemarks Joachim Boldsen erklärte fasziniert: »Ich habe mit und gegen viele brillante Handballer gespielt, aber keiner von ihnen war so komplett wie Nikola! Unglaublich!«[112]

Die Fachzeitschrift *Handball Inside* schrieb nach der WM 2015, bei der Karabatić die Franzosen erneut zum Sieg geführt hatte, unter dem Titel »König Karabatić« kurz und knapp: »Inzwischen wird er von Handballmedien und Experten auch dann frenetisch gefeiert, wenn er während eines Spiels kein einziges Tor gemacht hat.«[113] Für Karabatić ist es selbstverständlich, dass er sich in den Dienst der Mannschaft stellt, Star-Allüren auf dem Feld liegen ihm nicht. Seine Ziele für die Zukunft? »Ich möchte noch einige Rekorde brechen und jungen Spielern helfen, sich weiterzuentwickeln.«

Nikola Karabatić ist nicht nur zum Ausnahme-Handballer gereift, sondern war bereits früh ein Ausnahmetalent. Als er 2005 mit 21 Jahren zum THW Kiel wechselte, hatte er bereits im All-Star-Team der EM 2004 gestanden und hatte mit Montpellier das Triple gewonnen. Der Hunger auf Titel brachte ihn zum deutschen Rekordmeister – und damit in die Obhut von Noka Serdarušić, der ihn zu dem Spieler machte, der er heute ist. »Noka ist der beste Trainer der Welt. Er kann mir noch so viel beibringen. Und er ist ein unglaublicher Taktiker, der einfach alles über Handball weiß. Alles!«[114], beschrieb der französische Nationalspieler das enge Verhältnis zu seinem »Ziehvater« Serdarušić.

Als Serdarušić Kiel verließ, hielt es auch Karabatić nicht mehr an der Förde – nur ein Jahr blieb er noch unter Alfreð Gíslason, dann wurde der Vertrag vorzeitig aufgelöst. Ein Wechsel zu den Löwen schien wahrscheinlich, als diese Serdarušić verpflichten wollten; als das platzte, platzte auch der Karabatić-Transfer. Als Serdarušić 2015 bei Paris St. Germain unterschrieb, war der Wechsel von Karabatić nur noch Formsache. Gemeinsam mit seinem Bruder Luka – wegen dem Serdarušić das Traineramt bei Pays d'Aix übernahm und den er dort zum Nationalspieler formte – will er dort den nächsten Titel holen ... oder auch das nächste Triple.

53. GRUND

Weil es Pommes ohne Ketchup gibt

Es sind Typen, die eine Sportart prägen: Heiner Brand hat seinen Schnauzbart als Markenzeichen, Stefan Kretzschmar seine Tattoos – und Pascal Hens seinen Irokesenschnitt. Der ehemalige Kapitän der deutschen Nationalmannschaft wurde jedoch nicht nur wegen seiner Frisur zu einem der bekanntesten Handballer des Landes, sondern auch dank seines eingängigen Spitznamens »Pommes«.

Mit dem Fast-Food-Gericht hatte dieser allerdings nichts zu tun: »Den bekam ich ja nicht, weil ich so viel Pommes esse, sondern weil ich so unglaublich dünne Ärmchen hatte«, erinnert sich Hens selbst an die Anfangszeit seiner Karriere. »Ich war echt ein Schlaks damals.«[115] Als er, 2,03 Meter groß, am 12. März 2000 für die SG Wallau-Massenheim in der Bundesliga debütierte, wog er laut eigener Aussage gerade einmal 86 Kilo.[116] Trotzdem erzielte er fünf Tore bei dem 29:18 seiner Mannschaft – schade nur, dass dieser Sieg annulliert wurde, weil Hens nicht spielberechtigt war.

Trotz dieses unglücklichen Auftakts ging die Karriere von Hens nun erst richtig los. 2003 wechselte er zum HSV Hamburg und gewann mit dem Verein die Deutsche Meisterschaft, die Champions League, den DHB-Pokal und den Europapokal der Pokalsieger. Der Rückraumspieler prägte den Verein seitdem wie kaum ein anderer – und blieb dem HSV auch in schwierigen Zeiten treu, als der Verein 2005 und 2014 aufgrund von finanziellen Schwierigkeiten vor dem

Aus stand. Hens hat die Vereinstreue nie infrage gestellt: »Ich habe die Entscheidung, nach Hamburg zu gehen, nie bereut.«

Auch in der Nationalmannschaft war »Pommes« lange Zeit eine der Säulen. Bereits 2002 stand er im Kader, als die DHB-Auswahl im EM-Finale knapp unterlag; 2004 feierte er dann gemeinsam mit der »goldenen Generation« den ersehnten Titel. Den WM-Titel 2007 hat Hens bis heute im Kopf. »Wir sind vor 20.000 Fans im eigenen Land Weltmeister geworden, das war einzigartig und das Größte, was man erleben kann«, schwärmte er. »Ich sehe jetzt schon wieder die Szenen vor meinem geistigen Auge, wie wir aus unserem kleinen Hotel kamen und mit dem Bus zum Finale gefahren sind. Überall standen Fans, die uns gegrüßt haben. Und dann natürlich die Stimmung in der Halle – Wahnsinn.«

Doch es war nicht alles so glücklich in der Karriere des Wahl-Hamburgers: Von Verletzungen wurde Hens immer wieder zurückgeworfen, zudem wurden immer wieder seine mangelnden Fähigkeiten in der Abwehr kritisiert. »Ich war eine Gurke in der Abwehr«, gibt Hens offen zu. »Ich trauere dem schon ein bisschen hinterher, weil mir die Abwehrqualität einfach zum kompletten Spieler gefehlt hat.« Die Fans des HSV haben ihn trotzdem ins Herz geschlossen: »Er war der Held und der Sündenbock. Aber die pure Lust am Leben, die konnte Pascal Hens noch keiner nehmen. Wohl vor allem deswegen mögen ihn die Fans so gern«, schrieb die *Frankfurter Allgemeine Zeitung* nach dem Beinahe-Zusammenbruch des HSV und fügte hinzu: »Zwar lassen sich die Jungen in der Halle keinen blondierten Irokesen à la Pommes mehr frisieren. Er trägt seine Haare ja auch längst gemäßigt. Aber bei Autogramm-stunden oder bei öffentlichen Auftritten, da muss Pommes ran und repräsentieren.«[117] Denn Hens ist nun mal ein Aushängeschild des Handballs – eben ein Typ wie Brand oder Kretzschmar.

54. GRUND

Weil es 17 Millionen begeistern kann

Handball und Fernsehen schienen lange Zeit zwei Begriffe, die nicht wirklich zusammenpassten. Zwar gab es in den 90er-Jahren gelegentlich Übertragungen von Welt- oder Europameisterschaften und ab und an ein Bundesligaspiel in den Regionalprogrammen, doch so recht anfreunden konnte sich die TV-Landschaft mit dem Produkt Handball nicht. So wurde vom DHB-Pokalfinale 2002 zwischen dem TBV Lemgo und dem SC Magdeburg lediglich die zweite Halbzeit gezeigt – aufgrund einer Übertragung von der Flandern-Rundfahrt.

Der Handballfan bangte zudem immer wieder darum, ob es Bilder von den Auftritten der Nationalmannschaft bei Großereignissen geben würde. Nach und nach etablierte sich der Handball jedoch und verließ sein Schattendasein: Die Silbermedaille bei der WM in Portugal 2003 brachte von den TV-Schaffenden bis dahin nicht für möglich gehaltene 8,5 Millionen Zuschauer. Beim Finale der Olympischen Spiele in Athen über ein Jahr später kratzte die DHB-Auswahl gar an der 10-Millionen-Marke: In der Spitze verfolgten 9,92 Millionen das Finale zwischen Deutschland und Kroatien, der Marktanteil der ARD lag bei insgesamt 41,9 Prozent.

2007 war es das Wintermärchen bei der Heim-WM, welches die TV-Quoten vom Handball in neue Höhen trieb: Bereits das Halbfinale zwischen Deutschland und Frankreich verfolgten 10,64 Millionen Zuschauer im ZDF. »Wir stoßen in Dimensionen vor, die nahe am Fußball sind«[118], jubelte der damalige DHB-Präsident Ulrich Strombach. Handball war plötzlich Trend, nur wenige Monate nach dem Sommermärchen der Fußballer versank das Land erneut in einem schwarz-rot-goldenen Fahnenmeer. Sportbars und Kneipen übertrugen die deutschen Handballer live, die *Bild-Zeitung* sprang ebenfalls auf den WM-Zug auf, und selbst die Fußballer des 1. FC Köln gaben ihren Fans die Gelegenheit, direkt im Anschluss an das Zweitligaspiel im Müngersdorfer Stadion das Handball-Finale auf Videowänden zu verfolgen. Die Begeisterung für den Handball war entfacht.

Im Finale wurde dann die 20-Millionen-Marke geknackt: Den Triumph der deutschen Auswahl über Polen verfolgten durchschnittlich 16,17 Millionen Fans vor dem Bildschirm – der Höchstwert lag gar bei 20,61 Millionen. Die Programmgestalter der ARD dürften sich über den Marktanteil von 58,3 Prozent fast mehr gefreut haben als über den WM-Titel. Die Übertragung war laut dem Fachportal handballimfernsehen.de übrigens die zuschauerstärkste Sendung im Sportjahr 2007 – vor Fußball, Formel 1 oder Boxen.

55. GRUND

Weil »alter Schwede« ein Qualitätssiegel ist

Der Sommer 1990 wird zu einem Wendepunkt in der Geschichte des THW Kiel. Der Verein, der zu jenem Zeitpunkt noch nichts von seiner künftigen Dominanz ahnte, nahm Magnus Wislander unter Vertrag. Der damals 26-Jährige kam als frischgebackener Weltmeister an die Förde – und sollte das Spiel des THW im kommenden Jahrzehnt prägen. Als er Kiel 2002 in Richtung seiner schwedischen Heimat verlässt, hat er in zwölf Jahren sieben Meisterschaften geholt, drei DHB-Pokalsiege und zweimal den Titel im EHF-Cup. Mit der Nationalmannschaft holte der Spielmacher, der ob seiner Beweglichkeit und seiner Wendigkeit »Slangen« (zu deutsch: Schlauch) gerufen wurde, in diesem Zeitraum einen weiteren Weltmeistertitel und viermal die Europameisterschaft. Lediglich zwei Titel bleiben Wislander versagt: Die Champions League, die man im so bitteren Endspiel gegen den FC Barcelona 2000 knapp verpasst, sowie die Goldmedaille bei Olympia – trotz drei Finalteilnahmen 1992, 1996 und 2000.

Die 90er-Jahre waren die große Zeit der Schweden: Auf dem internationalen Parkett gehören die »Bengan Boys«, wie sie nach ihrem Coach Bengt Johansson gerufen wurden, zur Weltspitze und auch in der Bundesliga sorgen sie für Aufsehen. Wislander ist der Erste in einer langen Reihe. Sein kongenialer Partner Staffan Olsson (1996–2003), Stefan Lövgren (1999–2009) und Marcus Ahlm (2003–2013) folgen ihrem Landsmann nach Kiel. Die Nähe zu ihrem Heimatland – eine Fähre verbindet Kiel direkt mit Göteborg – machten die Fördestadt neben den sportlichen Erfolgen so attraktiv für die Skandinavier. Auch langjährige schwedische Nationalspieler wie Kim Andersson und Torwart Mattias Andersson sowie Ljubomir Vranjes und Tobias Karlsson in Flensburg haben im hohen Norden Deutschlands ihre handballerische Heimat gefunden.

Magnus Wislander – von den Fans in Kiel kurz »Max« gerufen – überstrahlt sie jedoch alle. »Er war ein Glücksfall für den THW und der THW war ein Glücksfall für ihn«[119], erklärte Noka Serdarušić, für den Wislander sein verlängerter Arm auf dem Spielfeld war. Als Spielmacher führt der Schwede die Kieler an die Bundesligaspitze, und als er älter wird, überlässt er Lövgren das Zepter und weicht an den Kreis aus. Ein Problem hat der bescheidene Wislander, der gelernter Postbote ist, damit nicht. »Ich wollte ja nie ein Star im klassischen Sinne sein«[120], sagt er selbst über sich.

Und obwohl er den Ruhm nicht will, kann er diesem nicht entkommen. 1.185 Tore in 384 Länderspielen machen ihn zum schwedischen Rekordnationalspieler und Rekordtorschützen. Er wird 1990 zum Welthandballer gewählt und eine Dekade später gar zum »Welthandballer des Jahrhunderts«. Auch beim THW wird er zum »Spieler des Jahrhunderts« gewählt, seine Nummer 2 wird seit seinem Karriereende beim THW nicht mehr vergeben. Als Abschiedsgeschenk erhielt Wislander die Original-Meisterschale, mit deren Gewinn er sich 2002 verabschiedete. Sein Porträt ist das erste nach dem von THW-Legende Hein Dahlinger, das unter dem Dach der Ostseehalle in der Ehrengalerie Aufnahme findet. 2009 folgt auch das Gesicht von Lövgren – der zudem zum Ehrenspielführer ernannt wurde. Die Bezeichnung »alter Schwede« ist im Handball spätestens seitdem ein Qualitätssiegel ...

56. GRUND

Weil eine Sporthalle nach Volker Zerbe benannt wurde

Im Juni 2006 war es so weit: Der TBV Lemgo und die Stadt Lemgo setzten Volker Zerbe ein ganz besonderes Denkmal. Die Heldmanskamphalle wurde offiziell in Volker-Zerbe-Halle umbenannt. Es sollte die angemessene Würdigung für eine der prägenden Figuren der TBV-Geschichte sein. Man war sich einig: »Was Kaiserlautern sein Fritz-Walter-Station, soll nun für Lemgo die Volker-Zerbe-Halle sein«[121].

Doch Volker Zerbe dürfte den Handballern der lippischen Stadt nicht nur wegen der Halle ein Begriff sein. Der 2,14 große Linkshänder lief während seiner gesamten Profikarriere ausschließlich für den TBV auf, absolvierte zwischen 1986 und 2006 insgesamt 586 Bundesligaspiele und hält damit den Rekord für die meisten Bundesligaeinsätze für einen Verein. Es war die große Zeit der Lemgoer: Als »TBV Deutschland« betitelt, holten die Lipperländer zwei Deutsche Meisterschaften, drei DHB-Pokalsiege und zweimal den Europapokal der Pokalsieger.

Als Rückraumschütze und Abwehrchef hatte Zerbe an den Erfolgen großen Anteil – und hielt seinem TBV stets die Treue. Alle Angebote lehnte er ab, selbst der FC Barcelona blitzte an Zerbes Heimatverbundenheit ab. »Volker war nie geldorientiert. Er liebt seine Stadt, seinen Verein und seine Fans, die Menschen, die immer hinter ihm gestanden haben«[122], erklärte seine Frau Petra 2012 rückblickend.

Die Karriere von Zerbe beim TBV begann 1884, als er als B-Jugendlicher vom TV Lemgo zum TBV Lemgo wechselte. Unter dem damaligen TBV-Trainer Horst Bredemeier durfte der A-Jugendliche zwei Jahre später erstmals in der Beletage des deutschen Handballs auflaufen. »Ich sollte ohne großen Druck reinschnuppern und habe mir dabei viel abgeschaut«[123], erinnerte sich Zerbe zufrieden. Bereits damals spielte er viel in der Defensive, deren Organisation er später aus dem Mittelblock übernehmen sollte.

Für seine Abwehrqualitäten wurde der Linkshänder stets geschätzt – auch vom Bundestrainer. Nach seinem Debüt am 30. Mai 1987 gegen Jugoslawien lief er bis zu seinem endgültigen Rücktritt 2014 in 284 Spielen auf, erzielte dabei 777 Tore. Auf die Erfolge musste er zwar lange warten, doch sie kamen: EM-Silber 2002, WM-Silber 2003, Europameister 2004 und Olympia-Silber 2004 krönten die Karriere des Rückraumspielers. Bei der EM 2004 wurde er gemeinsam mit Torwart Henning Fritz ins All-Star-Team berufen.

Dass er diese Erfolge feiern konnte, hatte Zerbe einem der größten deutschen Handballer zu verdanken: Joachim Deckarm. Der oft mit Verletzungen kämpfende Zerbe hatte vor der EM 2002 bereits seinen Rücktritt aus der Nationalmannschaft erklärt. Deckarm wandte sich per Brief an ihn: »Lieber Volker«, schrieb der Weltmeister von 1978, »ich bin der Meinung, wir brauchen dich. Trotz des Gewinns des Supercups hat man sehen können, dass in der Abwehr und vor allem im Angriff ein Linkshänder deines Formats fehlt.« Er hoffe deshalb, ihn »bei der Europameisterschaft im deutschen Team wiederzusehen«.[124] Dazu kam es – und Zerbe konnte in den folgenden zwei Jahren die größten internationalen Erfolge seiner Karriere feiern.

57. GRUND

Weil eine Leistungsschwimmerin
zwei Olympiamedaillen im Handball gewann

Eine Olympiamedaille ist der Traum aller Sportlerinnen und Sportler. Im Handball, wo die Welt- und Europameisterschaft alle zwei Jahre stattfinden, ist es die wohl begehrteste Auszeichnung. Nur ein Bruchteil der teilweise langjährigen Nationalspieler holt das ersehnte Edelmetall überhaupt. Roswitha Krause ist eine von ihnen. Mit der Frauennationalmannschaft der DDR holte die Brandenburgerin 1976 Silber und 1980 Bronze. Es waren jedoch nicht ihre ersten Olympiamedaillen: Bereits 1968 in Mexiko City war ihr erstmals olympisches Edelmetall umgehängt worden – mit der 4x100-m-Freistilstaffel hatte sie Silber im Schwimmen gewonnen.

Denn bevor Krause zum Handball griff, war sie Leistungsschwimmerin. Ihr Talent wurde in der DDR früh entdeckt, mit elf Jahren wechselte sie an die Kinder- und Jugendsportschule nach Berlin. Ein Einzeltitel im Wasser blieb ihr verwehrt, doch die Leistungen reichten für eine Nominierung für die Olympia-Staffel für 1968. »Es waren eigentlich auch die schönsten Spiele, da es meine erste große Reise war und die Spiele noch richtig sicher waren«[125], blickte Krause später auf das Großereignis in Mexiko zurück. Gekrönt wurde das Erlebnis von der Silbermedaille, die sie gemeinsam mit Gabriele Wetzko, Uta Schmuck und Martina Grunert gewann.

Der Handball hatte zunächst eigentlich nur ihre Ausdauer für das Schwimmen verbessern sollen, nachdem die damals 20-Jährige die Qualifikation zur EM 1970 verpasst hatte. Bei der HSG Humboldt-Universität Berlin stieg sie in der Bezirksliga ein, verbesserte sich rasch und wurde 1971 von Kurt Lauckner zum Spitzenclub TSC Berlin geholt. »Am Anfang war es nicht einfach, doch schon bald spielte ich in der Bezirksliga und nahm an den Hochschulmeisterschaften teil«, blickte sie später auf ihre neue Sportart zurück. Doch die Belastung von neun Schwimmeinheiten und zweimal Handballtraining war Krause schnell zu hoch – sie entschied sich gegen das Schwimmen und für den Handball. »Nachdem ich 1970 noch beide Sportarten betrieb, merkte ich, dass ich einfach zu alt wurde als Schwimmerin.«

Die Entscheidung für den Handball sollte sich auszahlen. Beim TSC reifte Krause zu einer Leistungsträgerin, holte 1973 die Vize-Meisterschaft in der DDR und feierte ihr Debüt in der Nationalmannschaft. In den folgenden Jahren gewann sie mit dem TSC viermal die Landesmeisterschaft, holte drei Europapokal-Titel und wurde 1975 und 1978 Weltmeisterin. Insgesamt absolvierte sie 148 Länderspiele für die DDR, wobei sie 208 Tore erzielte. Als sie im Februar 1981 ihre Karriere beendete, fand eine der ungewöhnlichsten Olympia-Geschichten ihr Ende.

Nebenbei bemerkt: Krause ist mit drei Medaillen zugleich die erfolgreichste deutsche Handballerin bei Olympia. Insgesamt gewannen die deutschen Mannschaften bis 2012 neben den zwei Medaillen der DDR-Frauen vier weitere olympische Medaillen: 1936 holte die Auswahl des Deutschen Reichs bei der ersten und einzigen Ausrichtung eines olympischen Feldhandball-Turniers die Goldmedaille. 1972 wurde der Hallenhandball ins Programm aufgenommen, 1980 holte die DDR das bisher einzige Olympia-Gold. Das Nationalteam der Bundesrepublik gewann 1984 in Los Angeles die Silbermedaille; ebenso wie 2004 in Athen.

58. GRUND

Weil Handballer Vorbilder zum Anfassen sind

Im beschaulichen Schneverdingen in Niedersachsen geht es zweimal im Jahr hoch her: einmal beim traditionellen Heideblütenfest, wenn die Heidekönigin gekürt wird – und einmal beim Internationalen Heide-Cup. Das Vorbereitungsturnier stellt für die deutschen wie europäischen Spitzenmannschaften jedes Jahr einen Härtetest kurz vor Saisonstart dar. Das Besondere an dem Turnier? Hier sind die Fans ganz dicht dran; die Mannschaften präsentieren sich buchstäblich zum Anfassen. Nach jedem Spiel stürmen die Kinder und Jugendlichen das Feld und sammeln Autogramme und Fotos von den Akteuren. Die Spieler schreiben ihren Namenszug auch am dritten Tag noch klaglos auf Bälle und T-Shirts, wer vor der Halle eine Bratwurst isst, kann sich plötzlich neben Markus Baur wiederfinden, und der Busfahrer der HSG Wetzlar dreht schon einmal eine Runde mit den neugierigen Kindern, während die Mannschaft noch duscht. Der Heide-Cup ist damit jedoch keine Ausnahme – im Handball ist das normal.

Dass Vorbilder, denen die Kinder nacheifern können, im Sport unverzichtbar sind, wird keiner bestreiten – und die Handballer sind als Vorbilder zum Anfassen besonders interessant. Immer wieder werden die Profis im Auftrag der Werbung für Sport und Verein in Schulen und Kindergärten geschickt oder in die eigene Nachwuchsarbeit eingebunden. So sind zum Beispiel bei den Füchsen Berlin und dem HSV Hamburg die Eigengewächse, die auf dem Sprung in die Bundesliga stehen, als Trainer aktiv und leben den jüngeren Talenten so vor, wie eine Karriere verlaufen kann. Auch das abertausendste Autogramm geben renommierte Nationalspieler geduldig und lächeln bereitwillig für Fotos.

Die Fannähe ist nicht nur gespielt – sie ist Teil der Kultur im Handball. Die Vereine wissen, dass sie ihre Fans brauchen und dass der Handball im Kampf um das Überleben ein breites Interesse schüren muss. Die Profis wissen um ihre Vorbildfunktion auch abseits des Spielfeldes und ertragen die damit verbundenen Verpflichtungen. Um den ewigen Vergleich zum Fußball zu ziehen: Ist es vorstellbar, dass sich Manuel Neuer und Lionel Messi am Vorabend des Champions-League-Halbfinals geduldig an einen Stehtisch stellen und Autogrammkarten signieren? Nein. Ist es hingegen vorstellbar, dass Filip Jícha und Nikola Karabatić genau das tun? Ja. Beim VELUX EHF Final Four gehört die Autogrammstunde mit allen Spielern am Eröffnungsabend zum festen Programm – und nicht nur die Kinder freuen sich drüber ...

59. GRUND

Weil jedes Jahr ein Großereignis stattfindet

Es gibt allen Grund, Handballfan zu sein: Die vielen Tore. Die attraktiven Spiele, Spieler und Spielerinnen. Die Spannung, wenn der Tabellenletzte beim Tabellenführer in der letzten Minute den Führungstreffer erzielt. Und nicht zuletzt: Die Tatsache, dass man als Handballfan jedes Jahr ein Großereignis feiern kann, denn der Weltverband und die Kontinentalverbände richten ihre Meisterschaften in einem 2-Jahres-Rhythmus aus. Sprich: Die deutschen Fans können sich – vorausgesetzt, die Nationalmannschaft qualifiziert sich – immer abwechselnd über eine Europameisterschaft und eine Weltmeisterschaft freuen. Damit wird der trübe Winter bunt gestaltet, denn die Großturniere finden immer zu Jahresbeginn statt.

Während die hohe Belastung der Nationalspieler durch diese Frequenz zumindest kritisch zu sehen ist, bietet sich für die Fans die Möglichkeit, ihre Sportart zu feiern und durch die Reisen zu den Events neue Länder und Leute kennenzulernen. Tunesien und Österreich, Katar und Norwegen, Ägypten und Ungarn – in all diese Länger verschlug es die deutschen Handballer seit der Jahrtausendwende schon. Unvergessen ist bei allen Beteiligten, wie vor dem EM-Finale 2004 zwischen Deutschland und Slowenien die ganze Halle gemeinsam sang und die Spieler über alle Lager hinweg feierte.

Neben einem gemeinsamen und friedlichen Handballfest bieten die jährlichen Großereignisse hervorragende Möglichkeiten der Vermarktung. In einer Sportwelt, in der alle Disziplinen im Schatten des Fußballs stehen, braucht es – abgesehen von den Olympischen Spielen, die selbstverständlich einen hohen Stellenwert besitzen – jede mögliche Welt- und Europameisterschaft, um den Handball in den Medien zu präsentieren und so die Stellung als Ballsportart Nummer eins hinter den Fußballern zu behaupten. Die Weltmeister von 2007 um Bundestrainer Heiner Brand und Rückraumspieler Pascal Hens gehören noch heute zu den bekanntesten Handballern. Handballhelden wie die Europameister von 2004 oder eben die Beteiligten am Wintermärchen sind jedoch notwendig, um die nächste Generation zu begeistern – und Helden werden nun einmal auf der großen Handballbühne Europas und der Welt geboren.

60. GRUND

Weil die beiden deutschen Rekordnationalspieler aus Ostdeutschland kommen

Dass die DDR gute Handballspieler hervorbrachte, zeigte schon der Olympiasieg 1980 in Moskau. Ebenfalls ein Beleg für diese Tatsache: Beide deutschen Rekordnationalspieler wurden auf dem Gebiet der DDR geboren. Frank-Michael Wahl kam 1956 in Rostock zur Welt, Grit Jurack 1977 in Leipzig. Zusammen haben die beiden 650 Spiele absolviert und fast 2000 Tore erzielt – und gehören damit dem exklusiven Klub jener Spieler an, die über 300 Länderspiele absolviert haben. Außer dem Duo haben nur Klaus-Dieter Petersen (340) und Christian Schwarzer (318) diese Marke geknackt.

Sowohl Jurack als auch Wahl haben in ihrer Karriere zahlreiche Titel gesammelt. Im Gegensatz zu Jurack, die beim Fall der Mauer erst zwölf Jahre war, feierte Wahl seine größten Erfolge unter der Flagge der DDR. 1980 holte »Potti«, wie er nach einer Ableitung von »Pottwa(h)l« in Anspielung auf seine frühere Schwimm-Karriere gerufen wurde, die olympische Goldmedaille; außerdem holte er mit der Nationalmannschaft 1978 und 1986 jeweils die Bronzemedaille. Von seinen 344 Länderspielen absolvierte er 313 für die DDR. Auf Vereinsebene war der Sieg im Europapokal der Pokalsieger (1982) mit dem SC Empor Rostock neben drei Meisterschaften der größte Erfolg. Wahl, dessen »rechte Klebe« gefürchtet wurde, ist der erste Ehrenspielführer der deutschen Nationalmannschaft.

Der Name Jurack steht im deutschen Frauenhandball ebenfalls nicht nur für die Rekordanzahl an Einsätzen, sondern für eine Vielzahl von Rekorden. 306-mal lief sie im Trikot des Deutschen Handballbundes auf und führt mit 1581 Toren die Torschützenliste an. Als erste deutsche Spielerin gewann sie 2006 den Meistertitel in Dänemark und die Champions League – beides mit Viborg HK. Fünfmal wurde Jurack zur Handballerin des Jahres gekürt. Ihr größter Erfolg mit der Nationalmannschaft war der Gewinn von WM-Bronze 1997 und 2007, wo sie auch zur WM-Torschützenkönigin avancierte und ins All-Star-Team gewählt wurde. Mit dem HC Leipzig, für den sie von 1993 bis 2001 spielte, gewann die heutige Diplom-Sportwissenschaftlerin zwei Meisterschaften und Pokalsiege ein.

Während Wahl seine Karriere 1993 aus freien Stücken beendete und ins Trainergeschäft einstieg, musste Jurack ihre Karriere 2012 zwangsweise beenden – aufgrund eines irreparablen Knorpelschadens in der linken Schulter. »Der Schaden ist immens. Die Ärzte haben mir eindeutig zu verstehen gegeben, dass es mit Blick auf mein restliches Leben besser ist, sofort aufzuhören«, erklärte Jurack damals. »Es ist sehr traurig. Eigentlich wollte ich selbst den Zeitpunkt des Aufhörens bestimmen, nun kommt es leider doch anders. Aber ich kann auf 20 fantastische Jahre mit vielen Höhen und wenigen Tiefen zurückblicken.«[126] Dem Handball blieb sie trotzdem treu: Im März 2015 kehrte sie als Teammanagerin zur deutschen Nationalmannschaft zurück.

6. KAPITEL

VON SIEBENMETERN UND ANDEREN TOREN

61. GRUND

Weil in einem Bundesligaspiel 88 Tore fielen

20. Dezember 2005, Ostseehalle in Kiel: Die 10.250 Zuschauer trauen ihren Augen kaum. Der heimische THW Kiel liegt mit 40:29 gegen den SC Magdeburg in Front, und es sind immer noch 13 Minuten zu spielen. »Wir wollen die 50 sehen«, skandieren die schwarz-weißen Anhänger – und die Spieler folgen: Am Ende gewinnt der THW mit 54:34 (24:19) gegen den Champions-League-Sieger von 2002.

Es war gleich in mehrfacher Hinsicht ein Rekord: Noch nie zuvor fielen 88 Tore in einem Bundesliga-Spiel, und noch nie zuvor knackte eine Mannschaft in der Bundesliga die 50-Tore-Marke – womit das Datum nicht nur in die Ligageschichte, sondern auch in die Vereinschronik einging. »Jetzt wissen sie, wie es sich anfühlt, wenn man richtig Gas gibt«, kommentierte THW-Trainer Noka Serdarušić die Leistung seiner Mannschaft, in der Nikola Karabatić mit zwölf Toren bester Werfer war, mit einem Grinsen. »Solch einen Abend darf und muss man genießen.« Der spätere DHB-Vizepräsident Bob Hanning, der die Bundesliga damals für das Deutsche Sport-Fernsehen (DSF) begleitete, stellte lapidar fest: »Man kann von ›abschlachten‹ sprechen.«

Dabei hatte es lange nicht nach einem derartigen Ergebnis ausgesehen. Zwar übernahm der THW Kiel früh die Kontrolle über das Spiel und führte zur Pause mit 24:19, doch Magdeburg hielt gegen. Christian Sprenger, der vier Jahre später zum THW wechseln sollte, traf zwischenzeitlich gar zum 13:12-Anschluss. Auch nach der Pause konnte Magdeburg den Rückstand noch einmal minimieren: Die Schwachstellen in der Kieler Deckung ausnutzend, kam der Traditionsverein immer weiter heran und verkürzte durch Sigfús Sigurðsson auf 28:25 (36.).

Dann jedoch drehte der THW auf: Angeführt vom stark aufspielenden Viktor Szilaygi, setzten sich die Gastgeber ab. Die Deckung stand nun wieder sicher, und kamen die Magdeburger doch noch einmal zum Torwurf, präsentierten sich Mattias Andersson und Henning Fritz in Topform. Auch die personelle Rotation, die Serdarušić vollzog, unterbrach den Spielfluss nicht. So war es in der 56. Minute Christian Zeitz, der den 50. Treffer für die Kieler erzielte und damit für einen Meilenstein in der Bundesligahistorie sorgte. »Ab einem bestimmten Zeitpunkt war es nicht mehr möglich, die Tore mitzuschreiben«[127], scherzte selbst Schiedsrichter Thorsten Zacharias angesichts der Torflut nach dem Spiel.

Die beiden Rekorde des Abends gingen in die Geschichtsbücher ein – und haben Bestand. Die Marke von 88 Toren in einem Bundesligaspiel wurde bis zum Saisonende 2014/15 genauso wenig übertroffen wie die 54-Tore-Marke. An Ergebnissen zeigt sich die taktische Entwicklung, welche die Sportart in den vergangenen Jahrzehnten genommen hatte. In den 60er- und 70er-Jahren erzielten die Mannschaften teilweise weniger als zehn Tore in einer gesamten Partie. Das Spiel zwischen dem THW Kiel und dem TuS 05 Wellinghofen endete im Februar 1968 mit 6:4 und ging als das torärmste Bundesligaspiel in die Annalen ein. Mit einer zunehmenden Dynamik des Spieles, einer sich verbessernden Athletik der Spieler sowie der Trainingsbedingungen und nicht zuletzt der Einführung der »schnellen Mitte« stieg die Anzahl der geworfenen Tore stetig an. Dieser Trend hat in den letzten Jahren jedoch gestoppt, wofür die verbesserte Abwehrtaktik der Hauptgrund sein dürfte.

Wirft man jedoch einen Blick in den internationalen Handball, zeigen sich angesichts der Leistungsunterschiede teilweise skurrile Ergebnisse: So kassierte die Frauennationalmannschaft der Malediven bei den Asienspielen 2014 eine 0:79 (0:40)-Niederlage gegen Japan. Deren Torhüterin Sato Shiroishi parierte alle der 22 Würfe des Außenseiters. Ebenfalls rekordverdächtig war das 86:2 der UdSSR über Afghanistan im Jahre 1981 bei einem Freundschaftsturnier der Armeen.

Randnotiz: In der Frauen-Bundesliga wurde die 50-Tore-Marke bereits Jahre früher als bei den Männern geknackt. In der Saison 1990/91 gewann der TV Lützellinden mit 50:5 gegen den TuS Walle Bremen und hält mit 45 Toren Differenz den Rekord für den höchsten Sieg. Der Rekord der meisten Tore wurde dem Altmaster ein Jahr später jedoch geklaut: Der TSV Bayer 04 Leverkusen warf gegen BSG Halloren Halle 51 Tore.

62. GRUND

Weil sieben Meter lang sein können

Nach 60 Minuten steht es in der Wiener Stadthalle 23:23 zwischen dem amtierenden Europameister Dänemark und Underdog Norwegen. Es geht um den Einzug ins Halbfinale, für den Titelverteidiger wäre dieses Unentschieden in der EM-Hauptrunde 2010 zu wenig. Eine Chance bleibt den Dänen jedoch noch: ein letzter Siebenmeter. 7.000 Augenpaare sind in diesem Moment auf Anders Eggert gerichtet. Der dänische Linksaußen, 27 Jahre alt und unter Vertrag bei der SG Flensburg-Handewitt, nimmt den Ball und tritt an die Linie. Im Gegenüber steht Steinar Ege, mit 1,94 Meter eine imposante Erscheinung. Doch Eggert lässt sich nicht einschüchtern: Ein Pfiff, ein frecher Heber, der dänische Sieg ist perfekt.

»Dieser Siebenmeter mit dem Heber ist für mich schon etwas Besonderes«, erinnert sich Eggert auch Jahre später noch an diesen Wurf. Der nervenstarke Däne ist der Mann für die wichtigen Tore – in der Nationalmannschaft wie im Verein. »Im Halbfinale der Champions League gegen Barcelona habe ich anderthalb Minuten vor dem Ende der Verlängerung einen Siebenmeter geworfen, und ich weiß: Wenn der nicht reingeht, ist es vorbei«, blickt der dänische Linksaußen auf das VELUX EHF Final Four 2014 zurück.

Das direkte Duell Werfer gegen Torwart beim Siebenmeter: Es ist eine der faszinierendsten Situationen im Handball. Während vom Schützen ein Treffer eigentlich erwartet wird, kann der Torwart mit einer Parade zum Helden werden. Es ist ein Kräftemessen auf Augenhöhe: Technik und Nervenstärke des Werfers gegen Reflexe und Erfahrung des Torwarts. Es ist ein Moment, der über Sieg und Niederlage entscheiden kann. »Ich liebe dieses Spiel«, sagt Eggert. »Ich habe immer gerne Siebenmeter geworfen, das ist meine Aufgabe in einer Mannschaft.«

In seiner Karriere dürfte der Linksaußen inzwischen über 1.000 Siebenmeter geworfen haben – in der Bundesliga, in der Champions League, in der Nationalmannschaft und im Training –, und den Reiz hat das Duell Auge in Auge mit dem Torwart für ihn immer noch nicht verloren. »Ich mag die Psychologie«, erklärt der Däne. »Man weiß: Der hat auf Video gesehen, dass ich ab und zu da hin werfe, und vielleicht denkt er jetzt, dass ich das gerade deswegen nicht mache … oder wieder mache … das ist schon komisch.«

Drei Sekunden hat ein Werfer Zeit, den Siebenmeter auszuführen. Drei Sekunden, um den Torwart auszugucken. Drei Sekunden, um sich zu entscheiden, wie er den Ball im Tor unterbringen will – zusätzlich zu den Sekunden oder Minuten, die zwischen der Siebenentscheidung und seinem Anpfiff vergehen können. »Die Zeit wurde gestoppt, der Boden wurde gewischt – ich hatte viel zu lange Zeit zum Nachdenken«, erinnert sich Eggert an das Champions-League-Halbfinale gegen Barcelona. »Ich kam von der Bank rein – das war einer von den schwierigen Siebenmetern.«

Denn die Gedanken an das Scheitern kommen unweigerlich. »Zu sagen, dass man nicht darüber nachdenkt, dass man verwerfen könnte, ist eine Lüge«, glaubt Eggert. »Man weiß ja immer, wer da gerade drinsteht. Man versucht deshalb, den Fokus darauf zu legen, wie man den Ball reinwirft.«

Gerade in den höheren Klassen kennen sich Torhüter und Feldspieler möglicherweise seit Jahren, haben vielleicht sogar schon zusammengespielt, und selbst wenn nicht: Ein Videostudium gehört zum Alltag, man weiß um Stärken und Schwächen der Gegner. Die Spieler wissen, ob der Torwart eher springt oder stehen bleibt, welche Ecke er aufmacht und was die Stärken sind. Die Torhüter kennen die Wurfbilder und die Technik. »Vor einem Siebenmeter gibt es viele Gedanken«, gewährt Eggert einen Einblick. »Ab und zu ist ganz leicht, da kommt es einfach so. Wenn man weiß, dass man gegen einen Torhüter verworfen hat, kann man mitnehmen: Warum habe ich gegen ihn verworfen?«

Es ist ein psychologisches Duell auf höchstem Niveau, es kann um Titel und Preisgelder gehen. Im Halbfinale gegen Barcelona behält Eggert die Nerven und trifft mit einem Aufsetzer gegen Danijel Šarić. Es ist der entscheidende Ausgleich, der den Sieg der Spanier verhindert und Flensburg den Weg zum Champions-League-Titel bereitet. Herr Eggert, können sieben Meter lang werden? Der Däne muss überlegen: »Es gibt Zeitpunkte, wo man besser oder schlechter ist – man kann einen Lauf haben, oder der Torhüter hat ein paar gehalten«, sagt er schließlich. »Zu lang werden sie aber sicher nicht – denn am besten denkst du nicht zu viel darüber nach, was du alles verworfen hast, sondern es geht einfach darum, zu gucken: Da lässt er einfach eine Lücke offen, und da muss ich hinwerfen.«[128]

63. GRUND

Weil es nie 0:0 ausgeht

Reicht das nicht als Grund? Anders als Fußballer können sich alle Handballfans über torlose Spiele nicht beschweren. »90 Minuten für ein 0:0!? Nein danke, ich spiele Handball!« ist nicht umsonst ein beliebter Slogan für T-Shirts. Selbst im torärmsten Spiel der Bundesliga fiel noch eine zweistellige Anzahl an Treffern – in der Saison 1967/68 besiegte der THW Kiel den TuS 05 Wellinghofen mit

6:4. In den ersten 30 Minuten konnten die Spieler der Gäste nicht einen Treffer erzielen, mit 3:0 ging es in die Kabine. Kurios: In den fünf torärmsten Spielen der Bundesliga, die alle auf die Zeit zwischen 1966 und 1975 datiert sind, war jedes Mal die Wellinghofer Mannschaft beteiligt.

In der Frauen-Bundesliga war das torärmste Spiel der erfassten Spielzeiten von 1975 bis 2015 übrigens ein Unentschieden[129]. Als die Liga 1975/76 noch zweigleisig war, trennten sich PSV Grünweiß Frankfurt und der TSV Rot-Weiß Auerbach mit 4:4. Nachteil der normalerweise hohen Toranzahl: Ein so ausgiebiger Jubel, wie ihn sich die Fußballer erlauben, würde beim Handball sofort bestraft …

64. GRUND

Weil Köln einmal im Jahr zur europäischen Handball-Hauptstadt wird

Einmal im Jahr dreht sich in Köln ausnahmsweise nicht alles um den Karneval. Wenn sich Ende Mai die besten vier Teams Europas in der Domstadt versammeln, wird Köln zur europäischen Handball-Hauptstadt, zur großen Bühne im Kampf um die Krone in der Champions League. 2010 wurde das VELUX EHF Final Four erstmals ausgerichtet und zieht seitdem Jahr für Jahr 20.000 Handballfans in die Stadt am Rhein. Es ist eine elektrisierende Stimmung, die an diesem Wochenende in und um die Arena herrscht und dem Spitzenhandball einen würdigen Rahmen bietet. Dauergäste sind der FC Barcelona und der THW Kiel. Beide Vereine verpassten von 2010 bis 2015 jeweils nur einmal die Qualifikation für Köln.

Für die Spieler gehört das Finalturnier um die Champions League zu den absoluten Highlights der Saison – wenn man es denn erreicht. »Es ist das größte Handballevent der Welt«, erklärte Linkshänder Steffen Weinhold, der 2014 mit der SG Flensburg-Handewitt den Pokal gewann. »Man arbeitet das ganze Jahr dafür, um jetzt diese zwei Tage dabei zu sein.« Der serbische Spielmacher Momir Ilić war bereits mit dem THW Kiel und MKB MVM Veszprem vor Ort: »Es ist eine Riesenshow und ein Traum für jeden Handballer. Auch für das Publikum ist es, denke ich, sehr interessant herzukommen. Das sind zwei Tage nur für unseren Sport!«

Die Kölner Lanxess-Arena war der Handballwelt spätestens seit der WM 2007 ein Begriff, als die deutschen Fans die Halle in einen Hexenkessel verwandelten und die DHB-Auswahl zum Titel trugen. Nun ist Köln Austragungsort des »Handballfestes der Superlative«, wie das Magazin *handballinside* das Event nannte. Die Kulisse ist atemberaubend, die Show gewaltig, die Spannung hoch – es kann alles passieren. So wie 2010, als sich der THW Kiel bei der Premiumveranstaltung den Titel holte, nach vorne gepeitscht von einem unglaublichen Publikum. So wie 2013, als der HSV Hamburg als krasser Außenseiter zum Titel stürmte. Oder so wie 2015, als erstmals in der Geschichte des Final Fours keine deutsche Mannschaft im Finale stand. Weltstar Nikola Karabatić fasste kurz und bündig zusammen: »Es ist das Handballevent mit den besten Teams, Spielern, Fans und der schönsten und größten Halle in Europa. Es ist ein Highlight.«[130]

65. GRUND

Weil man drei Tore in einer Minute werfen kann

Als die Uhr am 21. Januar 2010 in Linz endgültig abgelaufen war, feierten die Österreicher, als hätten sie gerade den EM-Titel gewonnen. Die 6.000 Fans auf den Rängen lagen sich in den Armen und die Mannschaft hüpfte siegestrunken über das Feld. Der Gastgeber der Europameisterschaft hatte gerade dem großen Favoriten Island ein Unentschieden abgerungen; es war die große Überraschung des bisherigen Turniers. Das 37:37 legte den Grundstein für die Qualifikation für die Hauptrunde – was bei der historischen EM-Premiere der Österreicher im eigenen Land einen riesigen Erfolg darstellte.

Doch der Reihe nach: Nach der Auftaktniederlage gegen Dänemark stand der Gastgeber an jenem Januarabend bereits in seinem zweiten EM-Spiel gehörig unter Druck. Der damalige österreichische Nationaltrainer Dagur Sigurðsson – ironischerweise ein Isländer – musste mitansehen, wie seine Mannschaft, angeführt von Viktor Szilagyi, dem Favoriten zwar einen großen Kampf bot, aber die ganze Zeit einem Rückstand hinterherlief. 59 Sekunden vor dem Ende erhöhten die Isländer auf 37:34, und der Kommentator des österreichischen Fernsehsenders ORF stellte fest: »Da meine ich, dass sich das nicht mehr ausgehen kann.«

Das rot-weiße Nationalteam strafte den Reporter jedoch Lügen: Roland Schlinger verkürzte auf zwei Tore, und Bernd Friede erzielte den Anschlusstreffer. In 37 Sekunden hatte sich Österreich zurück in das Spiel gebracht. »Hochspannung in Linz«, kommentierte der begeisterte Reporter und erklärte: »Das ist jetzt eine extrem schwierige Situation für Island.« Die Österreicher öffneten ihre Deckung, gingen offensiv raus – und kamen nach einem Pfiff der beiden rumänischen Schiedsrichter Sekunden vor dem Ende tatsächlich noch einmal in Ballbesitz. Markus Wagesreiter schnappte sich den Ball, blickte nach vorne – und versenkte den Ball mit einer Bogenlampe über das gesamte Spielfeld im isländischen Tor. Der unglückliche Keeper hatte zu weit vor dem Kasten gestanden.

Es war der erste EM-Treffer von Wagesreiter, der damals beim HBW Balingen-Weilstetten in der Bundesliga unter Vertrag stand – und dann gleich so ein wichtiger. »Unglaublich, aber wahr«, konnte es der ORF-Reporter ebenso wenig fassen wie die euphorisierten Fans in der Arena und vor den Fernsehgeräten. »Dieses Unentschieden ist wie ein Sieg für uns«[131], ließ sich selbst der sonst so stoische Sigurðsson von der Begeisterung mitreißen. In den Stunden und Tagen danach überschlug sich die Skifahrer-Nation Österreich förmlich vor Handballbegeisterung. In dem kleinen Land, dessen letzte Platzierung bei einem Großturnier damals ein 14. Platz bei der WM 1993 gewesen war, war die Handballbegeisterung entfacht; Wagesreiter wurde als Volksheld gefeiert. Als wenige Tage später mit einem Sieg über Serbien der Einzug in die Hauptrunde perfekt gemacht wurde, war die Überraschung groß – und der Mythos von dem österreichischen Kampfgeist manifestiert. Drei Tore in unter einer Minute – so etwas ist wohl nur im Handball möglich.

66. GRUND

Weil Handballer nicht über Abseits meckern müssen

Erklärt sich von selbst. Abseits, passives Abseits, gleiche Höhe, Abseitsfalle, im Zweifel für den Angreifer – all die Wut, welche diese Regel bei Fußballern und ihren Fans erzeugen kann, wenn ihrer Mannschaft (vermeintlich) ein Tor geklaut wird, bleibt uns erspart. Wir können uns stattdessen über einfache Tempogegenstöße freuen – egal, ob unser Spieler beim Abspiel des Passgebers auf gleicher Höhe mit dem Abwehrspieler war oder schon vier Meter Vorsprung hatte. Danke.

67. GRUND

Weil zwei Tore über die Deutsche Meisterschaft entscheiden können

Am Ende waren es zwei Tore. Zwei kleine Törchen, die über den Ausgang einer ganzen Saison entschieden und für den wohl spannendsten Meisterschaftskampf in der Geschichte der Handball-Bundesliga sorgten. »Herzschlag-Finale« titelte der *Focus*, die Boulevardzeitung *BILD* machte mit dem »Totalen Handball-Wahnsinn« auf und auf dem Internetportal handball-world.com lautete die Überschrift kurz und bündig: »Finale furioso«. Erst am 34. Spieltag fing der THW Kiel die punktgleichen Rhein-Neckar Löwen noch ab – und sicherte sich dank zwei mehr erzielter Tore die 19. Meisterschaft der Vereinsgeschichte.

Rückblende: Am 29. Spieltag besiegten die Rhein-Neckar Löwen vor eigener Kulisse den THW mit 29:26. Dank dieses Sieges im direkten Duell lagen die beiden Teams nun punktgleich an der Tabellenspitze. Die Löwen haben sich mit einer Tordifferenz von +184 an den Kielern (+161) vorbeigeschoben. Was nun begann, war ein unglaubliches Wettrennen um jedes einzelne Tor. »Über Wochen überboten sich die punktgleichen Vereine mit Schützenfesten«, schildert der THW den Krimi in seiner Vereinschronik. Die Mannheimer siegten 34:26, 32:31, 41:19 und 41:28; der THW schossen ihre Gegner mit 37:20, 46:24, 33:25 und 35:21 aus den Hallen. Das 46:24 in Lemgo bedeutete eine Einstellung des Auswärtsrekordes aus dem Jahre 2004. Tor um Tor verkürzten die Kieler so die Tordifferenz, sodass es mit einem Unterschied von sieben Treffern in den letzten Spieltag ging.

Während die Rhein-Neckar Löwen beim VfL Gummersbach antreten mussten, empfingen die Kieler den Pokalsieger Füchse Berlin in eigener Halle. Der TV-Sender Sport1 übertrug beide Spiele, und Tausende Handballfans verfolgten das Fernduell fasziniert. Zur Halbzeit stieg die Spannung ins Unermessliche: Dank der beiden Halbzeitstände waren die Teams jetzt nicht nur punkt-, sondern auch noch torgleich. Im zweiten Durchgang konnten die Löwen zunächst einen 4:0-Lauf hinlegen, doch dann versagten die Nerven. Während die Kieler ihren Vorsprung mit ihren frenetischen Fans im Rücken ausbauten, schmolz das Polster der Löwen zusammen.

»Als Nielsen das letzte Tor warf, dachte ich, das ist der Tod für uns«, erinnert sich Alfreð Gíslason an die entscheidenden Schlussminuten. Auch Kreisläufer Patrick Wincek gesteht: »Ich sah nach Abpfiff Filip Jícha und Marko Vujin auf dem Boden liegen, da war ich mir sicher, dass es nicht gereicht hat.«[132] Doch die ersten Gedanken der THW-Akteuere trüben: Dank des 37:23-Sieges ist der deutsche Rekordmeister erneut Champion, während das 40:35 der Löwen in Gummersbach zu wenig ist.

Während die Kieler im Freudentaumel versinken, herrscht bei den Löwen blankes Entsetzen. Die Spieler sinken zu Boden und verbergen ihre Gesichter hinter den Händen, doch die Trauer ist offensichtlich. Der ebenso greifbare wie ersehnte Titel – verspielt. Es fehlen zwei Tore. »Ich bin total leer und am Boden zerstört«, erklärte Löwen-Kapitän Uwe Gensheimer. Der alte und neue Meistertrainer Alfreð Gíslason stellte hingegen freudestrahlend fest: »So was habe ich noch nicht erlebt. Wahnsinn! Ich bin unglaublich stolz auf die Mannschaft.«[133]

68. GRUND

Weil Monika Ludmilova ihre Mannschaft mit 27 Toren in einem Finale zum Pokal führte

Im Sport wird schnell nach Superlativen gegriffen, um die Dramatik, Spannung oder Bedeutung eines Titels oder eines Spieles zu beschreiben: Das dramatischste Endspiel aller Zeiten, der größte Erfolg, der wichtigste Treffer. Meist sind es überhöhte Phrasen, formuliert von Journalisten, die um die Aufmerksamkeit ihrer Leser buhlen. Für Monika Ludmilova dürfte das Finale um den DHB-Pokal 2001 jedoch wirklich das beste Spiel ihres Lebens gewesen sein. Als krasser Außenseiter gewann der TV 05 Mainzlar damals den Titel gegen Bayer 04 Leverkusen – und die tschechische Nationalspielerin steuerte allein im Finale 27 Tore zu dem Titelgewinn bei.

45:44 n.S. (43:43, 38:38, 35:35, 31:31, 27:27, 15:15): Schon das amtliche Endergebnis gibt einen Einblick in die Dramatik der Partie. »Wir waren in diesem Spiel eigentlich schon dreimal sportlich tot«, erinnert sich Dirk Leun, der damalige Trainer des TV Mainzlar, an die Begegnung. »Zehn Sekunden vor Schluss läuft eine Spielerin von Leverkusen noch alleine auf unser Tor zu – und Sabine Englert hält. Es war einfach ein irres Spiel.«

Mainzlar lief damals mit einer jungen Mannschaft auf, in der Ludmilova mit 34 Jahren die unbestrittene Führungsspielerin war. »Es war klar, dass wir nur mit einer Topleistung von ihr eine Chance auf den Pokalsieg hatten«, unterstreicht Leun die Bedeutung der Tschechin. Bereits im Halbfinale gegen Borussia Dortmund habe sie gespielt, »als ginge es um ihr eigenes Leben«, erinnert sich der Trainer, Mainzlar siegte ihretwegen mit 30:21.

Die Laufbahn der Monika Ludmilova hatte bis zu jenem Finaltag, dem 3. Juni 2001, nämlich einen großen Makel: »Sie hatte eine so großartige Karriere – aber sie hatte nie einen großen Titel gewonnen«, erinnert sich Leun. Ludmilova, die mit Tschechien bereits 1988 in Seoul an den Olympischen Spielen teilnahm, war in dieser Zeit in der Tat die prägende Spielerin: Viermal wurde sie Torschützenkönigin in der Bundesliga, 1997 wählte man sie zur »Handballerin des Jahres«.

Ihre Karriere krönte sie jedoch erst an jedem Junitag im Jahre 2001 – im so wichtigen Finale gegen Leverkusen. »Sie hat ein Wahnsinnsspiel abgeliefert«, zollt Leun seiner ehemaligen Spielerin noch heute größten Respekt für ihre Leistung. »Sie hat viele gute Spiele für Mainzlar gemacht, aber das war wirklich das wichtigste und das beste – weil sie eine unheimliche Energieleistung gezeigt und all ihre Routine und ihre Erfahrung für die Mannschaft eingebracht hat.«

Es war eine Partie, die keiner der Beteiligten wohl je vergessen wird: Unentschieden zur Halbzeit, Unentschieden nach 60 Minuten. Zweimal Verlängerung. Dreimal Siebenmeterwerfen – mehr Dramatik geht eigentlich nicht. Und vorneweg Monika Ludmilova, die ihre Trefferzahl mit jeder Verlängerung, jedem Siebenmeterwerfen weiter in die Höhe trieb. Am Ende standen so 27 Treffer zu Buche – eine Rekordmarke, die wohl so schnell nicht fallen wird.

Auch Trainer Leun hat so ein Match in seiner Karriere weder vorher noch nachher erlebt. »Es war unheimlich nervenaufreibend – zwischendurch wähnten wir uns schon in einem absoluten Tal der Tränen, und dann hatten wir es kurz darauf selbst in der Hand, den Sack zuzumachen, haben das aber nicht geschafft«, erinnert sich der erfahrene Coach. Erst nach 2:23 Stunden war der Sieger ermittelt: Kerstin Grölz verwandelte ihren Siebenmeter zum entscheidenden 45:44.

Der Rest war einfach unbeschreiblicher Jubel der Mainzlarer Spielerinnen. »Es war das allergrößte für Monika, diesen Titel in den Händen zu halten«[134], ist sich Leun sicher. Die Wege des Trainers und seiner Führungsspieler kreuzten sich auch nach dem Abschied aus Mainzlar noch: Mit den deutschen Juniorinnen holten Leun und Ludmilova 2008 als Trainergespann die Weltmeisterschaft. Doch auch das Finale kam nicht im Entferntesten an jenen Krimi heran, mit dem sich der TV 05 Mainzlar 2001 den DHB-Pokal sicherte – als Monika Ludmilova in dem besten Spiel ihres Lebens 27 Treffer erzielte.

69. GRUND

Weil für die Jüngsten die Tore abgehängt werden

Für den jüngsten Handball-Nachwuchs gibt es bei Erwachsenen-Spielen meist nicht Schöneres als die Halbzeitpause: Wenn die Mannschaften sich in den Kabinen besprechen, schlägt ihre Stunde. Die Jugendhandballer toben auf das Feld und belegen die Tore. Anlaufen, werfen, Ball wiederholen – und noch einmal. Selbst in der Bundesliga darf der Nachwuchs in einigen Hallen in der Pause und nach Abpfiff auf das Parkett. Das Erfolgsrezept, um dabei ins Tor zu treffen: Hoch werfen. Denn die zwei Meter hohen und drei Meter breiten Tore sind für die noch kleinen Nachfolger von Hens, Gensheimer und Co. einfach zu groß. Deshalb greifen die Landesverbände für den Spielbetrieb der jüngsten auf eine einfache Lösung zurück: Für die Minis werden die Tore abgehängt.

Spielerisch sollen die sechs- bis achtjährigen Kinder beim Mini-Handball an den Sport herangeführt werden. Es gibt keine Tabellen oder einen normalen Spielbetrieb, bei den Spielfesten steht der Spaß im Vordergrund. Statt sieben gegen sieben wird fünf gegen fünf gespielt. In einigen Landesverbänden werden auch für die neun und zehn Jahre alten E-Jugendlichen die Tore noch abgehängt. Und auch, wenn von Eltern manchmal Fragen kommen, warum man ihre Kinder denn noch nicht auf richtige Tore spielen lasse – die Begeisterung, mit welcher der Nachwuchs dabei ist, macht eigentlich jede Frage überflüssig. Die Kinder testen ihre Grenzen und entdecken neue Fähigkeiten. Es entstehen Freundschaften, die ein Leben lang halten können. Gemeinsame Ausfahrten mit der Mannschaft – egal, ob in den Nachbarort oder auf ein internationales Turnier in den Nachbarländern – bleiben ein Leben lang in Erinnerung. Der Handball gibt Halt, er bringt Spaß und schafft Gemeinschaft. Denn wenn der Nachwuchs in der Halbzeit auf das Spielfeld tobt, ist es egal, wer älter und wer jünger ist – es zählt nur der nächste Wurf …

70. GRUND

Weil man für 21 Tore nur ein Spiel braucht und nicht eine ganze Saison

In der Saison 2002/2003 gab es in der Fußball-Bundesliga gleich zwei Torschützenkönige: Thomas Christiansen und Giovane Elber hatten je 21 Tore erzielt und ließen sich feiern. Wofür die beiden

Fußballer jedoch eine ganze Spielzeit benötigten, brauchte Stefan Schröder nur ein einziges Spiel. Am 7. Juni 2009 erzielte der Rechtsaußen des HSV Hamburg im letzten Saisonspiel 21 Treffer in 60 Minuten. Beim 43:16 hätten somit alleine die Tore Schröders ausgereicht, um den Stralsunder HV zu besiegen.

Vor 10.528 Fans in der Hamburger Arena erwies sich der ersatzgeschwächte Absteiger, der mit lediglich acht Feldspielern angereist war, jedoch auch nicht als würdiger Gegner für den deutschen Vizemeister. Bereits zur Pause lagen die Gastgeber mit 18:4 in Front und schraubten den Sieg im Laufe der Spielzeit immer weiter hoch. »Wir fragten während des Spiels am Zeitnehmertisch nach, wie viele Tore Schrödi schon hätte. Als wir wussten, dass es schon 13 waren, hat die Mannschaft noch eine Schippe drauf gelegt«[135], erklärte HSV-Trainer Martin Schwalb unmittelbar nach Spielende. Und auch Stefan Schröder wusste, dass er den Rekord zu einem großen Teil seinen Mitspielern zu verdanken hat. »Die Mannschaft hat das unglaublich für mich eingefädelt«, bedankte sich der Rechtsaußen bei seinen Teamkameraden, die den Rekord des Nationalspielers ausgelassen feierten.

Mit seinen 21 Treffern brach Schröder die bestehenden Torrekorde von Herbert Lübking (20) und Jerzy Klempel (19). Als Lübking am 11. Januar 1969 seine 20 Treffer erzielte, war die Bundesliga jedoch noch zweigleisig, sodass Klempel als offizieller Rekordhalter galt. Der Pole traf 1983 im Spiel in Hofweier 19 Mal, unterlag mit Frisch Auf Göppingen jedoch trotzdem 27:28. 26 Jahre hatte Klempels Rekord Bestand – bis zu jenem Juniabend in Hamburg. »Matthias Flohr hat bei einer Auszeit immer wieder ›Klempel, Klempel, Klempel‹ in die Runde hineingerufen. Es hat aber einige Zeit gedauert, bis jeder verstanden hatte, dass alle Bälle auf ›Schrödi‹ kommen sollten«, erinnerte sich HSV-Kapitän Guillaume Gille. Trainer Schwalb zog Schröder in der Abwehr auf die Spitze, um ihm das Gegenstoß-Laufen zu erleichtern, und auch im aufgebauten Angriff spielte der HSV nur noch für seine rechte Seite – mit Erfolg.

»Als ich das 20. Tor geworfen hatte, kamen mir Tränen in die Augen«, gestand Schröder danach in der Tageszeitung *Die Welt* ein. Es war jedoch ein Foto-Finish in einem Spiel, das außer Schröders Wettlauf gegen die Zeit keine Spannung zu bieten hatte: Das entscheidende 21. Tor erzielte der Rechtsaußen erst in der 60. Minute. Unter seinen 21 Treffern waren lediglich drei Strafwürfe, sodass Schröder nicht nur den Rekord für die meisten Tore, sondern auch den für die meisten Feldtore innehat. Den internationalen Torrekord dürfte indes weiterhin Hrvoje Horvat halten, der in den 70er-Jahren für Bjelovar in der jugoslawischen Liga 25 Treffer bei einem 53:21-Erfolg erzielte.

Große Freude über die 21 Treffer herrschte indes nicht nur in Hamburg, wo Vereinspräsident Andreas Rudolph eine 12-Liter-Flasche Champagner spendierte, sondern auch im Elmshorner Kindergarten »Stoppelhopser«. Eine Firma hatte dem Kindergarten im Rahmen einer Patenschaftsaktion für jeden Saisontreffer Schröders 20 Euro versprochen. So kamen alleine am letzten Spieltag 420 Euro für den guten Zweck zusammen. Und auch heute sorgt ein Fanklub dafür, dass der Rekord des Hamburger Urgesteins nicht so schnell vergessen wird: Der »Fanklub 21« wurde 2012 gegründet und erinnert mit seinem Namen bei jedem Spiel an die 21 Tore für die Ewigkeit.

71. GRUND

Weil Handballer am Wochenende keine Langeweile haben

»Mama, mir ist langweilig«: Wer Kinder hat, kennt das Problem – der Nachwuchs will beschäftigt werden, und so kann ein ganzes Wochenende, gerade bei schlechtem Wetter, schon einmal lang werden. Die gute Nachricht für alle Handballer: Das muss nicht sein. Wer sich dem Handball verschrieben hat, hat eigentlich immer etwas zu tun: Die Kinder spielen, die Eltern spielen selbst, die erste Mannschaft des Vereins spielt, und man trifft sich mit Freunden in der Halle. Bei jüngeren Kindern ist es noch einfacher: Ball in die Hand drücken, und los geht's. Und am Abend wollen die Eltern möglicherweise sogar früher aus der Halle nach Hause als der Nachwuchs, denn »in dem Spiel kommt ja gleich noch eine Halbzeit, und da kann ich dann aufs Tor werfen« …

Auch für Erwachsene ohne Kinder verspricht der Handball ein volles Wochenende: Trainer, Schiedsrichter, Betreuer, Kampfgericht, Kartenverkauf, Kuchenstand oder einfach nur als Zuschauer zum Spiel des Kumpels oder der fünften Männermannschaft, die man ja bei der letzten Vereinsfeier kennengelernt hat … irgendetwas ist in jedem Handballverein immer los. Gerade in den Dörfern werden die Heimspieltage des örtlichen Vereins oft zelebriert – mit Bierstand und Würstchenbude.

Eine andere Möglichkeit, die sich Handballern bietet, ist natürlich die Unterstützung des Bundesligisten oder eines anderen höherklassigen Vereins, welchem man sich als Fan mit vollem Herzen verschrieben hat. Eine Dauerkarte sorgt für regelmäßige Unterhaltung, hinzu kommen Auswärtsfahrten – auch mal quer durch die Republik – und Fanklubtreffen. Die Bundesliga will zudem im Fernsehen oder online verfolgt werden, denn als Fan muss man ja wissen, wie die Konkurrenz spielt. Viele Bundesligisten binden ihre Anhänger über die sozialen Medien zudem zunehmend ein, was ebenfalls Beschäftigung bedeutet. Wer den Handball hat, muss am Wochenende also keine Langeweile haben.

7. KAPITEL

VON DEN SOCKEN, DER HOLZKISTE UND ANDEREN KURIOSITÄTEN

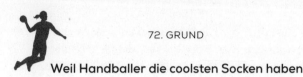

72. GRUND
Weil Handballer die coolsten Socken haben

Gepunktete Socken. Pinke Boxer-Shorts. Gestreifte Socken. Bunte Slips. Karierte Socken. Wer sich ein Produkt der Marko UANDWOO bestellt, sollte es bunt mögen. Das Besondere an dem jungen Unternehmen? Die Gründer sind der deutsche Nationalspieler Uwe Gensheimer (U), der Schweizer Nationalspieler Andy Schmid (AND) und der Schweizer Erstligaspieler Marko Vukelic (WOO). Neben ihrem Alltag im Spitzenhandball kümmert sich das Trio seit 2013 um sein Fashion-Label.

Markenzeichen des Unternehmens, das mit Socken startete und die Produktlinie um Unterwäsche erweiterte, ist ein roter Knopf. »Rote Knöpfe haben viele Funktionen – sie können Interkontinentalraketen starten, den Bus zum Halten bringen oder aber Dich richtig gut aussehen lassen«, wirbt das Handball-Trio. Seine Produkte lässt UANDWOO ausschließlich in Europa produzieren, um Werbung und Vertrieb kümmern sie sich selbst. So berichtete Gensheimer wenige Monate nach dem Start des Unternehmens, dass er und Schmid die Socken gemeinsam im Keller verpacken würden, und bezeichnete es scherzend als »Total-Quality-Management«[136].

Den Gedanken für das Unternehmen entwickelten jedoch die beiden Schweizer, Gensheimer stieß etwas später dazu: »Es war die Idee von einem Kumpel in der Schweiz und mir, da wir beide modisch interessiert sind und selbst etwas probieren wollten, und das sollte etwas Spezielles sein«, erinnert sich Schmid an die Entstehung. »Am Anfang haben wir uns mit Socken auf ein einfacheres Produkt, was jeder braucht, konzentriert. Wir tragen selbst gerne farbige Socken. In Skandinavien ist dieser Trend sehr verbreitet, hier [in Deutschland, Anm. d. Autorin] eher noch nicht.«

Schmid, Gensheimer und Vukelic sind gleichberechtigte Geschäftsführer des Labels. Der Fokus liegt jedoch weiterhin auf dem

Handball. »Dass wir das nebenbei machen heißt nicht, dass wir nur noch Socken im Kopf haben«, hält Schmid grinsend fest. Ob er sich nach seinem Karriereende ganz dem Modedesign und dem Vertrieb widmen wird, glaubt der Schweizer eher nicht: »Es geht nicht unbedingt um die ›Nach-Karriere‹, sondern um die Abwechslung«, erklärt er die Beweggründe. »Ich bezweifle noch, dass es der Hauptjob nach der Handballerkarriere wird und ich meine Familie als ›Sockenverkäufer‹ ernähre.«

73. GRUND

Weil sich jedes Jahr über 20.000 Nachwuchsspieler in Göteborg versammeln

Wer einmal dabei war, vergisst das Event sein ganzes Leben nicht: Der Partille-Cup in Göteborg ist das größte und wichtigste internationale Handballturnier abseits der offiziellen Meisterschaften. Inzwischen nehmen jedes Jahr über 1.000 Mannschaften teil, die Spielerinnen und Spieler sind zwischen zehn und 21 Jahren alt. Das Turnier wirbt mit dem Slogan: ›A World of Handball‹.

1970 richtete der IK Sävehof die erste Auflage in der kleinen Stadt Partille aus, seit 2004 findet das stetig gewachsene Turnier komplett im nahe gelegenen Göteborg statt. Es sind beeindruckende Zahlen, welche die Organisatoren nennen: Während der Turnierwoche stehen 1.500 Helferinnen und Helfer zur Verfügung. In der Turniergeschichte waren Teams aus über 90 Ländern von sechs Kontinenten zu Gast. Die Partien werden inzwischen auf über 60 Kunstrasenplätzen ausgespielt. Bei der Eröffnungsfeier im Göteborger Scandinavium sind regelmäßig alle 12.000 Plätze der Multifunktionsarena besetzt. Diese gewaltigen Eindrücke tragen das ihre dazu bei, dass das Turnier für die Jugendspieler unvergesslich wird.

74. GRUND

Weil die ersten deutschen Europapokalsieger fünf Mark Siegprämie erhielten

Nicht der THW Kiel, nicht die SG Flensburg-Handewitt, nicht Altmeister VfL Gummersbach: Die erste deutsche Mannschaft, welche die Champions League – damals noch Europapokal der Landesmeister genannt – gewann, war Frisch Auf Göppingen im Jahr 1960. Die Mannschaft aus Schwaben krönte damit ihren nicht für möglich gehaltenen Aufstieg, den die »Kempa-Buben«, wie sie gerufen wurden, seit der Doppel-Meisterschaft 1954 genommen hatten. Das Preisgeld nahm sich für heutige Verhältnisse jedoch bescheiden aus, wie sich Kempa erinnerte: »Fünf Mark Siegprämie für jeden Spieler, dazu noch einen Anzug.«

Die »Kempa-Buben«: Die Bezeichnung ist in Göppingen bis heute Inbegriff jener Mannschaft, die von Handballlegende Bernhard Kempa geprägt wurde – zunächst als Spieler und nach seinem Karriereende 1957 nur noch als Trainer. Neben Kempa sind vor allem die Namen Horst Singer, Edwin Vollmer und Frieder Weiß mit der damaligen Erfolgsgeschichte verbunden. Das Trio war dabei, als Göppingen 1951 die Württembergische Meisterschaft in der A-Jugend holte, und 1954 standen die Jungspunde bereits im Kader der ersten Göppinger Meisterschaftmannschaft.

1960 war der vorläufige Höhepunkt der Göppinger Entwicklung. Innerhalb von 14 Tagen sicherte sich Frisch Auf drei Titel hintereinander. Auf die achte Süddeutsche Meisterschaft und die fünfte Deutsche Meisterschaft folgte der Gewinn des Europapokals. Im Halbfinale siegten die »Kempa-Buben« gegen Dynamo Bukarest und machten damit den Einzug ins Endspiel perfekt. Im Pariser Stade de Coubertin wartete GF Aarhus auf die Göppinger. Im Vorjahr waren die Schwaben im Finale an Redbergslid Göteborg gescheitert, doch noch eine Pleite erlaubten sie sich nicht. Die Dänen wurden mit 18:13 bezwungen. »Mit einer schlechthin vollendeten Leistung hat der Deutsche Meister Frisch Auf vor 4000 Zuschauern, darunter etwa 150 deutsche Schlachtenbummler, einen Erfolg erzielt, der die Siegesserie in den letzten Wochen krönt und ihn zur erfolgreichsten Handballmannschaft der Welt macht«, lobte die *Neue Württembergische Zeitung* den Auftritt und zitierte den damaligen DHB-Präsidenten Ernst Feik mit den Worten: »Das war das schönste Spiel, das ich je sah.«[137] Der Erfolg brachte den Göppingern große Aufmerksamkeit ein; den Spielern wurde der Silberlorbeer verliehen; damals die höchste Auszeichnung in der Bundesrepublik.

Zwei Jahre später wiederholte Göppingen den Coup und sicherte sich zum zweiten Mal den Europapokal der Landesmeister. Gegen Partizan Bjelovar behielten die »Kempa-Buben« erneut die Oberhand und verteidigten den Titel, der im Vorjahr aufgrund der Weltmeisterschaft nicht ausgetragen worden war. Ihr Aushängeschild erlebte diesen Titel jedoch nicht vor Ort mit – Kempa hatte 1961 das Traineramt an Vollmer abgegeben. So blieb der Titel quasi in der Familie. In den folgenden Jahrzehnten mussten sich Kempa und Co. jedoch gedulden – erst 2011 knüpfte Frisch Auf unter Trainer Velimir Petković an die goldenen Zeiten der 50er- und 60er-Jahre an und holte den Europapokal. Kempa, als Ehrenpräsident dem Verein immer noch verbunden, freute sich – und neidete den Spielern die deutlich höhere Siegprämie nicht.

75. GRUND

Weil die bekannteste Handballreporterin auf eine Holzkiste zurückgriff

Mit nur 1,58 Meter mischt Anett Sattler unter den ganz Großen des Handballs mit; sobald sie in den Bundesligahallen auftaucht, erkennen die Fans ihr Gesicht. Seit 2009 ist die Fernsehreporterin für den Sender Sport1 im Handball unterwegs und sammelt nach den Spielen auf dem Feld die ersten Stimmen von Spielern und Trainern. Diese sind häufig ein bis zwei Köpfe größer als Sattler selbst. Sie stört das nicht: »Ich habe eine Holzkiste, die ich mir im Baumarkt selbst zusammengezimmert habe«, schilderte die erfahrene Reporterin 2012. »Die habe ich immer dabei, und da stelle ich mich dann rauf. Am Anfang war es sehr ungewohnt. Doch die Reaktion der Leute ist meistens sehr freundlich. Sie lachen darüber und finden das eher niedlich.« Inzwischen hat die Kiste zwar ausgedient, aber Sattler hat schon längst das Standing, um auch ohne Kiste auf Augenhöhe mit den Stars zu sein.

Das war jedoch nicht immer so. Gerade in ihren Anfangsjahren hatte es Sattler nicht immer einfach. »Als Frau in diesem Bereich musst du immer 150, 200 Prozent geben, Fehler werden dir immer anders angerechnet als den männlichen Kollegen«, schildert die Reporterin ihre Erfahrungen. Mit 22 Jahren führte sie für DSF die ersten Field-Interviews in der 2. Fußball-Bundesliga. »Ich sah damals eher aus wie 15. Alle dachten, da kommt die Praktikantin vom Kinderkanal. Da musste ich mich extrem durchbeißen«, erinnert sich Sattler. »Inzwischen bin ich jedoch lange dabei, und die Leute kennen mich. Sie wissen, dass ich nicht da stehe, weil ich blond und niedlich bin, sondern weil ich den Job gut mache.«

Dass Sattler in den Hallen ob ihrer Fachkompetenz geschätzt wird, liegt beim Blick in ihre Vergangenheit nahe: 22 Jahre spielte sie selbst Handball, war zwölf Jahre als Jugendtrainerin engagiert und nebenbei als Schiedsrichterin aktiv. Trotz ihrer Größe lief Sattler im Rückraum auf, »weil es sonst niemanden gab«, wie sich die Reporterin erinnert. »Es hat ganz gut geklappt und mir eigentlich sogar mehr Spaß gemacht als die Jahre davor und danach am Kreis oder auf Außen.«

Gemeinsam mit Stefan Kretzschmar ist Sattler so zum Gesicht der Sport1-Übertragungen geworden – nicht nur aus der Bundesliga, sondern auch von Welt- und Europameisterschaften. Mit der

Handballikone arbeite sie am liebsten, »weil wir mittlerweile ein sehr eingespieltes Team und darüber hinaus auch gute Freunde sind, sodass da auch mal ein paar Frotzeleien kommen.« Dank ihrer großen Erfahrung – sowohl auf dem Feld als auch vor der Kamera – ist Sattler inzwischen ruhiger geworden. »Diese wirkliche Aufregung, die einen innerlich zittern und nicht schlafen lässt und einem somit mehr schadet als nützt, ist nicht mehr da. Das hat sich in der Routine verloren und ist Konzentration gewichen«, freut sie sich.

So lässt sie sich auch von ungewohnten Situationen nicht mehr aus der Ruhe bringen. Dass sich Spieler auf ihre Holzkiste stellten und der Größenunterschied so noch extremer wurde, nimmt sie genauso mit einem Lachen wie die Bierdusche, die sie 2010 bei der Meisterfeier des THW Kiel kassierte. »Das Zeug brennt tierisch in den Augen«, schmunzelt sie rückblickend. »Ich bin damals viel zu naiv an diese Sache herangegangen.« Sie brachte die Sendung klitschnass getränkt. »Man muss immer weitermachen, das ist die oberste Devise bei allen Dingen, die nicht planmäßig laufen«, unterstreicht Sattler. »Aber man lernt ja aus seinen Fehlern: Jetzt würde ich immer mit einem Auge die Spieler im Blick behalten, die ich gerade nicht interviewe …«[138]

76. GRUND

Weil man nebenbei Musiker, Doktorin oder App-Entwickler werden kann

Die meisten Menschen sind mit einem Job voll ausgelastet. Handballer können sich diesen »Luxus« nicht erlauben. Während die Männer dabei mit Ausbildung oder Studium vor allem an die Zeit nach der Karriere denken, müssen die Frauen die Doppelbelastung aus Beruf und Handball stemmen – denn im Frauenhandball ist nicht genug Geld vorhanden, damit die Spielerinnen allein davon leben können.

Randy Bülau, die mit dem Buxtehuder SV 2015 den DHB-Pokal gewann, arbeitet zum Beispiel als Sparkassenbetriebswirtin. Die zahlreichen Trainingseinheiten und Auswärtsfahrten mit dem Job zu vereinbaren, ist für sie kein Problem. »Es ist wichtig, neben dem Sport eine geistige Abwechslung zu haben«[139], erklärte Bülau einst. Inzwischen arbeitet sie zusätzlich noch als Fitness- und Personaltrainerin. Peter Prior, der Manager des BSV, weiß: »Es wäre schon ein ziemlicher Sprung notwendig, dass die Spielerinnen Ausbildung und Beruf ganz hintanstellen und sich nur noch dem Handball widmen würden.« Karolina Kudłacz, Kapitänin des HC Leipzig, schrieb neben ihrer handballerischen Karriere ihre Doktorarbeit in Psychologie.

Aufgrund der höheren Sponsoreneinnahmen und Fernsehgelder ist es im Männerhandball möglich, dass die meisten Bundesligaspieler während ihrer Karriere davon leben und sich so nur auf den Handball konzentrieren können – was angesichts der immensen Belastung notwendig ist. Mit Studium oder Ausbildung sorgen die Profis jedoch für die Zeit nach einer Karriere vor. Spielmacher Florian Laudt von der HSG Wetzlar arbeitete nebenbei schon als Lehrer, DHB-Kapitän Uwe Gensheimer gründete gemeinsam mit Andy Schmid neben seinem BWL-Studium einen Socken-Vertrieb, und Torwart Thomas Bauer nahm eine erste eigene Single auf. Sein Produzent? Sein damaliger Mannschaftskollege beim TBV Lemgo, Rolf Hermann.

Auch Bundestrainer Dagur Sigurðsson setzt nicht alleine auf den Handball: Mit seinem Bruder baute er den ersten Autoteilehandel Islands unter der Marke »Bílanaust« auf, der mittlerweile neun Filialen hat. Das von ihm mitbegründete und betriebene »Kex Hostel« ist inzwischen eine der weltweit bekanntesten Unterkünfte in Island. Das neueste Projekt von Sigurðsson war 2015 die Entwicklung einer App: Cupodium ist ein virtuelles Pokalregal, das die

Benutzer mit selbstgestalteten Urkunden, Pokalen, Auszeichnungen und Medaillen füllen können. Bei diesem Projekt inspirierte der Handball die Nebenbeschäftigung – denn mit den Füchsen Berlin hatte der Isländer 2014 den DHB-Pokal und 2015 den EHF-Cup gewonnen …

77. GRUND

Weil auch Madonna ein Handballevent nicht besser macht

Größer, bunter, lauter: Dieser Trend macht auch vor dem Handball nicht halt. Kurz gesagt, aus Sicht vieler Veranstalter heißt es: Mehr Event muss her. Weg vom Image der muffigen Sporthallen, stattdessen bunte Glitzerwelt. Ein Handballspiel soll nicht länger nur Sport sein, sondern wird als Event vermarktet – so, wie zum Beispiel das VELUX EHF Final Four in der Champions League. Klatschpappen und eine musikalische Untermalung gehören nicht nur dort fest zum Programm. Doch in letzter Zeit besinnen sich die Funktionäre wieder auf die Ursprünge – denn der Handball genügt sich selbst.

Einer, der das besser weiß als jeder andere, ist Bernd Kaiser. Der Hallensprecher der MT Melsungen war schon bei drei Weltmeisterschaften im Einsatz und gilt als die »Stimme des deutschen Handballs«. 2007 war er in Köln beim WM-Finale im Einsatz und erlebte den Triumph der deutschen Mannschaft am Mikrofon mit, und auch beim Final Four um den DHB-Pokal ist Kaiser Dauergast, lediglich die Qualifikation »seiner« MT für die Finalturniere 2013 und 2014 zwang ihn zur Pause. Er sagt: »Die Gesamtkomposition bei einem Event muss stimmen.«

Mit der Gesamtkomposition meint Kaiser das Zusammenspiel aus Hallen-DJ, Hallensprecher, Rahmenprogramm und Fanstimmung. Doch dieses fragile Gefüge wird immer wieder aus dem Gleichgewicht gebracht: So bildgewaltig und beeindruckend die

Show beim VELUX EHF Final Four auch ist, die oftmals lautstark aufgedrehte Musik in den Auszeiten übertönt die Fangruppen und nimmt Atmosphäre. »Wenn die Fans Eigeninitiative zeigen, dann sollte man nicht versuchen, das mit Musik zu überspielen«, ist Kaiser überzeugt.

Über die »Eventfans«, die zum vermeintlichen Sehen und Gesehenwerden in die Arenen strömen, und ihre »Klatschpappenatmosphäre« wird oft gelästert. Für Kaiser liegt es in der Natur der Sache, dass sich die Atmosphäre von großen Events und dem Ligaalltag unterscheidet. »Bei Heimspielen in der Bundesliga ist der Ablauf eingespielt – Hallensprecher, DJ und Fans wissen, was sie von den anderen Parteien erwarten können«, so der erfahrene Hallensprecher. »Bei den Events ist das anders – weil die Zusammensetzung jedes Mal einzigartig und neu ist. Viele Fans brauchen deshalb jemanden, der phonetisch vorneweg geht.«

Das sind neben den Hallensprechern eben vor allem die Hallen-DJs. »Viele sind der Meinung, das keine Ruhe aufkommen darf«, weiß Kaiser. Er sieht das anders. »Auch das Publikum braucht mal eine Verschnaufpause. Die Spieler können während der 60 Minuten ausgewechselt werden, die Fans nicht.« Nach dem Final Four 2015 in Hamburg, wo die Fanblöcke aus Flensburg und Magdeburg im Finale über 60 Minuten Alarm machten, lobte er die Leidenschaft als »bewundernswert«.

Für Kaiser, der bei der WM 1997 neben den Ansagen noch selbst aus zehn CDs die gerade passendste in den CD-Spieler einlegte, ist der Wunsch nach immer lauteren, immer größeren Events im Handball ein Abbild der Realität: »Überall muss es schneller, lauter und bunter werden – das ist ein Spiegelbild des Lebens«, glaubt der Hallensprecher. »Es müssen immer neue Reize gesetzt werden, um die Menschen zu begeistern, und zeitgleich wird die Reizschwelle immer höher.« Der Handball müsse sich dem anpassen, da ist sich Kaiser sicher: »Passiert eine solche Weiterentwicklung nicht, verschwindet die Sportart irgendwann.«

Die Sehnsucht nach dem großen Event treibt Vereine und Verbände seit Jahren an: Der »Tag des Handballs« im vergangenen September war eine gigantische Inszenierung der Sportart, der Gedanke an Play-off-Spiele, um die Spannung zu erhöhen, taucht immer wieder auf. »Der Anspruch des Publikums hat sich schon gewandelt«, meint Kaiser. Neben möglichst spannenden Spielen wird längst ein Rahmenprogramm vorausgesetzt, doch aus Sicht vieler Fans drängt der pompöse Rahmen das Bild, das er eigentlich aufwerten soll, in den Hintergrund. Dass es anders gehen kann, bewies 2015 ausgerechnet der oft zu Unrecht belächelte Frauenhandball. In der altehrwürdigen Sporthalle Hamburg boten die Partien des Final Four im DHB-Pokal der Frauen – und auch die um die Meisterschaft der weiblichen Jugend – beste Handballunterhaltung. Das Wechselspiel zwischen Teams und Zuschauern gelang, auf dem Parkett und auf den Rängen lieferten sich die Lager einen begeisternden Schlagabtausch und schufen eine grandiose Atmosphäre, gegen deren Lautstärke die Musik nicht ankam, nicht ankommen musste.

Im Mittelpunkt muss der Handball stehen, das weiß auch Frank Bohmann, Geschäftsführer der Handball-Bundesliga und damit auch für das Pokalturnier verantwortlich: »Wir können bei einem Event wie dem REWE Final Four immer noch Nuancen besser werden, aber das Event lebt von dem Sport. Ich kann hier zwischendurch Madonna bringen, aber dann wird das Event nicht besser, wenn ich schlechtere Spiele habe.«[140]

78. GRUND

Weil die Ostseehalle aus der Nordsee stammt

Die Kieler Sparkassen-Arena ist ein Mythos im Handball. Die frühere Ostseehalle, die seit 2008 den Namen des Sponsors trägt, ist die Heimstätte des deutschen Rekordmeisters THW Kiel. Dort wurden

Meisterschaften bejubelt, Helden geboren und so manches heißes Duell mit der SG Flensburg-Handewitt ausgetragen. Kurios dabei jedoch die Entstehung: Die Ostseehalle stammt aus der Nordsee.

Alles begann mit dem Beschluss der Kieler Ratsversammlung am 21. September 1950, eine Sport- und Ausstellungshalle im Zentrum Kiels zu errichten. Dafür wurde – so unglaublich das auch klingen mag – ein ausgedienter Flugzeughangar auf der Insel Sylt ab- und in Kiel wieder aufgebaut. 80.000 Mark bezahlte die Stadt Kiel für das Stahlgerüst. Eingeweiht wurde die Ostseehalle dann maritim, im Rahmen der »Kieler Woche« am 17. Juni 1951, die endgültige Fertigstellung erfolgte am 1. März 1952. Im September 2000 wurde die Halle für über 36 Millionen Euro renoviert und von 7.000 Plätzen auf die jetzigen 10.250 Zuschauerplätze erweitert.

79. GRUND

Weil ein Fanbegehren
den Handball ins Fernsehen brachte

Am Anfang stand der Ärger. »Das ist schlichtweg ein Skandal, eine absolute Katastrophe. Jedes Scheiß-Europapokalspiel im Fußball wird live übertragen, auch wenn der Bundesligist in Finnland schon das Hinspiel 5:0 gewonnen hat.«[141] Diese markigen Worte stammten nicht von einem entrüsteten Fan, sondern von keinem Geringeren als Uwe Schwenker, dem damaligen Manager des THW Kiel. Seine Mannschaft hatte sich im Halbfinale der Champions League mit zwei deutlichen Siegen gegen Zagreb durchgesetzt und stand nun im Finale der Königsklasse – erstmals in seiner damals 77-jährigen Vereinsgeschichte.

Was den Manager so erzürnte, war die Tatsache, dass kein deutscher Sender das entscheidende Rückspiel dieses Champions-League-Finals des Jahres 2000 live in Deutschland übertragen wollte. Der 28:25-Hinspielsieg gegen CF Barcelona in der Ostsee-halle war noch im DSF ausgestrahlt worden, doch es fand sich kein Sender, der das entscheidende Rückspiel übertragen wollte – ob-wohl sich der THW als erster Bundesligist seit 1983 anschickte, den wichtigsten europäischen Pokal zu gewinnen.

Für Olaf Nolden war dies damals der Anlass, sich Internet zu-zulegen, denn dort wurden die deutschen Fans zumindest per Livestream versorgt. So verfolgte der Beamte die 24:29-Niederlage der Kieler über seinen Computer. Als einige verweigerte Übertra-gungen später im November 2001 auch das Weltrekordspiel des VfL Gummersbach gegen den THW Kiel in der Kölnarena ohne die TV-Zuschauer stattfinden sollte – lediglich das »Köln«-Fenster des Westdeutschen Rundfunks übertrug die Partie –, sah Nolden darin Grund genug, seinen Ärger nicht länger zurückzuhalten – allerdings ließ er diesem anders als Schwenke nicht verbal seinen Lauf, sondern wurde selbst aktiv.

Nolden bastelte eine Internetseite – er sagte später, er habe sie »mit rudimentären HTML-Kenntnissen zusammengezimmert« – und forderte dort schlicht »Mehr Handball im Fernsehen«. Der Handball-Lobbyist stellte ein E-Mail-Formular bereit und forderte die Menschen auf, an die Sender zu schreiben, damit dort das gro-ßen Interesse am Handball erkannt werde. »Immer wieder hieß es auf meine Anfragen, es gäbe in Deutschland kein Interesse am Handball«, erklärte Nolden rückblickend. »Ich wollte ihnen das Gegenteil beweisen.« Denn wenn zu einem normalen Bundesliga-spiel über 18.000 Zuschauer pilgern, kann das Interesse am Hand-ball in Deutschland nicht gering sein, befand er.

So wurde handballimfernsehen.de geboren. Über 8.000 E-Mails wurden über die Seite abgeschickt und zeigten den Sendern, dass in Deutschland durchaus ein Interesse an »Mehr Handball im Fernse-hen« besteht. Es kam infolgedessen tatsächlich zum Dialog mit den öffentlich-rechtlichen Sendern. Einige beharrten auf ihren Textbau-steinen aus den Zuschauerredaktionen, andere sahen tatsächlich ein gewisses Defizit. Schließlich gaben aber auch die Einschaltquoten der Petition recht und ihr den nötigen Nachdruck.

Nolden veröffentlichte den Dialog mit den Fernsehanstalten und versuchte dabei auch die Sicht der TV-Sender verständlich zu machen, vor allem in Hinblick auf die Rechtesituation. »Nicht immer ist es das fehlende Interesse der Sender, wenn große Sportereignisse nicht gezeigt werden, häufig sind es auch eine unklare Rechtesituation oder zu hohe finanzielle Forderungen«, sieht Nolden auch Grenzen der Schuldzuweisung.

In Zeiten der seltenen TV-Übertragungen bot handballimfernsehen.de den Überblick, wo und wann welche Handballspiele zu sehen sein würden. Mittlerweile gibt es eine Flut von TV-Übertragungen auf unterschiedlichsten Sendern, in den letzten Jahren vermehrt ergänzt durch die anwachsende Zahl an Livestreams im Internet. Auch ohne ihren Gründer Nolden, der sich 2007 von der Seite zurückzog, informiert handballimfernsehen.de weiterhin über aktuelle Entwicklungen im TV-Bereich, wie Rechteverhandlungen, den Einstieg neuer Sender und deren Empfang.

Das Herz der Seite ist jedoch bis heute die Datenbank der TV-Termine, die in den vergangenen Jahren zur ersten Anlaufstelle geworden ist, wenn es darum geht, sich einen Überblick über die aktuellen TV-Übertragungen zu verschaffen. An die 150 Kanäle hat das Projekt inzwischen in seiner Datenbank, darunter nicht nur zahlreiche Internetstreams und die ersten und dritten Programme der öffentlich-rechtlichen Sender, sondern auch Pay-TV-Sender wie Sky, RTL und Pro7. Die beiden Köpfe hinter handballimfernsehen.de sind seit dem Abschied Noldens 2007 Björn Hengemühle und Felix Buß. Obwohl bereits mehr Handball im Fernsehen läuft als beim Start des Projektes, sehen sie ihren Auftrag noch nicht als erfüllt an. »Mit unserem dichten Netzwerk sind wir auch weiterhin in der Lage, erfolgreich für Übertragungszeiten der Sportart Handball zu streiten. Das gilt insbesondere dann, wenn sich der Trend zum Pay-TV im Handball fortsetzen würde«, erklärt Buß.

In anderen Sportarten und Ländern ist das Bezahlfernsehen längst die Regel, doch »eine Sportart sollte sich medial nicht daran orientieren, was für andere Sportarten ›normal‹ ist, und selbst versuchen, im Sinne ihrer Fans bestimmte Maßstäbe zu erreichen und zu setzen«, macht Buß deutlich. »Pay-TV ist in Deutschland trotz der über vier Millionen Haushalte mit Sky-Abonnement nach wie vor eine schwierige Angelegenheit. Daher sollte sich eine Sportart medial möglich breit aufstellen.«[142] Dafür, dass das geschieht, wird sich handballimfernsehen.de auch in den kommenden Jahren einsetzen.

80. GRUND

Weil es die beste Partnerbörse ist

In der Halle, auf der Vereinsfeier, auf einem Turnier: Der Handball bietet zahlreiche Möglichkeiten für neue Bekanntschaften. Und auch als Partnerbörse ist der Handball nicht ungeeignet – im Gegenteil: Ein gemeinsames Hobby als Grundlage und das Verständnis, welche Anforderungen dieses Hobby mit sich bringt, sind nicht die schlechtesten Voraussetzungen für eine Beziehung …

81. GRUND

Weil sich Brüder auf höchstem Niveau begegnen

In der Bundesliga gegeneinander, in der Nationalmannschaft miteinander: Henrik und Rene Toft Hansen sind die Unterschiede gewohnt. Während die beiden Brüder in den Farben ihres dänischen Heimatlandes gemeinsam Erfolge feiern – sie gewannen 2012 den Europameistertitel –, kann es bei ihren anderen Begegnungen auf dem Feld nur einen Sieger geben. Bereits in der dänischen Liga trafen Rene und der zwei Jahre jüngere Henrik aufeinander, seit 2013 gab es das Duell in der Bundesliga – zum ersten Mal am 07. September jenes Jahres, als der Ältere mit dem THW Kiel beim HSV Hamburg gastierte.

»Für 60 Minuten werden wir keine Brüder sein«, kündigte Henrik damals an, während Rene erklärte: »Für unsere Familie wird es ein schweres Spiel. Sie wünschen sich in solchen Fällen immer ein Unentschieden.«[143] Auch in anderen Familien dürfte es den Angehörigen ähnlich gehen – so wie bei Kévynn und Oliver Nyokas, Krzysztof und Marcin Lijewski, Petar und Draško Nenadić, Michael und Ulrich Roth oder Petr und Jan Štochl, die sich schon in der deutschen Beletage gegenüberstanden. »Natürlich ist das immer etwas Besonderes«[144], erklärte Petr Štochl, der das Tor der Füchse Berlin hütete, über die Brüderduelle.

Beginnt man erst einmal zu suchen, fallen einem zahlreiche Geschwisterpaare im Handball auf – nicht nur welche, die gegeneinander spielen. Der französische Weltstar Nikola Karabatić wurde gemeinsam mit Bruder Luka 2015 Weltmeister, Bertrand und Guillaume Gille prägten den Weg des HSV Hamburg, der im Gewinn der Deutschen Meisterschaft 2011 seine Krönung fand und in Diego, Pablo und Sebastian Simonet spielt gleich ein Brüder-Trio in der argentinischen Nationalmannschaft. Auch der ehemalige Bundestrainer und Weltmeister Heiner Brand trat beim VfL Gummersbach einst in die Fußstapfen seines Bruders Jochen; der dritte Bruder Klaus verschrieb sich ebenfalls dem Handball. Alle drei liefen für die deutsche Nationalmannschaft auf. »Wir drei können ein Handballspiel getrennt voneinander sehen und haben nachher die gleiche Meinung«, schilderte Jochen, der wie sein Bruder Heiner Spielmacher war. »Wir denken über diesen Sport nahezu identisch.«[145]

Interessant wird die Sache mit dem Bruder besonders bei Zwillingen, wenn die Ähnlichkeit zu Verwirrung bei den Gegnern führen kann – so wie bei Christian und Sebastian Redecker, die 2000/01 beim TuS Nettelstedt im linken und rechten Rückraum spielten, oder den deutschen Nationalspielern Philipp und Michael Müller, die gemeinsam für die MT Melsungen aufliefen. Auch bei Schiedsrichtern führt eine äußerliche Ähnlichkeit häufig zur Verwirrung. Die eineiigen Zwillinge Marcus und Andreas Pritschow pfeifen seit 1993 gemeinsam und stiegen bis in die Bundesliga auf – auseinanderzuhalten sind sie für die Spieler kaum, was das Beschweren bei einem bestimmten der beiden Brüder erschwert.

Neben den Pritschows gibt es zahlreiche weitere Geschwisterpaare, die sich entschieden haben, zur Pfeife zu greifen. Sie alle halten zusammen – genauso wie Weltstar Nikola Karabatić zu seinem Bruder Luka hält: »Ich kann einfach nicht gegen meinen Bruder spielen«, erklärte der Welthandballer kategorisch. »Er ist mein Fleisch und Blut, das wäre wie ein Boxkampf Klitschko gegen Klitschko.«[146]

82. GRUND

Weil in der Bundesliga die TusSies spielen

Das Klischee lautet: Handball ist ein harter Sport und damit nichts für Weicheier – und nichts für Tussis. Handball ist nichts für Tussis? Da würde ein Verein aus Metzingen lautstark widersprechen. Bundesligist TuS Metzingen vermarktet sich erfolgreich als die TusSies aus Metzingen – und spielt dabei in feinster Weise mit dem Image des vorurteilsbehafteten Spitznamens. »Ich bin froh, eine TusSie zu sein«, scherzte beispielsweise Nationalspielerin Shenia Minevskaja 2014, und ihre Mannschaftskollegin Katharina Beddies erklärte voller Stolz: »Unser Name ist einmalig und wir haben ihn sehr gut verarbeitet.«

Dem Verein, der 2012 in die Bundesliga aufstieg, lässt sich in der Tat ein gelungenes Marketing bescheinigen. Pinke Trikots, pinke

Socken, eine pinke Website – wer bei den TusSies spielt, muss es mit dieser Farbe aushalten können. Selbst das Maskottchen trägt einen pinken Rock – und ist ironischerweise ein Elefant. Wenn sie in der Bundesliga auflaufen, sind die Metzingerinnen trotz der pinken Trikots (Beddies: »Die TusSies sind vor allem TusSies, weil sie in Pink spielen«[147]) jedoch so gar keine Tussis, sondern ein genauso harter Gegner wie jede andere Mannschaft auch.

Randnotiz: Die TusSies sind nicht der einzige Verein, der sich in den letzten Jahren einen Spitznamen zugelegt hat. Dem Handballfan dreht sich schon mal der Kopf, wenn in der Bundesliga die TusSies auf die Elfen (Bayer Leverkusen) treffen und sich die Miezen (DJK/MJC Trier) mit den Vulkan-Ladies (VL Koblenz-Weibern) messen ...

83. GRUND

Weil man auch mit 80 Jahren noch am Spielbetrieb teilnehmen kann

Ein Hobby unterliegt keinem Gesetz der Altersbeschränkungen, dies gilt auch im Handball. Ein gutes Beispiel für Ausdauer und Beweglichkeit bis ins hohe Alter stellt Peter Hoenisch dar. Mit 80 Jahren war der bodenständige PR-Berater in der Saison 2014/15 der älteste aktive Vereinsspieler Berlins. Er hat die Freude am Spiel bis heute beibehalten – und zeigt, dass die Begeisterung für die attraktive Sportart nichts mit dem Alter zu tun hat.

Hoenisch, der Fan der Füchse Berlin und natürlich seines Vereins TMBW ist, spielte in der Saison 2014/15 seit über 65 Jahren Handball. Der Sport gehört zu seinem Leben. Dabei hat Peter Hoenisch auch abseits des Spielfeldes im Handball einiges bewegt. Als ehemaliger Kommunikationschef von Sony war er in den 80er-Jahren Hauptsponsor der Handballnationalmannschaft und hat zusammen mit dem Deutschen Handballbund ein umfangreiches Trainingsprogramm auf Video entwickelt, das der DHB international vertrieb. In den 90er-Jahren sponserte er als Direktor von RTL Television die Handballer der Kölner Polizei und gründete dort sogar eine erfolgreiche Handballmannschaft.

Wenn es nach der Einstellung von Peter Hoenisch geht, ist es niemals zu spät für den Sport. Das Alter spielt keine entscheidende Rolle. »Es gibt merkwürdigerweise viele Leute mit Ende 30, Anfang 40, die zu der Meinung kommen, zu alt für aktiven Sport zu sein. Das finde ich sehr dumm. Denn man merkt sehr schnell, wenn man sich aufrafft, dass es noch geht«, sagt Hoenisch. »Wenn du in dem Alter mit dem Sport aufhörst, hast du später die Konsequenz, dass du schlaff wirst und einen Bauch kriegst. Meine Kumpels vom Verein sind zwischen 40 und 50 und topfit.«

Mit seinen Vereinskameraden lief Hoenisch in der Spielzeit 2014/15 mit der Nummer 13 bei TMBW/Tempelhof-Mariendorf/Blau-Weiss auf, die in der Senioren-Verbandsliga spielen. Es ist die höchste Spielklasse der Senioren, in welcher die Männer bereits ab dem 32. Lebensjahr mitwirken können. Dort strotzte Hoenisch vor jugendlichem Elan: Egal, ob im Angriff oder beim Rückzug in die Defensive – es gibt für ihn keine Pause. Dabei war er beim Zurücklaufen in die Deckung auch mal derart enthusiastisch, dass er die lauten Rufe von der Bank überhört hatte. Der Trainer hatte ihn zum Wechseln aufgefordert und musste ihn regelrecht ausbremsen. Denn außer Atem war Hoenisch trotz seines Alters in der Saison keineswegs, er hätte weiterrennen können. Selbst wenn er nicht auf dem Spielfeld ist und auf seine Einwechslung wartet, steht er konzentriert an der Seitenlinie. Sein Motto: »Zugucken ist anstrengend.«

Rechtsaußen Hoenisch schätzt die besondere Atmosphäre in der Mannschaft. »Das ist eine wunderbare Truppe, die mich trotz meines Alters sehr gut aufgenommen hat. Ich freue mich jeden Mittwochabend auf das Training.« Als er von Bonn nach Berlin gezogen war, suchte er einen Handballverein und stieß auf Empfehlung der HBL, wo er im Aufsichtsrat war, auf den nahe gelegenen TMBW. »Eine Seniorenliga kam für mich zunächst nicht infrage. Aber als ich dann sah, was da für erstklassige Leute spielten, wurde ich ruhig und bescheiden; einige hatten vor nicht allzu langer Zeit noch 2. Bundesliga gespielt.«

Das Geheimnis seiner eigenen Fitness verdankt Hoenisch seinem Willen und seiner Leidenschaft zur täglichen Bewegung. »Es hat etwas mit der Einstellung zu tun«, ist er überzeugt. »Ich mache jeden Tag Sport; im Schlafzimmer habe ich eine Trainingsecke mit Fahrrad, Matte und Kurzhanteln. Da trainiere ich fast täglich eine Dreiviertelstunde. Wenn ich das alles nicht machen würde, wäre ich längst aus dem Geschäft.«

Vor seinem Umzug in seine Lieblingsstadt Berlin war der Rechtsaußen in Bonn aktiv. Dort bewies er bereits vor Jahren, dass ältere Menschen nicht nur schmerzfrei Sport treiben, sondern auch erfolgreichen Handball spielen können. »Meine Mannschaft in Bonn wurde immer älter. Es gab einige Spieler, die langsam an die 60 Jahre alt waren. Wir hatten in der Kreisliga meist Gegner, deren Kader jünger waren als unsere eigenen Kinder. Die haben sich immer geärgert, wenn sie gegen uns ›alte Säcke‹ verloren haben«[148], konstatierte Hoenisch mit einem Lächeln. Mit seiner Lebenseinstellung kann Hoenisch für junge wie alte Handballer ein Vorbild sein.

Randnotiz: Der älteste Spieler in der Bundesligageschichte war der 1951 geborene Ulrich Schaus. In der Saison 2006/7 lief er im Alter von 55 Jahren für den TV Gelnhausen in der 2. Handball-Bundesliga auf.[149]

84. GRUND

Weil der Handball auch auf dem Fußballfeld zu Hause war

Eine der erfolgreichsten deutschen Sportarten ist heute in Vergessenheit geraten: der Großfeldhandball. Die Handballvariante, die auf einem dem Fußball entsprechenden Feld gespielt wurde, mit elf Spielern und Fußballtoren, war eine deutschsprachige Domäne. Neben Deutschland war der Feldhandball auch in Österreich, der Schweiz und Luxemburg populär; auch das Saarland – von 1947 bis 1956 teilsouveränes Land unter dem Protektorat Frankreichs – nahm an zwei Weltmeisterschaften teil.

Die deutsche Erfolgsliste ist dementsprechend lang: Deutschland wurde 1936 erster und einziger Olympiasieger; ein Erfolg, der jedoch unter dem Schatten des NS-Regimes stand, das den Feldhandball gefördert und in das Programm der Olympischen Spiele gehievt hatte. Die beeindruckende Zuschauerzahl von 100.000 Zuschauern beim Finale in Berlin, das Deutschland mit 10:6 gegen Österreich gewann, ist jedoch bis heute eine im Handball unerreichte Marke.[150] Und auch die Weltmeisterschaften wurden von den deutschen Auswahlteams dominiert. Zwischen 1938 und 1966 fand das WM-Turnier siebenmal statt; sechsmal gewannen deutsche Teams. Einzig 1948 durfte keine deutsche Mannschaft teilnehmen, der Titel ging an Schweden. So wurde die Schweiz zudem zur einzigen Nation, die an allen WM-Turnieren teilnahm.

National genoss der Feldhandball ebenfalls eine große Anerkennung. Von 1921 bis 1933 gab es zwei parallele Deutsche Meisterschaften – eine von der Deutschen Sportbehörde für Leichtathletik, eine von der Deutschen Turnerschaft. Ab 1934 wurde ein zentraler Wettbewerb ausgetragen; den ersten Titel sicherte sich der PSV Darmstadt. In den folgenden Jahrzehnten war der Feldhandball sehr populär. »Bei solchen Freilichtveranstaltungen herrschte eine ganz besondere Stimmung«, schilderte Manfred Hofmann, der 1973 mit dem TV Großwallstadt Deutscher Meister auf dem Feld wurde und 1978 in der Halle mit der deutschen Nationalmannschaft den WM-Titel holte. »Ich erinnere mich an Spiele vor 28.000 Zuschauern. Das ließ sich mit dem Sport in der Halle überhaupt nicht vergleichen. Außerdem war es einfach schön, an der frischen Luft zu sein.«[151]

Mit Beginn der 70er-Jahre verlor der Feldhandball gegenüber dem Hallenhandball zunehmend an Boden. Durch den Bau neuer Sporthallen wurden neue Möglichkeiten für die Hallenteams geschaffen, die einheitliche Beschaffenheit des Bodens und die Unabhängigkeit vom Wetter waren zwei entscheidende Faktoren für die Indoor-Variante. »Die Plätze waren oft in einem schlechten Zustand. Wir spielten teilweise auf einem wilden und unebenen Rasen. Die Platzverhältnisse hatten oft einen nicht zu unterschätzenden Einfluss auf den Spielausgang«, erinnerte sich der Großwallstädter Josef Karrer. Obwohl die Feldhandball-Saison auf die Sommermonate begrenzt war, spielte das Wetter nicht immer mit – gerade der Regen machte es kompliziert. »Der Ball glitt einem durch die Hände, und die Spieler rutschten aus«, so Karrer. »Es war nicht sonderlich angenehm, unter solchen Bedingungen zu spielen.«

Während die Wetterbedingungen in Deutschland noch zu ertragen waren, hatten die skandinavischen Nationen stärker zu leiden – und zogen sich dementsprechend entschlossen in die Hallen zurück. Hofmann: »Die Dänen und die Schweden mussten witterungsbedingt sehr häufig in der Halle trainieren – und als sie merkten, dass sie bei Großturnieren nicht mehr mithalten konnten, haben sie irgendwann einfach nicht mehr teilgenommen.« So nahmen bei der WM 1966 nur noch sechs Mannschaften teil, 1972 war der Hallenhandball erstmals olympisch. Im Jahre 1975 wurde das letzte Mal eine Deutsche Meisterschaft ausgespielt – die der TuS Nettelstedt gewann – und der Deutsche Handballbund schloss die Akte Feldhandball. Seitdem gilt die Aufmerksamkeit der Halle – und dass der Handball mal auf dem Fußballfeld zu Hause war, ist fast vergessen …

85. GRUND

Weil Frauenhandball (nicht) wie Pferderennen mit Eseln ist

Frauenhandball ist wie Pferderennen mit Eseln: Wer genau diesen Spruch aufgebracht hat, darüber gibt es keine eindeutige Quellenlage; er wird immer wieder anderen Handballgrößen zugeschrieben. Im selben Zusammenhang wird dann von den männlichen Spöttern gerne noch Bob Hanning zitiert, der angeblich einst sagte: »Frauenhandball ist die moderne Form der Hallenblockade.« Echte Handballerinnen stehen jedoch über solchen Sprüchen – denn der Frauenhandball hat in den vergangenen Jahrzehnten eine beeindruckende Entwicklung genommen.

Belege dafür gibt es viele: Die Vereine der 1975 gegründeten Handball-Bundesliga Frauen (HBF) verzeichneten in den vergangenen Jahren wachsende Zuschauerzahlen. In Ländern wie Dänemark und Norwegen war der Frauenhandball lange Zeit gar populärer als der Männerhandball. Bei der WM 2013 wurde mit 19.250 Fans ein neuer Zuschauerrekord aufgestellt. Bei der WM 1993 holte die deutsche Frauennationalmannschaft den ersten großen Titel des DHB. Die neu ins Leben gerufenen Events – wie das Final Four um den DHB-Pokal und das Finalturnier der Champions League – werden hervorragend angenommen und begeistern mit bester Stimmung.

Dass sich der Frauenhandball unter sportlichen Gesichtspunkten vom Männerhandball unterscheidet, ist ebenfalls kein Grund für Spott. Das weibliche Spiel ist weniger auf die reine Körperkraft ausgelegt, was angesichts der unterschiedlichen physischen Voraussetzungen jedoch absolut verständlich ist. Mit einem hohen technischen Niveau und dem Fokus auf ein schnelles Spiel wird dies wettgemacht, sodass sich sogar anspruchsvollerer Handball entwickeln lässt; einfach, weil die Taktik nicht so extrem darauf ausgelegt ist, die durchschlagskräftigen Rückraumshooter in Position zu bringen.

Wer sich die Zeit nimmt und dem Frauenhandball eine Chance gibt, kann sich überraschen zu lassen – in positivem Sinne. Und für alle Frauen, die den »Pferderennen-mit-Eseln«-Vergleich nicht stehen lassen wollen, sei hier ein Vorschlag zur Entgegnung gemacht: Männerhandball ist wie Windhundrennen mit Bulldoggen.

86. GRUND

Weil er jedem Spielertyp ein Zuhause bietet

Egal, ob klein oder groß, Links- oder Rechtshänder, schmal oder bullig: Der Handball bietet jedem Spielertyp ein Zuhause. Denn die Anforderungen, welche die sieben Spielpositionen stellen, unterscheiden sich teilweise grundlegend.

So wird ein kleiner, schneller Spieler seine Heimat meist auf der linken oder – sollte er Linkshänder sein – rechten Außenbahn finden. Auf den Außenpositionen schnelle Spieler zu haben empfiehlt sich, um ein gutes Tempospiel aufziehen zu können. Zudem eignen sich viele Außenspieler – zumindest ab einer gewissen Spielklasse – ein Trickwurfrepertoire an, um den Torwart bezwingen zu können. Spieler wie Uwe Gensheimer, die Dänen Hans Lindberg oder Anders Eggert sowie Víctor Tomás vom FC Barcelona haben die Position in den vergangenen Jahren geprägt; vor ihnen machten Stefan Kretzschmar, Lars Christiansen oder Vid Kavtičnik von sich reden.

Anders als noch vor einigen Jahren, wo die Außen überwiegend rennen mussten, sind sie heute »mehr in das Spiel eingebunden«, wie Eggert beschreibt. »Heute gibt es viele Übergänge und Spielsysteme, die von Außen im Zusammenspiel mit dem Halben ausgelöst werden.« Auch, so erklärt der Däne, sei die Außen aufgrund der Entwicklung im Tempospiel »mehr in den Aufbau einbezogen als früher. Das Spiel sicher vielseitiger und komplizierter geworden.«[152]

Auch Dominik Klein spielt für gewöhnlich auf Linksaußen, auf dieser Position wurde er 2007 Weltmeister. Als der THW Kiel jedoch von Verletzungen geplagt wurde, beorderte Trainer Alfreð Gíslason den deutschen Nationalspieler auf die Spielmacher-Position. Ein anderes Beispiel ist der französische Weltmeister Kentin Mahé, der sowohl auf Linksaußen als auch auf der Mitte zu Hause ist. Vom Spielmacher wird erwartet, ein Spiel führen zu können, als Bindeglied zwischen der rechten und linken Seite zu fungieren und Akzente zu setzen. Spielverständnis und die Fähigkeit, Spiel und Gegner lesen zu können, sind hier eigentlich unverzichtbar.

Klassische Regisseure in der Bundesliga waren zum Beispiel die deutschen Nationalspieler Markus Baur oder Daniel Stephan sowie Magnus Wislander, Stefan Lövgren, Glen Solberg oder Ivano Balić. Auch die Namen Talant Dujshebaev, Jackson Richardson und Mikael Kaellmann sind unvergessen. In den vergangenen Jahren interpretierten Ausnahmespieler wie Nikola Karabatić oder Domagoj Duvnjak die Rolle des Spielmachers jedoch neu. Beide wurden zum Welthandballer gewählt, beide drücken dem Spiel ihrer Mannschaft ihren Stempel auf. »Nikola ist der perfekte Mittelmann«, lobte sein Ziehvater Noka Serdarušić. Der Franzose »verbindet Stefans [Lövgrens, Anm. d. Autors] Spielverständnis mit noch mehr Power und Wurfkraft.«[153]

Völlig andere Anforderungen als an die Strategen auf der Mitte stellt das Torwartspiel. Die Torhüter sind Individualisten im Team, Einzelkämpfer, Extremisten. »Wer sich ins Tor stellt, muss verrückt sein«, wird gerne gesagt. In Jugendmannschaften wird häufig der Neue ins Tor gestellt, wenn kein anderer will. Angst vor dem Ball darf der Mann zwischen den Pfosten nicht haben. Schnelligkeit, Reflexe und eine hohe Konzentrationsfähigkeit gehören ebenfalls zum Anforderungsprofil. Ein Torwart kann Spiele entscheiden.

Thierry Omeyer, Niklas Landin und Mattias Andersson sind ebenso wie Henning Fritz und Johannes Bitter prominente Vertreter; auch Andrej Lawrow, Andreas Thiel und Arpad Šterbik prägten das Spiel zwischen den Pfosten. Ähnlich wie auf der Mitte haben sich auch die Anforderungen an den Torwart entwickelt. »Die größte Veränderung ist sicher, dass das Spiel viel schneller geworden ist und man als Torwart viel mehr Bälle aufs Tor bekommt«[154], schätzt Henning Fritz. Was sich nicht geändert hat: Torhüter mit einer gewissen Körpergröße sind klar im Vorteil. Das Alter spielt beim Torwart hingegen eine geringere Rolle als bei den Feldspielern; Lawrow holte mit 42 Jahren noch Olympia-Bronze. Max Brustmann, der in der 2. Bundesliga auflief, fasst eins zusammen: »Es heißt also nicht umsonst, dass ein guter Torhüter wie ein guter Whisky ist – je älter, desto besser.«[155]

Neben Spielmacher und Torwart ist der Kreisläufer in den letzten Jahren immer wichtiger geworden. Talant Dushebajew ist nicht nur ein einstiger Weltklasse-Mittelmann, sondern inzwischen auch ein sehr erfolgreicher Trainer: »Ich brauche drei Super-Spieler: einen im Tor, einen auf der Mitte und einen am Kreis. Mehr nicht.«[156] Am Kreis wird Durchsetzungsvermögen gefordert und die Lust am direkten Duell und dem Kampf um Ball und Raum. Eine gewisse Körpermasse ist nicht von Nachteil, wie Kraftpaket Rolando Uríos bewies. Der spanische Kreisläufer, der 2005 Weltmeister wurde, brachte bei 1,93 Meter über 110 Kilo[157] auf die Waage und war bei Gegenspielern genau dafür gefürchtet. Hatte er erst einmal den Ball, war er nur schwer zu stoppen.

Doch ein Kreisläufer muss mehr als nur stämmig sein. »Für mich war und ist der perfekte Kreisläufer auch immer ein zweiter Spielmacher«, sagte Weltmeister Christian Schwarzer. »Ein Kreisläufer muss analysieren können, welche Mittel man gegen bestimmte Abwehrformationen braucht. Er muss Lösungen finden, die Lücken entdecken, die Sollbruchstellen des Abwehrsystems.« Neben Uríos und Schwarzer prägten Marcus Ahlm, Betrand Gille und Bartosz Jurecki die Position in den letzten Jahren. Auch Heiner Brand und Noka Serdarušić rackerten am Kreis.

Komplettiert wird die Aufstellung beim Handball durch den rechten und linken Rückraumspieler. Der linke Rückraum gilt dabei als Königsposition. Die Spieler beider Seiten – auch hier agieren bevorzugt Linkshänder auf der rechten Seite – sollten in erster Linie wurfstark sein und damit für Gefahr aus dem Rückraum sorgen. Klassische Vertreter sind hierbei Volker Zerbe, Filip Jícha oder Pascal Hens auf links sowie Kyung-shin Yoon, Aleksander Tutschkin oder auch Marko Vujin und Kim Andersson auf rechts. Doch auch eine gewisse Körpergröße, Athletik und Durchsetzungsfähigkeit im Eins gegen Eins schaden nicht.

8. KAPITEL

VON TITELN, TRAINERN UND TRIUMPHEN

87. GRUND

Weil der erste deutsche Champions-League-Sieger aus Magdeburg kam

Nenad Peruničić sank am 6-Meter-Kreis auf die Knie, ballte die Fäuste und schrie seine Freude ungehemmt heraus. Unmittelbar zuvor hatte der Rückraumspieler per Gegenstoß den Schlusspunkt unter das Rückspiel des Champions-League-Finals gesetzt: Mit 30:25 (15:10) besiegte der SC Magdeburg im April 2002 den mehrfachen ungarischen Meister Fotex Veszprem. Der Traditionsverein aus dem Osten feierte gemeinsam mit 8.000 Fans in der Bördelandhalle trotz einer 21:23-Niederlage im Hinspiel als erster deutscher Klub der Geschichte den Sieg in der 1993 eingeführten Champions League.

Nach seinem Treffer in letzter Sekunde wurde Peruničić von seinen jubelnden Mitspielern begraben. Der weit herumgekommene Rückraumspieler konnte den Erfolg in den Minuten danach kaum begreifen. »Ich habe noch keine Ahnung, was ich gerade gewonnen habe«, versuchte er, seine Gefühle in Worte zu fassen. Bereits mit Bidasoa Irun (1996) und dem THW Kiel (2000) stand der montenegrinische Nationalspieler bereits im Endspiel der Königsklasse, scheiterte jedoch beide Male am FC Barcelona. Nun sollte Peruničić gemeinsam mit Mitspielern wie Ólafur Stefánsson, Joël Abati und Oleg Kuleschow in die Annalen eingehen. Er jubelte: »Jetzt sind wir die Nummer eins in Europa – Magdeburg ist momentan die beste Mannschaft der Welt.« Mit 122 Treffern sicherte er sich zudem den Titel des Torschützenkönigs.

Die Champions League wurde erstmals 1957 ausgetragen – damals noch unter dem Namen Europapokal der Landesmeister. 1960 und 1962 sicherte sich Frisch Auf Göppingen als erste deutsche Mannschaft den Titel – es war die große Zeit der Schwaben. Insgesamt holten die Teams aus der Bundesrepublik und der DDR den

Titel bis 1993 19-mal nach Deutschland – auch der SC Magdeburg war 1978 und 1981 zweimal erfolgreich. Nach der Umbenennung des Wettbewerbs – von Europapokal der Landesmeister in Champions League – übernahmen die spanischen Vertreter die Kontrolle über den Wettbewerb – der FC Barcelona gewann die Champions League von 1996 bis 2000.

Zurück nach Magdeburg: Auch Handball-Ikone Stefan Kretzschmar lief damals für den SCM auf und steuerte drei Tore zum Sieg im Rückspiel bei. »Die Mannschaft wird geschlossen ihren Rücktritt bekannt geben – es ist ja nichts mehr zu erreichen«, scherzte der Linksaußen nach dem zweiten Titel in zwei Jahren. Im Vorjahr hatte sich der Traditionsverein die Deutsche Meisterschaft gesichert, nun folgte der Triumph in der Königsklasse. Stefánsson, mit sieben Toren bester Werfer der Magdeburger, erklärte zufrieden, die Meisterschaft habe »ein kleines Geschwisterchen bekommen«[158].

88. GRUND

Weil man zu null Meister werden kann

Am Ende stand nur noch der VfL Gummersbach zwischen dem THW Kiel und dem Rekord für die Ewigkeit. 33 Bundesligaspiele hatte der deutsche Rekordmeister in der Spielzeit 2011/2012 bereits gewonnen, erst drei Tage zuvor Absteiger Eintracht Hildesheim mit 35:24 klar geschlagen – und nun fehlte nur noch der Sieg gegen den Traditionsverein, um die Serie perfekt zu machen und die Saison ohne eine einzige Niederlage abzuschließen. Und tatsächlich: Nach der bereits sicheren Meisterschaft, dem Gewinn des DHB-Pokals und dem Triumph in der Champions League holte sich der THW auch noch dieses i-Tüpfelchen.

68:0 Punkte. 34 Siege in Folge. Keine Niederlage. Drei Titel. Ein Meilenstein. »Ein unbeschreibliches Gefühl, ich weiß nicht, was ich sagen soll«, rang der Kieler Trainer Alfreð Gíslason um Worte. Er, der ehemalige VfL-Coach, hatte trotz der auf dem Papier deutlichen Ausgangslage größten Respekt vor diesem Spiel: »Ich weiß, wie stark die Gummersbacher sind«, hatte er erklärt, um nach dem Sieg anzufügen: »Ich bin überwältigt, dass die Mannschaft das geschafft hat.«[159] Es war eine unglaubliche Dominanz, welche der THW über die gesamte Spielzeit an den Tag legte. Die Mannschaft war auf dem Höhepunkt ihrer Leistungsfähigkeit – mit dem französischen Nationaltorwart Thierry Omeyer als Rückhalt, einem Rückraum aus Nationalspielern wie dem wurfgewaltigen Kim Andersson, dem Strategen Momir Ilić, dem explosiven Daniel Narcisse und dem Dauerbrenner Filip Jícha; dazu der hünenhafte Marcus Ahlm am Kreis. Alfreð Gíslason holte aus einer Mannschaft aus Stars das Optimum heraus.

Anzudeuten begann sich die unglaubliche Serie bereits früh: Gleich im ersten Bundesligaspiel überrannte der THW angeführt von Kim Andersson den Dauerrivalen SG Flensburg-Handewitt. 35:21 (16:7) stand es am Ende; es war der höchste Derbysieg in der Geschichte der beiden Vereine. Die Kantersiege setzten sich fort: 38:20 gegen den TV Hüttenberg, 34:18 gegen den Bergischen HC und 43:24 gegen die TSV Hannover-Burgdorf (um nur einige Beispiele zu nennen).

Lediglich die Füchse Berlin hatten den Rekordmeister am neunten Spieltag beim 32:33 am Rande der Niederlage, doch Daniel Narcisse führte den THW am Ende mit neun Treffern zum Sieg. »Das ist bitter«, bilanzierte Füchse-Kapitän Torsten Laen, »da erwischt Filip Jícha einmal einen schlechten Tag und dann macht uns der Narcisse fertig.«[160]

So marschierte der THW Kiel durch die Liga und die Pokalwettbewerbe. Bereits am 1. Mai konnte der deutsche Rekordmeister den Meistertitel nach einem 32:27 gegen den SC Magdeburg feiern, da waren noch fünf Spiele zu absolvieren. Im DHB-Pokal räumte man kurz darauf im Endspiel die SG Flensburg-Handewitt aus dem Weg, in der Champions League besiegten die Kieler im Finale Ciudad Real.

Nach dem 38:24-Sieg gegen den entthronten Meister HSV Hamburg war die »Null« zum ersten Mal greifbar – und drei Wochen später Realität. Bis dahin hatten der THW und der TBV Lemgo mit 65:3 Punkten den Rekord gehalten, nun prangte die 68:0 über allem. »Null Minuspunkte in der besten Liga der Welt, das zeigt ja, was wir für einen Kader haben und was wir für eine Truppe sind«, versuchte Linkshänder Andersson die Sensation in Worte zu fassen. »Ich glaube, es wird lange dauern, bis irgendjemand das wieder schafft.«

89. GRUND

Weil es Pokale mit nur einem Namen gibt

Wer den Kampf um die Deutsche Meisterschaft langweilig findet, weil am Ende sowieso der THW Kiel gewinnt – was von 2005 bis 2015 bis auf ein Jahr tatsächlich der Fall war –, dem sei geraten, einen Blick nach Österreich zu werfen. Anschließend dürfte er sich wieder voller Freude dem Titelrennen in der Bundesliga zuwenden – denn in Österreich könnte man in der Tat vor der Saison bereits den Pokalsieger eingravieren. Seit Einführung des Pokalwettbewerbes der Frauen im Jahre 1987 gab es dort nämlich nur einen Sieger: Hypo Niederösterreich.

Jahr für Jahr sichert sich der österreichische Verein den Pokal – und dazu seit 1977 auch noch jedes Jahr durchgehend die Meisterschaft, nachdem der Titel in den ersten fünf Spielzeiten an Union Admira Landhaus ging. So sammelt Hypo bis 2015 28 (!) Double-Siege in Serie. »Der erfolgreichste Damenhandballverein der Welt«, wirbt der Klub für sich. Auch international machten die Österreicherinnen jahrelang von sich reden und gewannen achtmal die Champions League und 2013 den Pokal der Pokalsieger.

»Eigentlich fing alles ganz harmlos an«, schildert der Verein den Beginn der Erfolgsgeschichte im Jahre 1972. »Die erfolgreichen Leichtathleten Liese Prokop, Maria Sykora und Eva Janko, um nur einige zu nennen, beschließen mit Trainer Gunnar Prokop, Handball als Ausgleichssport zu betreiben. Aus dem anfänglichen Hineinschnuppern wird jedoch pure Lust am Spiel, Siege lassen nicht lange auf sich warten.«[161]

Gunnar Prokop wird zum Vater des Erfolgs und führt sein Team an die Spitze. »Wir haben einmal pro Woche eine dreiviertel Stunde trainiert. Das hat gereicht, um drei Jahre später österreichischer Meister zu werden«[162], erinnert sich der langjährige Trainer mit einem Schmunzeln. 1991 gibt Prokop sein Amt auf, doch bleibt dem Verein bis 2010 weiterhin verbunden. »Der Klub war wie mein eigenes Kind«, sagt er. Erst dann – nach 38 Jahren – zieht er sich endgültig zurück. Die international großen Zeiten liegen dort bereits hinter Hypo, doch national ist der Verein bis heute das Maß aller Dinge.

Da das Ergebnis des Titelkampfes festzustehen scheint, freut man sich bei Hypo über andere Anekdoten – so, wie die Sache mit der Wand. In der Heimhalle des Vereins erinnern Wimpel und Fahnen an der einen Längsseite an jeden Titel, doch nach dem 35. Meistertitel in Serie weiß man 2011 nicht weiter. »Die Wand ist zu kurz«[163], stellte Kati Kovács, als Frau des damaligen Trainers Ferenc Kovács, mit Blick auf die Erfolge fest. Und als wäre die Dominanz einer Hypo-Mannschaft nicht genug, dreht nun auch die zweite Mannschaft auf. Das Finale um die Meisterschaft 2015 wurde so zu einem Vereinsduell – das Hypo Eins natürlich gewann.

Randnotiz: In der Zeit, in der Hypo Serienmeister in Österreich war, gewannen in Deutschland zehn verschiedene Männer- und elf verschiedene Frauenmannschaften den Meistertitel – nur falls sich noch einmal jemand über Langeweile beklagen sollte …

90. GRUND

Weil ein Mann den Frauenhandball aus dem Schatten führte

In einem Song von Soulsänger Xavier Naidoo heißt es »Was wir alleine nicht schaffen, das schaffen wir dann zusammen«. Hätte es das Lied 1993 schon gegeben, wäre es der perfekte Soundtrack für den ersten und bisher einzigen WM-Titel der deutschen Frauennationalmannschaft. Beim ersten Großturnier nach dem Fall der Mauer spielte die vereinte deutsche Auswahl groß auf und siegte im Finale gegen Dänemark nach Verlängerung. Für die bundesdeutschen Spielerinnen ging damit ein Traum in Erfüllung, denn während die DDR-Auswahl zwischen 1971 und 1978 drei Titel geholt hatte und auch bei Olympia zwei Medaillen gewann, blieb der BRD-Mannschaft ein großer Erfolg verwehrt; erst gemeinsam mit den DDR-Spielerinnen gelang nun der Coup.

Baumeister des Erfolgs war Lothar Doering, Olympiasieger von Moskau mit der DDR. Als Co-Trainer von Heinz Strauch war er beim Gewinn der WM-Bronzemedaille 1990 dabei. Nach der Wiedervereinigung wurde der 78-fache DDR-Nationalspieler zum Trainer der gesamtdeutschen Auswahl berufen. Die Nominierung sorgte für Unruhe, doch Doering hielt dem Druck stand. Obwohl er später den SC Magdeburg trainierte, war das Engagement im Frauenhandball sein Steckenpferd. »Ich denke, es ist leichter, Frauen zu trainieren, weil Frauen einfach williger sind im positiven Sinne«, so der erfahrene Coach. »Frauen arbeiten ihre Probleme ab, Frauen sind belastbarer als Männer, Frauen fragen nicht so viel, warum so und nicht so. Wenn Frauen es einmal gefressen haben, dann ziehen sie bedingungslos mit.«[164]

So geschah es auch 1993: Mit Siegen gegen Schweden und Angola machte die deutsche Auswahl den Einzug in die Hauptrunde perfekt, wo sie umgehend drei Siege nachlegte und damit Gruppenerster wurde. Im anschließenden Finale lieferte sich die Mannschaft um Spielmacherin Andrea Bölk und Kreisläuferin Heike Axmann einen heißen Kampf mit Dänemark, behielt am Ende jedoch mit 22:21 die Oberhand. Ein Jahr später ließ die Mannschaft unter Doering bei der Europameisterschaft die Silbermedaille folgen – was für den Frauenhandball in Deutschland endgültig den Schritt aus dem Schatten bedeutete ...

Die Weltmeistermannschaft von 1993: Sabine Adamik, Heike Axmann, Andrea Bölk, Eike Bram, Carola Ciszewski, Cordula David, Michaela Erler, Sybille Gruner, Karen Heinrich, Franziska Heinz, Heike Murrweiss, Gabriele Palme, Michaela Schanze, Bianca Urbanke, Birgit Wagner und Renate Zienkiewicz. Trainer: Lothar Doering.

91. GRUND

Weil bei Verletzungspech die Trainer in die Bresche springen

Als die SG Flensburg-Handewitt im Februar 2015 für ein Spiel in der Champions League nach Polen flog, hatte der amtierende Titelträger zwei besondere Trikots im Gepäck: eines mit der Rückennummer 40 für Trainer Ljubomir Vranjes und eines mit der 4 für Co-Trainer Maik Machulla. Nicht mit dabei waren hingegen die Jerseys der acht verletzten Spieler, deren Ausfälle den Einsatz der beiden Trainer erst nötig machten. »Einer von uns fängt an«, erklärte der ehemalige Weltklasse-Spielmacher Vranjes. »Wir müssen beide bereit sein. Unglaublich, dass es so weit gekommen ist.«[165]

Bei der SG übte man sich vor dem wichtigen Spiel in der Königsklasse in Krisenmanagement. »Der 41-Jährige macht regelmäßig Kraftübungen und läuft. Er ist also durchaus im Saft«, verkündete der Verein in seiner Pressemitteilung optimistisch den Fitnesszustand des Coaches und verwies auf eine ähnliche Situation im Februar 2014: »In Zeiten eines Personalengpasses stand sein Einsatz durchaus schon einmal im Raum, doch auf dem Spielfeld tauchte er als Regisseur seit dem 20. Dezember 2008 nicht mehr auf.«

Dabei sollte es bleiben: Der 41 Jahre alte Cheftrainer verzichtete in Polen auf seine eigene Einwechslung; dafür feierte der 38-jährige Machulla sein Comeback im SG-Trikot. Der Co-Trainer, der seine Karriere 2014 nach zwei Jahren mit sporadischen Einsätzen für Flensburg beendet hatte, zog als Regisseur die Fäden und erzielte gegen Wisla Plock zwei Tore. Er konnte die Niederlage der Flensburger zwar nicht verhindern, doch unterstützte die SG in den folgenden Wochen in mehreren Bundesligapartien – und durch den möglichen Einsatz von Vranjes konnten sich die Flensburger immerhin über ein enormes Medieninteresse freuen.

Die SG war jedoch nicht der einzige Bundesligist, der auf den Einsatz von Trainern zurückgriff, um durch Verletzungen entstandene Lücken im Kader zu schließen. So lieh sich der im Aufstiegskampf steckende Zweitligist TV Bittenfeld den Gummersbacher Co-Trainer Jörg Lützelberger für die letzten Wochen der Spielzeit 2014/2015 aus. Und auch die MT Melsungen sicherte sich die Dienste eines Übungsleiters: Die Nordhessen holten Heiko Grimm aus der Schweiz zurück. Der Europameister von 2004 war als Trainer beim Erstligisten HC Kriens-Luzern beschäftigt, als der Hilferuf der MT ihn erreichte.

Grimm, der während seiner aktiven Karriere unter anderem für den TV Großwallstadt und den HSV Hamburg auflief, zögerte nicht lange: »Wenn so ein Anruf aus der Bundesliga kommt, fühlt man sich natürlich geschmeichelt. Ich finde es sehr reizvoll, noch einmal als Spieler nach Deutschland zurückzukehren, das motiviert mich unglaublich«, so der Rückraumspieler, der überzeugt ist: »Ich habe in letzter Zeit zwar nicht systematisch trainiert, aber mich durch Laufen und Krafttraining weitestgehend fit gehalten. Wenn ich bei der MT zum Einsatz komme, werde ich sicher nicht in jedem Angriff den Zweikampf suchen. Mit Erfahrung und einer gewissen Routine kann man aber sicher einiges wettmachen.«[166] So, wie schon Machulla vor ihm …

92. GRUND

Weil noch nie ein Deutscher Meister aus München kam

Jede Sportart hat ihre Hochburg: Im Fußball ist es München als Standort des FC Bayern, im Hockey richten sich die Blicke nach Hamburg, im Eishockey liegt der Fokus auf Mannheim und Berlin, und beim Volleyball dominierte der VfL Friedrichshafen in den vergangenen zwei Jahrzehnten mit 13 Meistertiteln das Geschehen. Die Heimat des Handballs ist ohne Zweifel Kiel, dessen THW als deutscher Rekordmeister und mehrfacher Pokalsieger auf nationaler wie internationaler Ebene brilliert. Hier hat der Norden im Vergleich zum Fußball die Nase vorne: Aus München kam noch nie ein Deutscher Meister, seit 1948 eine Deutsche Meisterschaft im Hallenhandball ausgetragen wurde.

So ist Frisch Auf Göppingen mit neun Meistertiteln zwischen 1954 und 1972 der südlichste Deutsche Meister der deutschen Geschichte. Dabei war gerade der erste Titel ein Coup: Bei einem tragischen Autounfall auf dem Rückweg von einem Spiel in Hamburg trugen sechs Spieler so schwere Verletzungen davon, dass sie ihre aktiven Karriere beenden mussten. Für das Sextett rückten sechs Spieler der vereinseigenen A-Jugend in die erste Männer-Mannschaft auf und wurden sofort ins kalte Wasser geworfen. Jung und frech überzeugten die von Vereinslegende Bernhard Kempa ausgebildeten Nachwuchskräfte auf ganzer Linie und besiegten im Finale den großen Favoriten PSV Hamburg mit 10:7.

Neben Göppingen (9) und dem PSV (4) prägten der VfL Gummersbach (12) und der TV Großwallstadt (6) lange Jahre den Meisterschaftskampf im DHB. In der DDR waren der SC Magdeburg (10), der SC Empor Rostock bzw. dessen Vorgänger Motor Rostock (10) sowie der SC DHfK Leipzig (9) die großen Vereine. Auch im Feldhandball kam nie ein Meister aus München – zumindest bei den Männern. Bei den Frauen holte sich PSV München 1950, 1955, 1957 und 1959 den Titel auf dem Großfeld.

93. GRUND

Weil in einem Jahr alle Europapokale nach Deutschland gingen

2007 war ein erfolgreiches Jahr für den deutschen Handball – nicht nur, weil die Männernationalmannschaft im Januar die Weltmeisterschaft holte. Auch im Vereinshandball stellten die Teams aus der Bundesliga ihre Dominanz unter Beweis: Alle drei europäischen Pokale gingen nach Deutschland. Der THW Kiel setzte sich die Krone in der Champions League auf, der SC Magdeburg triumphierte im EHF-Cup, und der HSV Hamburg machte den »Titel-Hattrick« im Europapokal der Pokalsieger perfekt. Der Triple-Gewinn in allen drei Wettbewerben war zuvor 1994 und 1995 der spanischen Liga Asobal gelungen.

Selbst für den erfolgsverwöhnten deutschen Rekordmeister dürfte dies ein ganz besonderer Titelgewinn gewesen sein: Der THW Kiel holte im Finalderby gegen den Nordrivalen SG Flensburg-Handewitt zum ersten Mal in seiner Vereinsgeschichte die Königsklasse. Nach einem 28:28 im Hinspiel siegten die Kieler im Rückspiel mit 29:27. »Ich würde diesen Triumph als unglaublich bezeichnen«[167], ließ sich selbst der sonst so reservierte THW-Coach Zvonimir Serdarušić zu einem Superlativ hinreißen.

Bereits wenige Stunden vor dem THW hatte der SC Magdeburg zum dritten Mal in der Historie den EHF-Cup gewonnen. Nach

1999 und 2001 sicherte sich der Ostklub mit einem 31:28 gegen CAI Aragon Saragossa (Hinspiel: 30:30) den Pokal. »Wir werden zwei Tage durchtrinken«, kündigte Oliver Roggisch an, für den es nach dem WM-Sieg im Januar der zweite Titel des Jahres war. Ein ganz besonderer Tag war es auch für das Magdeburger Eigengewächs Christoph Theuerkauf. »Davon habe ich mein ganzes Leben geträumt«, erklärte der Kreisläufer. »Ich war früher Fan und habe selbst auf dem Balkon zugejubelt, jetzt kann ich das alles selber mitmachen.«

Die dramatischste Entscheidung fiel beim HSV Hamburg. Nach einem 28:24-Heimsieg mussten die Hanseaten in Spanien bis zur letzten Sekunde buchstäblich zittern. Erst wenige Sekunden vor Schluss machte Kyung-shin Yoon mit seinem Treffer zum 33:37 den Triumph perfekt. »Wir haben den Pott verdient gewonnen, weil wir insgesamt die bessere Mannschaft waren«, bilanzierte HSV-Trainer Martin Schwalb.

Es war die Krönung der deutschen Saison auf internationalem Parkett: Nachdem die Nationalmannschaft im Januar bereits Spanien als Weltmeister abgelöst hatte, triumphierten nun nach langen Jahren der iberischen Dominanz auch die Vereine. »Wir sind auf Augenhöhe mit den Spaniern«[168], war die Freude auch bei Bundesliga-Geschäftsführer Frank Bohmann entsprechend groß. 2010 wiederholten die deutschen Teams das Triple: Kiel holte die Champions League, der TBV Lemgo sicherte sich den EHF-Cup, und der VfL Gummersbach triumphierte im Pokalsieger-Wettbewerb.

Randnotiz: Wenn man es genau nimmt, gingen übrigens nicht alle europäischen Pokale nach Deutschland: Im unterklassigen Challenge Cup sicherten sich UCM Resita (2007) und RK Koper (2010) den Titel. Doch der Pokal hätte auch gar nicht nach Deutschland gehen können – denn es durfte kein deutscher Verein an den Start gehen.

94. GRUND

Weil es Island den größten Erfolg
seiner Sportgeschichte bescherte

Wenn Guðmundur Guðmundsson an die Vorbereitung auf die Olympischen Spiele 2008 denkt, muss er immer noch grinsen. Bei der Europameisterschaft nur wenige Monate vor dem Großereignis war Island in der Hauptrunde ausgeschieden, im ganzen Turnier hatte seine Mannschaft nur einen Sieg geholt. Nach dem Ausscheiden stellte sich Guðmundsson vor seine Mannschaft und trug ihr sein Ziel für die Olympischen Spiele in Peking vor: eine Medaille. »Alle Spieler haben mich angeguckt: Der ist bekloppt!«, schmunzelt der Nationaltrainer.

Ein erstes Ausrufezeichen setzte die Auswahl des Inselstaats bereits in der Vorrunde in Peking. Island bezwang den amtierenden Weltmeister Deutschland mit 33:29. Während das für die DHB-Auswahl der Anfang vom Ende war – die deutsche Mannschaft schied in der Vorrunde aus –, begann für die Isländer eine Erfolgsgeschichte. Als Gruppendritter zog das Team von Guðmundsson ins Viertelfinale ein. Das 32:30 gegen Polen bescherte ihnen den Einzug ins Halbfinale, wo Favorit Spanien mit 36:30 besiegt wurde. Island stand im Finale der Olympischen Spiele – die von Guðmundsson angepeilte Medaille war sicher. Für den Trainer war die Mentalität der Isländer ein entscheidender Faktor für den Erfolg: »Wir sind Kämpfertypen, spielen mit Herz Handball. Faktoren wie Stolz, Herz und Ehre kommen zusammen, das ist fast ein bisschen verrückt«, freute sich Guðmundsson.

Doch was war das Entscheidende für den Erfolg von Peking? »Wir haben gesagt: Unsere Vorbereitung ist der Schlüssel zum Erfolg«, erinnert sich Guðmundsson. Daher wurden jedes einzelne Training und die Leistung jedes einzelnen Spielers beurteilt. »Wir haben oft Fußball gespielt. Auch dabei wurde beurteilt, ob ein bestimmter Spieler es gut gemacht oder alles gegeben hat.« Alles, was in der Vorbereitung gemacht wird, wird von den Spielern selbst protokolliert. Alles wird gemessen und beurteilt. »Damit macht man den Spielern bewusst, was eine gute Vorbereitung ausmacht und lenkt den Fokus voll darauf.«

Am Ende gab es einen Spieler, der die Vorbereitung »gewonnen« hat, der die meisten Punkte gesammelt hat. »Der hat einen Preis bekommen, den hat die Mannschaft selbst gekauft«, verriet Guðmundsson. »Die haben um diesen Preis gekämpft bis zum letzten Training.« Damit gelang es dem erfahrenen Trainer, ein allgemeines Bewusstsein über die Bedeutung der Vorbereitung zu schaffen und alle mit einzubinden und zu motivieren, die Ziele zu erreichen.

Das gelang Guðmundsson für das Turnier in Peking – und die Mannschaft elektrisierte das ganze Land. »Gut 316.000 Isländer schauen am Sonntag nach Peking: Wenn die Handball-National-mannschaft von der Vulkaninsel bei den Olympischen Spielen im Finale gegen Frankreich spielt, geht es um das erste Olympia-Gold überhaupt für das Land im Nordatlantik«, schilderte der Sport-Informations-Dienst vor dem Finale die entfachte Begeisterung. »Spätestens seit dem Vorrundensieg gegen Weltmeister Deutschland fiebert die Nation mit, in den Kinos laufen Live-Übertragungen aus China.«[169]

Für die absolute Krönung reichte es in Peking zwar nicht – Frankreich gewann das Finale mit 28:23 –, doch den Stolz der Isländer konnte das nicht mindern. »Ich bin so stolz. Wir haben schon vorher gesagt: Egal, wie es ausgeht, wir feiern«[170], erklärte auch Logi Geirsson, der beim Bundesligisten TBV Lemgo spielte, nach Abpfiff. Wenige Minuten nach dem Schlusspfiff verkündete der isländische Präsident Ólafur Ragnar Grímsson einen Feiertag, sodass alle Isländer arbeitsfrei bekamen.

Die Silbermedaille war der größte Erfolg der isländischen Sport-geschichte – und erst die vierte Olympiamedaille der Geschichte.

1984 hatte Judoka Bjarni Asgeir Friariksson die Bronzemedaille geholt, ebenso wie die Stabhochspringerin Vala R. Flosadottir 2000 in Sydney. 1956 hatte Dreispringer Vilhamjur Einarsson die für lange Zeit einzige Silbermedaille des Inselstaats geholt – bis die Isländer 2008 überraschten und ihr Land in einer prestigeträchtigen Mannschaftssportart ins Finale führten.

95. GRUND

Weil Noka Serdarušić den THW an die Spitze führte

Als Noka Serdarušić 1993 beim THW Kiel vorgestellt wurde, war der Verein noch kein deutscher Rekordmeister. Die letzte Meisterschaft lag 30 Jahre zurück, die Vorsaison hatte der Klub auf dem siebten Platz abgeschlossen. Der gebürtige Kroate wechselte vom Lokalrivalen SG Flensburg-Handewitt an die Förde und verkündete: »Diese Stadt, diese Fans verdienen die Meisterschaft. Innerhalb von zwei Jahren will ich das geschafft haben. So lange geht mein Vertrag.«[171] Das ließ die Münder der Zuhörer zunächst offen stehen – doch Serdarušić brauchte die angepeilten zwei Jahre nicht: 1994 stemmte Kapitän Magnus Wislander erstmals die Meisterschale in die Höhe. Unter Serdarušić folgten noch zehn weitere Meisterschaften, fünf Pokalsiege und als Krönung der Triumph in der Champions League 2007. Nach dem Bestechungsskandal wurde der Vertrag im Juni 2009 aufgelöst.

Es ist jedoch trotzdem eine unglaubliche Erfolgsbilanz, die Serdarušić mit dem THW Kiel vorzuweisen hat. Er formte die Zebras gemeinsam mit Manager Uwe Schwenker zu einer Spitzenmannschaft, welche die Bundesliga jahrelang dominierte. Lediglich viermal verfehlte der THW in seiner Amtszeit die Meisterschaft, welche von den Fans zunehmend erwartet wurde. »Vor zwanzig Jahren, als ich hier selbst spielte, war unser einziges Ziel, in der Klasse zu bleiben«, stellte Serdarušić 2002 kopfschüttelnd fest und erinnerte an die erste Pressekonferenz, bei der er die Schale als Ziel ausgab: »Die Journalisten guckten mich mit lachenden Gesichtern an. Heute ist das selbstverständlich, aber damit muss ich leben.«[172]

1980 war Serdarušić von Partizan Bjelovar an die Förde gewechselt, wo er als Spieler ein Jahr blieb – und als Trainer später 15 Jahre: »Als ich in Kiel angefangen habe, hat Uwe Schwenker gescherzt: Du wirst bei uns das, was Otto Rehhagel in Bremen ist. Damals habe ich noch darüber gelacht. Aber geglaubt habe ich es nicht. Rehhagel ist ein hervorragender Trainer. Deshalb ehrt mich dieser Vergleich.[173] Und auch andere ehrten ihn: Serdarušić wurde dreimal zum Trainer der Saison und dreimal zum Trainer des Jahres gewählt.

Nichtsdestotrotz war Serdarušić ein Trainer, der polarisiert: auf der einen Seite der väterliche Freund seiner Spieler, auf der anderen Seite als Sturkopf und Feldwebel verschrien. »Noka ist der beste Fachmann, den es im Handball gibt. Er will einfach mit der Mannschaft arbeiten, und mit allem anderen soll man ihn in Ruhe lassen«, erklärte Schwenker einst. Der Manager ist überzeugt, dass genau darin das Erfolgsrezept in Kiel liege. Man habe ihn »geschützt wie einen Polarbären«[174]. Serdarušić konnte in Ruhe und unangefochten arbeiten. »Handball ist etwas anderes als ein Job, man muss es im Herzen und im Blut haben, das muss man lieben«[175], umriss er seine Begeisterung einst.

Denselben Einsatz erwartet er von seinen Spielern – und die wissen, was sie an ihrem Trainer haben. Serdarušić könne jedem noch so guten Spieler in jeder Trainingseinheit noch etwas Neues beibringen, formulierte es Kiels Ex-Kapitän Marcus Ahlm. Serdarušić machte Magnus Wislander, Stefan Lövgren und Nikola Karabatić zu Weltstars und schaffte es immer wieder, seine Neuzugänge zu integrieren und das THW-Team neu zu motivieren. Abnutzungserscheinungen gab es nicht, genauso wenig wie ein Zufriedengeben mit der Vizemeisterschaft. Der Hunger nach Titeln prägt die gemeinsame Zeit von Serdarušić und dem THW. Für den Trainer selbstverständlich: »Wenn ich heute ausgiebig und fürstlich speise, muss ich dann am nächsten Tag nichts mehr essen?«[176] Mehr gibt es eigentlich nicht zu sagen.

96. GRUND

Weil ein Bart Geschichte schrieb

Auf dem Höhepunkt ihres Triumphes trugen die Weltmeister von 2007 plötzlich Bärte. Die ganze Mannschaft – vom Routinier Christian Schwarzer bis zum »Küken« Dominik Klein – tanzte aus der Kabine, mit Pappkronen auf dem Kopf und angeklebten Schnauzbärten. Ersteres eine Erinnerung an die Weltmeister von 1978, Letzteres eine Hommage an ihren Trainer Heiner Brand, den Baumeister des Erfolgs.

Immerhin durfte Brand 2007 seinen Bart behalten – anders als nach dem Europameistertitel 2004. »Mein Schnurrbart fiel noch am selben Abend. Die Rasur wurde zum Medienspektakel«, erinnert sich Brand in seiner Biografie an jenes denkwürdige Ereignis in Slowenien. »Für meine Spieler, die sich als Barbiere versuchen durften – ich habe nur die an meine Haarpracht rangelassen, die schon viele Jahre Nationalmannschaft auf dem Buckel hatten –, war es ein sichtliches Vergnügen. Mir war's recht. Ich war glücklich.«[177]

Den ersten Schnitt durfte damals gegen 21:30 Uhr Abwehrchef Klaus-Dieter Petersen setzen, es folgten Christian Schwarzer, Stefan Kretzschmar, Markus Baur, Volker Zerbe und Daniel Stephan. »Den Bart kann man nicht einfach so abrasieren, Heiner soll ja schon mit Schnauzer zur Welt gekommen sein«, scherzte Delegationsleiter Horst Bredemeier. Die Spieler und ihren Trainer scherte das nicht, es war eine alte Wettschuld eingelöst. Bereits vor dem EM-Endspiel 2002 und dem WM-Finale 2003 hatten die Spieler nämlich angekündigt, ihren Trainer im Falle eines Sieges zu rasieren – doch beide Male unterlag die DHB-Auswahl, und der Bart blieb dran.

Auch nach dem EM-Sieg 2004 ließ Brand sich den Schnauzer wieder wachsen, der Bart ist bis heute das Markenzeichen Brands, der deswegen einst den Spitznamen Antje – angelehnt an das ebenfalls schnauzbärtige Walross des NDR – verliehen bekam. Wachsen ließ sich der langjährige Nationaltrainer den Bart übrigens im Sommerurlaub 1973 in Frankreich, weil, wie er sagt, »es damals Mode war«.

So trägt Brand bereits auf den Fotos aus seiner aktiven Karriere meist den Schnauzbart. Meist. Denn bereits vor jenem Abend in Slowenien fiel der Schnauzbart des Heiner Brand zweimal der Rasierklinge zum Opfer. Wenige Monate nach seinem Sommerurlaub war der damalige Nationalspieler gemeinsam mit dem Hüttenberger Uli Schaus und dem Großwallstädter Arno Böckling auf dem Weg in die damalige Tschechoslowakei. Doch der Weg des Trios zum B-Länderspiel verzögerte sich – die Grenzbeamten in Cheb ließen Brand nicht passieren. Der Grund? Sein Passfoto im Visum zeigte ihn bereits mit Schnauzer, das im Reisepass ohne. Brand sei nicht die Person auf dem Reisepass, erklärten die Grenzbeamten schroff und schickten die Handballer nach sechs Stunden Wartezeit zurück an die deutsche Grenze. Dort rasierte sich Brand den Schnauzer ab, ließ ein neues Foto für das Visum machen und konnte so schließlich doch noch zum Länderspiel nach Pilsen reisen.

Das zweite Mal verabschiedete sich Brand 1982 von seinem wiedergewachsenen Schnauzbart, nachdem er mit dem VfL Gummersbach zum fünften Mal die Deutsche Meisterschaft gewonnen hatte. Für 3.000 Mark wurde der Schnauzer damals im Festzelt versteigert. Auch 2004 versteigerte Sportsender DSF den Bart für einen guten Zweck. Und nach dem Weltmeistertitel 2007 bescherte sein Bart dem Bundestrainer gar noch einen weiteren Titel: Heiner Brand erhielt die Auszeichnung für den »Bart des Jahres 2007«.

97. GRUND

Weil der »ewige Zweite« Erster werden kann

Um die Jahrtausendwende war es nicht einfach, Anhänger der SG Flensburg-Handewitt zu sein. 1996 – Vizemeister hinter dem THW Kiel. 1997 – Vizemeister hinter dem TBV Lemgo. 1999 – Vizemeister hinter dem THW Kiel. 2000 – Vizemeister hinter dem THW Kiel. 2003 – Vizemeister hinter dem TBV Lemgo. Es waren schwierige Jahre für die Norddeutschen: Auf der einen Seite gehörten sie ohne Zweifel zur deutschen Spitze, stellten Jahr für Jahr eine Topmannschaft und sammelten international mehrere Titel. Auf der anderen Seite fehlte in der Bundesliga immer ein Stück, war eine Mannschaft immer noch besser.

Besonders tragisch war das Jahr 2000: In der Meisterschaft lag Flensburg mit dem großen Rivalen Kiel nach Punkten gleichauf, der THW hatte jedoch aufgrund der besseren Tordifferenz die Nase vorne[178]. Auch im Finale des DHB-Pokals behielt der THW knapp die Oberhand – erst in der Verlängerung fiel die Entscheidung. Und um die Pechsträhne perfekt zu machen, schnappte Metkovic Jambo der SG den EHF-Cup mit einem mehr erzielten Auswärtstor weg. Der Mythos des »ewigen Zweiten« war zementiert.

Die SG stemmte sich jedoch mit aller Kraft gegen diese Titulierung. »Ich möchte in den nächsten drei Jahren die Nummer eins werden«, erklärte Thorsten Storm, als er 2002 die Geschäftsführung der SG übernahm. International hatte sich die SG mit den Siegen im EHF-Cup (1997), dem EHF-City-Cup (1999) und dem Europacup der Pokalsieger (2001) bereits ein gutes Standing erarbeitet – und die Mannschaft um Torwart Jan Holpert, Kapitän Sören Stryger und den dänischen Linksaußen Lars Christiansen war gereift. 2003 glückte der erste nationale Titelgewinn: Mit einem 31:30 gegen den TuSEM Essen sicherten sich die Flensburger den DHB-Pokal. »Die Vergangenheit haben wir erst mal besiegt«, befand Storm danach freudetrunken, Christiansen erklärte: »Ich kann versprechen, dass das nicht unser letzter Titel ist.«[179] Die Fachzeitschrift *HM – das Handballmagazin* titelte in ihrer nächsten Ausgabe kurz und knapp: »13. April 2003 – oder das Ende des ewigen Zweiten SG Flensburg-Handewitt.«

Spätestens im folgenden Jahr distanzierte sich die SG unter ihrem neuen Trainer Kent-Harry Andersson endgültig von dem Spott: Mit dem Schweden an der Seitenlinie glückte gleich im ersten Jahr das Double. Am 2. Mai sicherte sich Flensburg mit einem 29:23 gegen den HSV Hamburg zum zweiten Mal in Folge den DHB-Pokal, zwei Wochen später folgte die Krönung: Das 41:32 über die HSG Nordhorn besiegelte die erste Meisterschaft der Vereinsgeschichte. »Geht doch«, prangte auf den Rücken der Meistershirts, in welchen die Spieler auf der Bühne feierten.

Wie sehr man sich in Flensburg über den Spott des »ewigen Zweiten« geärgert hatte, offenbarte Lars Christiansen einige Jahre später. »Es hieß lange Jahre: Flensburg – der ewige Zweite. Das ist unfair und unqualifiziert«, fand der Däne deutliche Worte. »Wir wurden Verlierer genannt, weil Kiel eben noch besser war als wir. Der THW durfte schon sticheln, aber alle anderen? Alles Leute und Vereine, die hinter uns waren. Die mit ihrer Häme ihre eigene Unterlegenheit kaschieren wollten.«[180]

Trotzdem mussten die Flensburger Jahre später erneut Witze über den »ewigen Zweiten« erdulden. Die Mannschaft zog 2011, 2012, 2013 und 2014 ins Finale um den DHB-Pokal ein, musste sich jedoch jedes Mal geschlagen geben. Mit den Titelgewinnen in der Champions League – gerade einmal zwei Wochen nach dem verlorenen Finale um den DHB-Pokal – und dem Pokalsieg im folgenden Jahr beendeten die Flensburger die Witze auf ihre Kosten jedoch erneut aus eigener Kraft …

98. GRUND

Weil ein Magier Deutschland zum Titel führte

Kopenhagen, 5. Februar 1978: In der Brøndby-Halle fiebern 7.000 Zuschauer dem Finale zwischen der deutschen und der sowjetischen Nationalmannschaft entgegen. Es ist das Duell Ost gegen West, Favorit gegen Außenseiter. Rund 2.000 deutsche Fans hatten sich auf allen erdenklichen Wegen Karten für das Finale besorgt, und nach 60 nervenaufreibenden Minuten sollten sich die Fans, wie die Spieler auf dem Parkett, in den Armen liegen. Außenseiter Deutschland hatte den großen Favoriten Sowjetunion mit 20:19 (11:11) bezwungen und war erstmals nach 1938 wieder Weltmeister im Hallenhandball. Ein Erfolg, von dem der deutsche Handball zehrte, bis 2007 der dritte WM-Sieg gelang.

Der unbestrittene Baumeister des Erfolgs war Trainer Vlado Stenzel, der nach dem Triumph als »Magier« gefeiert und mit einer goldenen (Papp-)Krone auf dem Kopf von deutschen Fans durch die Halle getragen wurde. Er, der mit Jugoslawien 1972 Olympiasieger geworden war, hatte die Nationalmannschaft 1974 an einem Tiefpunkt übernommen. Bei Olympia im eigenen Land versagt, bei der WM 1974 in der DDR nur Neunter – es war klar, dass ein Neuaufbau nötig war. Diesen setzte Stenzel ebenso konsequent wie erfolgreich um. Er verlangte dabei absolute Disziplin seiner Spieler und zeigte keinen Respekt vor großen Namen.

So ging die deutsche Auswahl mit einem Altersschnitt von 23,6 Jahren als jüngstes Team in das WM-Turnier 1978. Kapitän Horst Spengler mit 28 Jahren und Abwehrchef Heiner Brand im Alter von 25 Jahren galten schon als die erfahrenen Spieler. Lediglich Torwart Manfred Hofmann vom TV Großwallstadt war beim WM-Sieg bereits 30 Jahre – seit sechs Tagen.

Die Vorrunde barg mit den Spielen gegen die Tschechoslowakei und Jugoslawien zwei Stolpersteine, doch die deutsche Auswahl konnte zwei Siege verbuchen: Im ersten Spiel ließen die Mannen um Heiner Brand im ersten Durchgang nur fünf Tore zu und siegten 16:13, gegen Jugoslawien triumphierte man mit 18:13 – auch dank Keeper Hofmann, der im zweiten WM-Spiel gegen Kanada (20:10) ausgesetzt hatte, um die Wurftechniken der Jugoslawen zu studieren. Neben Hofmann präsentierten sich Joachim Deckarm und Arnulf Meffle (sieben Tore) stark.

In der Hauptrunde wurde das Turnier dann kurios. Nicht nur das Bruderduell zwischen der BRD und der DDR, die ihre Gruppe trotz einer Niederlage gegen Ungarn dank eines Sieges gegen Rumänien für sich entschieden hatte, endete mit einem Unentschieden (14:14), auch das deutsche Duell mit Rumänien hatte keinen Sieger (17:17). Da die DDR jedoch in ihrem abschließenden Spiel gegen Jugoslawien nicht über ein 16:16 hinauskam, zog die DHB-Auswahl ohne einen Sieg in der Hauptrunde ins Finale ein. Man profitierte von dem deutlichen Vorrundenerfolg gegen Jugoslawien, den das Stenzel-Team mit in die Hauptrunde genommen hatte.

Gegner im Finale sollte die Mannschaft der Sowjetunion sein, die als der klare Favorit galt. Angesichts der körperlichen Überlegenheit der sowjetischen Spieler machte in einigen deutschen Blättern der Vergleich von David und Goliath die Runde. »Am Abend vor dem Endspiel soll der DDR-Spieler Wolfgang Böhme sich zu Kurt Klühspies und mir aufs Zimmer geschlichen haben und uns Tipps gegeben haben, wie man die Russen schlagen könnte«, schreibt Abwehrchef Brand in seiner Biografie. »Kurt erzählt bis heute, dass Böhme Spielzüge mit Bierdosen nachgestellt habe. Diese Bierdosen haben wir vorher austrinken müssen, meint er.«[181]

Sollte das der Fall gewesen sein, schadete es Brand und Klühspies zumindest nicht. Die Deckung um den Abwehrspezialisten Brand stand, Hofmann parierte zudem bereits in der ersten Halbzeit drei Siebenmeter. Allerdings verwandelten die Sowjets trotzdem noch acht. Die Anzahl von elf Strafwürfen in einer Begegnung der damaligen Zeit zeigt, wie konsequent die deutsche Deckung zu Werke ging und wie hart sich die sowjetische Auswahl jeden Treffer erkämpfen musste. Deutschland kam so wieder heran und konnte quasi mit dem Halbzeitpfiff durch Joachim Deckarm zum 11:11 ausgleichen.

Im zweiten Durchgang war es der in der 39. Minute eingewechselte Dieter Waltke, der die deutsche Auswahl mit drei Treffern in 193 Sekunden auf die Siegerstraße brachte. Nach dem Treffer zum 16:12 wechselte Bundestrainer Stenzel ihn jedoch sofort wieder aus. »Spötter sprachen später davon, dass Stenzel die drei Tore Waltkes gar nicht mitbekommen habe, da er Ehret instruiert habe«, schrieb das Fachportal handball-world.com in einem Rückblick auf das Finale. »Waltke musste die verbleibenden siebzehn Minuten auf der Bank zittern, zittern wie die 2.000 deutschen Fans in der Halle und die unzähligen deutschen Handball-Fans vor den Fernsehern oder Radiogeräten in Deutschland, übrigens in West und Ost.«

Denn das 20:16, das Kapitän Spengler erzielt hatte, geriet durch einen Schlussspurt der Sowjets noch einmal in Gefahr: Bis auf 20:19 kämpfte sich der Favorit heran, doch der Spielzug im letzten Angriff misslang. Damit war die Chance auf Verlängerung für die UdSSR dahin – und Deutschland war Weltmeister. Brand erinnert sich: »Die deutschen Fans, die das Spielfeld stürmten – es gab keine Ordner, die sie hätten aufhalten können –, die Krone, die sie Stenzel aufsetzten, bevor sie ihn auf Schultern durch die Halle trugen, die Ehrenrunde, unser Betreuer- und Offiziellenstab, der ähnlich körperlich kämpfte wie zuvor gegen die Russen auf dem Spielfeld, um uns in all dem Trubel einen Weg in die Kabine zu bahnen – diese Momente sind natürlich für immer in meinem Gedächtnis, immer abrufbar.«[182] Und Vlado Stenzel war endgültig zum Magier geworden.

Das Welmeister-Team von 1978: Manfred Hofmann, Rainer Niemeyer, Rudi Rauer, Richard Boczkowski, Heiner Brand, Joachim Deckarm, Arno Ehret, Claus Fey, Manfred Freisler, Claus Hormel, Kurt Klühspies, Arnulf Meffle, Gerd Rosendahl, Horst Spengler, Dieter Waltke und Erhard Wunderlich. Trainer: Vlado Stenzel.

99. GRUND

Weil drei verschiedene deutsche Mannschaften hintereinander die Champions League gewannen

Am 31. Mai 2014 konnte es Carles Puyol nicht fassen. Der ehemalige Fußballstar und dreimalige Champions-League-Sieger verfolgte in der Kölner Lanxess-Arena, wie sein FC Barcelona in den letzten zehn Minuten einen 6-Tore-Vorsprung verspielte und am Ende im Siebenmeterwerfen unterlag. Das spanische Topteam verlor im Halbfinale der Champions League gegen aufopferungsvoll kämpfende Flensburger völlig den Faden – wobei die Kulisse ihren Teil dazu beitrug. Bis auf eine Handvoll stellten sie die »neutralen« Zuschauer hinter die SG; selbst THW-Fans feuerten den großen Rivalen an. »Jeder Deutsche in dieser Arena ist gegen Barcelona«, kommentierte EHF-Reporter Tom Ó'Brannagáin fasziniert. »Das ist der Grund, warum es für ein Team, das nicht aus Deutschland kommt, so schwer ist, hier zu gewinnen.«

Damit traf der irische Reporter den Nagel auf den Kopf – in den ersten fünf Jahren seit der Einrichtung des Final-Four-Turniers 2010 gingen vier von fünf Titeln an deutsche Mannschaften. Beeindruckend war die Serie zwischen 2012 und 2014: In diesem Zeitraum holten drei verschiedene deutsche Mannschaften die Krone in der Königsklasse. 2012 setzte sich der favorisierte THW Kiel durch, 2013 überraschte der HSV Hamburg und 2014 krönte sich Flensburg – im Finale gegen den THW – zum Sieger.

Es ist schwer zu sagen, welcher Titelgewinn der beeindruckendste war: Der des THW, als der deutsche Rekordmeister erneut das Triple perfekt machte? Der des HSV, die als großer Außenseiter angereist waren, im Halbfinale den THW ausschalteten und dann den FC Barcelona in der Verlängerung bezwangen? Oder der Triumph der SG, die sowohl im Halbfinale gegen Barcelona als auch im Endspiel gegen Kiel einen deutlichen Rückstand drehten? Eine Entscheidung zu treffen ist nicht möglich – es sind drei Geschichten, die jede für sich faszinierend sind und in der Gemeinsamkeit ein Indiz für die Dominanz der so oft beschworenen »stärksten Liga der Welt«. Die Bundesliga zog damit mit der spanischen Liga Asobal gleich. Von 1994 bis 1996 ging der Champions-League-Titel an CB Cantabria Santander, Bidasoa Irun und den FC Barcelona.

Die Geschichte des Kieler Titelgewinns ist die Krönung einer makellosen Saison: Der Champions-League-Sieg war das i-Tüpfelchen nach dem Sieg im DHB-Pokal und einer Bundesligasaison ohne Punktverlust. Im Halbfinale in Köln bezwangen die Kieler den Ligakonkurrenten Füchse Berlin mit 25:24, im Finale wurde Atletico Madrid mit 26:21 distanziert. »Das ist vielleicht die beste Kieler Mannschaft aller Zeiten, das war ein super Spiel, wir sind einfach nur überglücklich«[183], gab der scheidende Kapitän Marcus Ahlm danach zu Protokoll.

Auf dieser Dominanz beruht die Geschichte des folgenden Jahres: Xavi Pascual, der Trainer des FC Barcelona, hatte 2013 so fest damit gerechnet, dass der THW den HSV Hamburg im zweiten Halbfinale bezwingen würde, dass er auf ein ausführliches Videostudium der Hanseaten verzichtet hatte. Entsprechend hektisch ging es am Samstagabend bei den Katalanen zu, musste man sich doch auf den unerwarteten Gegner vorbereiten. Auch das half jedoch nichts – da einer groß aufspielte, den keiner auf der Rechnung hatte: Michael Kraus lieferte sein bestes Spiel im HSV-Trikot ab, setzte die Impulse im Spiel und war am Ende mit sechs Toren bester Werfer. Er, der Kritisierte, der Gescholtene, das ewige Talent, führte den HSV zum größten Erfolg seiner Vereinsgeschichte. »Unfassbar, man kann das überhaupt nicht beschreiben«, so der Spielmacher danach. »Großes Kompliment an die Mannschaft, wir haben das Publikum begeistert. Jetzt dürfen wir uns die Könige von Europa nennen. Meine Emotionen kochen über.«[184]

Im folgenden Jahr setzte sich mit der SG Flensburg-Handewitt der dritte deutsche Verein hintereinander durch. Für den »ewigen

Zweiten« war es der große Triumph. Das Drehbuch für diesen Erfolg hätte man nicht besser schreiben können: Nach dem dramatischen Halbfinalsieg gegen Barcelona wartete im Finale der THW – womit sich der SG die Chance bot, für das auf so dramatische Weise verlorene Champions-League-Endspiel 2007 Revanche zu nehmen. Die Mannschaft von Ljubomir Vranjes, der damals selbst auf dem Feld gestanden hatte und nun die Verantwortung an der Seitenlinie trug, gelang das auf beeindruckende Weise – auch, weil Youngster wie Hampus Wanne und Bogdan Radivojevic ihren Mann standen.

»Flensburg unerwartete Handball-Helden«, titelte der NDR nach dem 30:28-Coup der SG. »Was die Mannschaft abgeliefert hat, ist unglaublich«, erklärte Flensburg Geschäftsführer Dierk Schmäschke fassungslos. »Es ist ein Traum wahr geworden. Diese Mannschaft hat Geschichte geschrieben. Es ist der absolute Wahnsinn, ich kann das noch gar nicht begreifen.«[185] Ebenso war es Puyol am Vortag gegangen – als das Pendel im deutsch-spanischen Dauerduell in Köln erneut zugunsten der deutschen Teams ausschlug …

100. GRUND

Weil ein Weltmeister die Weltmeister von morgen formt

Europameister, WM-Bronze, Europameister, WM-Bronze: Die Erfolgsbilanz von Markus Baur in seiner noch jungen Trainerkarriere kann sich sehen lassen. Mit den Junioren des Deutschen Handballbundes sammelt der Weltmeister von 2007 seit mehreren Jahren Titel und hat dabei Spieler geformt, die in den kommenden Jahren die Weltmeister von morgen sein können. Von den Baur-Schützlingen haben u.a. Fabian Wiede, Paul Drux, Simon Ernst und Yves Kunkel bereits Erfahrungen in der A-Nationalmannschaft gesammelt; Toptalent Drux stand bei der WM 2015 bereits im Kader des Männerteams. Für Baur ist das eine Bestätigung seiner Arbeit – und zeigt, dass der Weg des DHB, seine erfahrenen Nationalspieler in die Nachwuchsarbeit einzubinden, Erfolg versprechend ist.

Neben Baur sind in Henning Fritz, Christian Schwarzer und Klaus-Dieter Petersen weitere renommierte DHB-Recken für den Verband im Einsatz. Der Vorteil für die Jugend- und Junioren-Nationalspieler: Sie können von der Erfahrung ihrer Trainer profitieren, die aus ihrer eigenen Karriere wissen, wie es ist, ein großes Turnier zu spielen. So blickt Baur auf eine lange Laufbahn zurück: Bereits bei der EM 1998 stand er im Kader der Nationalmannschaft und holte Bronze; es folgten der EM-Titel 2004, die olympische Silbermedaille 2004 und der WM-Titel 2007. Mit der HSG Wetzlar holte er 1994 den DHB-Pokal, im Trikot des TBV Lemgo folgte 2002 der zweite Pokalsieg, 2003 die Deutsche Meisterschaft und 2006 der Gewinn des EHF-Pokals.

»Natürlich ist der WM-Titel im eigenen Land das Schönste, was ein Sportler erleben kann. Das ist nicht zu toppen«, bilanzierte Baur rückblickend auf seine Karriere. Es habe natürlich auch bittere Niederlagen wie das verlorene Viertelfinale bei der WM 2001 oder das verlorene EM-Finale 2002 gegeben, aber als Rückschläge will er dies nicht werten. »Rückschlag heißt für mich, dass es irgendwann nicht mehr weitergegangen wäre. Das gab es bei uns nicht. Ab 2002 ging es stetig aufwärts, und aus Niederlagen gingen wir sogar gestärkt hervor.«[186] Insgesamt bestritt der Spielmacher zwischen 1994 und 2008 228 Länderspiele. »Er war die Führungsfigur auf dem Feld und als Kapitän die Vertrauensfigur von mir«, unterstrich der langjährige Bundestrainer Heiner Brand die Bedeutung Baurs. »Ich habe ihn immer als hervorragenden Handballer und Handball-Kenner eingeschätzt.«[187]

2009 beendete Baur seine Karriere mit einem großen Abschiedsspiel in Stuttgart. Zu diesem Zeitpunkt hatte er bereits erste Erfahrungen als Trainer gesammelt. So hatte der Regisseur, als er 2012 die DHB-Junioren übernahm, bereits beim TBV Lemgo und dem TuS N-Lübbecke in der Bundesliga an der Seitenlinie gestanden. Seit

2013 coacht Baur zudem – neben der DHB-Auswahl – die Kadetten Schaffhausen, die er 2015 zur zweiten Meisterschaft in Folge führte. Doch für ihn als ehemaligen Spielmacher ist es nicht immer leicht, das Geschehen »nur« von außen verfolgen zu können: »An der Linie bin ich auf jeden Fall aufgeregter«, gestand Baur am Rande der WM 2014 ein. »Das liegt vielleicht daran, dass ich mir als Trainer nicht einfach den Ball greifen kann …«[188]

Dass sich Baur für die Trainerlauf entschied, überraschte keinen seiner alten Weggefährten. Brand hatte bereits bei Baurs Abschiedsspiel prophezeit: »Ich bin überzeugt, dass er auch als Trainer eine gute Karriere abliefern wird.«[189] So, wie es bisher aussieht, scheint der Weltmeister-Trainer mit seinem Urteil über den (Junioren-) Europameister recht zu haben.

Randnotiz: Im Handball gab es nicht nur Weltmeister, die Weltmeister von morgen formen, sondern auch Weltmeister, die den Titel als Spieler und als Trainer gewannen. Der prominenteste deutsche Vertreter dieses illustren Zirkels ist sicherlich Heiner Brand, der 1978 als Spieler und 2007 als Trainer Welt-Gold holte. Erster Deutscher, dem das gelang, war jedoch Peter Kretzschmar. Der Vater von Handballikone Stefan Kretzschmar wurde 1963 mit der DDR Weltmeister im Feldhandball – nach einem Finalsieg über die Bundesrepublik – und führte die Frauennationalmannschaft der DDR 1975 und 1975 zu WM-Gold. Fast noch beeindruckender ist jedoch die Karriere von Wladimir Maximow, der als Spieler mit der Sowjetunion Olympiasieger 1976 wurde und die russische Nationalmannschaft 1992 und 2000 als Trainer zu Gold führte.

9. KAPITEL

VON DEN LETZTEN SEKUNDEN

101. GRUND

Weil der Sport es ins Kino geschafft hat

Die letzten Worte waren Henning Fritz vorbehalten. »Weltmeister – glaubt kein Mensch, dass wir das sind«, sagte der Torwart mit einem Kopfschütteln in die Kamera von Regisseur Winfried Oelsner und strahlte dabei wie jemand, der am Ziel angekommen ist. Die restlichen Minuten der Dokumentation *Projekt Gold* widmen sich den Feierlichkeiten – vom Einmarsch in die Kölnarena über die Siegerehrung bis zur Party auf dem Rathausbalkon.

In 106 Minuten fasst Oelsner in dem für den Handball einmaligen Dokumentarfilm die Januarwochen 2007 mit dem Weltmeistertitel der deutschen Nationalmannschaft zusammen. Er begleitete die Mannschaft in der Vorbereitung, reiste mit dem Team durch das Land von Spielort zu Spielort und filmte in der Mannschaftskabine, im Hotel, im Mannschaftsbus. Seine Aufnahmen sind authentisch, sie gewähren einen so tiefen Einblick in den Alltag und die Dynamik der Mannschaft sowie die Gefühle der Spieler, wie es das davor und danach nicht gab. »Ich fand es spannend, dem nachzugehen, wie sich eine Mannschaft auf ein Turnier vorbereitet, was in der Kabine passiert, was Hierarchien bedeuten«[190], blickt Oelsner auf die intensiven Wochen zurück.

Mit *Projekt Gold* – produziert von Frank Stephan Limbach – gelang dem Handball der Sprung auf die Kinoleinwand. Der Film lief am Montag, den 30. Juli 2007 bundesweit in 62 Kinos an. Das große Interesse spiegelte sich an den Zuschauerzahlen in der ersten Woche wider: Insgesamt verfolgten 29.107 Besucher die Dokumentation in den ersten sieben Tagen und katapultierten den Film damit unter die Top Ten der Neustarts.[191] Die Weltmeister selbst verfolgten die 106-minütige Dokumentation bei den Filmnächten in Dresden.

Die Kritiken der großen Tageszeitungen waren danach ebenfalls überwiegend positiv – auch und gerade im Vergleich mit *Deutsch-*

land. Ein Sommermärchen, der Dokumentation über die Fußball-WM 2006 in Deutschland. Es seien »diese Spielerinterviews, die Bilder aus der schmuddeligen Kabine, die ›Projekt Gold‹ letztlich zu einem intensiveren Film als Wortmanns Nationalelf-Exegese machen«, lobt der *SPIEGEL* und führt auf: »Oelsners Kameras sind so nah dran an den Spielern, dass sich der Zuschauer mit deren Charakteren identifiziert. Er sieht Sportler mit Zweifeln, Ängsten und Hoffnungen, authentische, einfache Kerle. Anders als Wortmann haben Limbach und Oelsner das Glück, es mit allürenfreien Handballern zu tun zu haben – und nicht mit grell ausgeleuchteten Fußball-Profis.«[192]

Auch Tageszeitungen schließen sich an: »Die Protagonisten sind nicht mediengeschulte Fußballer […], sondern kumpelhafte, natürlich auftretende Handballer, mit denen sich der Breiten-Mannschaftssportler sehr viel leichter identifizieren kann«, schrieb die *Süddeutsche Zeitung*. »Und es gibt ein paar erinnerungswürdige Szenen, die auch den Unterschied zum Millionen-Geschäft Fußball verdeutlichen.«[193] Die Welt lobte den Film gar als »das bessere Sommermärchen« und konstatierte: »Hier werden Männer, die kaum einer kennt, innerhalb von zwei Wochen zu Helden.«[194]

102. GRUND

Weil der deutsche Handball rund 800.000 Mitglieder hat

… und der Deutsche Handballbund damit der größte Handballverband der Welt ist. Zur Saison 2014/14 wurden 23.209 Mannschaften von 4.467 Vereinen gemeldet. Deutschland ist im Handball damit nicht nur sportlich, sondern auch wirtschaftlich ein entscheidender Faktor – und der DHB führt zudem die Rangliste des Weltverbandes IHF an. Diese Zahlen lassen sich mit Blick auf die

Bedeutung des Handballsports in Deutschland nicht ignorieren – auch, wenn Größe natürlich nicht alles ist …

Randnotiz: Während der Deutsche Handballbund der größte Dachverband eines Landes ist, ist der größte und zugleich älteste Kontinentalverband die Afrikanische Handballföderation. Die CAHB hat 53 Mitgliedsstaaten und damit zwei mehr als der europäische Verband EHF (Stand: 2015).

103. GRUND

Weil die Gallier sich in der Bundesliga behaupten

Das gallische Dorf des Handballs findet man seit 2009 auf der Karte der DKB Handball-Bundesliga am südlichsten Zipfel von Deutschland, und es heißt Balingen. Die ›Gallier von der Alb‹ sind inzwischen jedem Handballfan, nicht nur in der Region Zollernalb, sondern in ganz Deutschland ein Begriff, aber nur die wenigsten wissen, wie der HBW Balingen-Weilstetten zu der Bezeichnung gekommen ist. In vielen Berichten zum Bundesliga-Aufsteiger von 2006 konnte man in der Vergangenheit lesen: »Die selbst ernannten ›Gallier von der Alb‹. Tatsächlich ist bei den Schwaben aber niemand auf diese Bezeichnung gekommen, obwohl die Bewohner des gallischen Dorfes aus der Comic-Serie ›Asterix und Obelix‹ und die Handball-›Gallier von der Alb‹ einiges gemeinsam haben.

Die einen sind unbeugsam und wehren sich gegen die Herrschaft der Römer, und die anderen lehnen sich immer wieder gegen die Vorherrschaft der großen und arrivierten Handballklubs in Deutschland auf. Die Comic-Gallier halten in ihrem versteckten Dorf genauso zusammen wie die Handball spielenden in Balingen, und sowohl bei den einen als auch bei den anderen entscheidet ein Majestix über die Taktik. Während es auf der einen Seite ein Zaubertrank ist, ist es auf der anderen ein unkonventionelles, von der

Taktik geprägtes Spiel auf dem Parkett, mit dem die übermächtigen Gegner immer wieder ihre Schwierigkeiten haben, und genau so ein Spiel führte letztendlich zu der Bezeichnung »Gallier von der Alb«. Es war am 23.12.2009. In der Redaktion von *handball-world.com* herrschte Ausnahmezustand – die prall gefüllten Weihnachtsspieltage belasteten auch die Hauptamtlichen sowie die Vielzahl an ehrenamtlichen Mitarbeiter des größten deutschen Handball-Nachrichtenportals bis an ihre Grenzen. Und dann war da auch noch dieses Spiel in Balingen. »Eigentlich war das aus Redaktionssicht ein ganz normales Spiel. Kiel fährt nach Balingen, gewinnt, fährt nach Hause«, erinnerte sich Chefredakteur Matthias Kornes später. Es kam anders – Balingen schaffte die ganz große Sensation und rang den THW nieder. Ein denkwürdiges Spiel und für den HBW in der Folge eines, welches Einfluss bis in die heutigen Tage hat. Denn damals entstand der Begriff der »Gallier von der Alb« – ein Claim, den die Balinger bis heute im Wappen führen und den sie erfolgreich – und mittlerweile auch markenrechtlich geschützt – in der Sportszene platziert haben.

»›HBW-Majestix‹ Dr. Rolf Brack hatte für diesen Abend für seine ›Gallier von der Alb‹ zwar keinen Zaubertrank gemixt, aber eine Taktik zurechtgelegt, die dem übermächtigen Gegner überhaupt nicht schmeckte. Als um 20:59 Uhr das Spiel von den beiden Unparteiischen beendet wurde, wollten viele die Sensation nicht glauben«, erinnert sich HBW-Pressechef Heinrich Müller. Die Anzeigetafel allein verriet die Wahrheit, und dort stand zu lesen, dass die Schwaben gegen die Übermächtigen aus dem Norden mit 39:37 gewonnen hatten. Unmittelbar im Anschluss an die Sensation, als klar war, dass das Ergebnis aus der Balinger SparkassenArena kein Schreibfehler war, schwappte eine Welle von Lobeshymnen über die Schwaben herein, wie man sie sich in den kühnsten Träumen nicht ausmalen kann. Selbst der damalige Geschäftsführer Benjamin Chatton fand mit »Handball braucht Wunder« eine ganz neue Übersetzung für den Vereinsnamen HBW.

Den Nagel aber auf den Kopf getroffen hat ein bislang namentlich nicht bekannter Handballfan im Fan-Forum handballecke. de. Er verglich Balingen und den HBW zum ersten Mal mit dem gallischen Dorf aus *Asterix und Obelix*. Diesen Eintrag las auch *handball-world.com* Chefredakteur Matthias Kornes. «Für den Nachdreher bot sich dieses Bild an – Charaktere wie einen Daniel Sauer, einen Jens Bürkle oder Litty Ettwein, Trainer Rolf Brack und all die Balinger Kämpfer unter die ›Gallier von der Alb‹ zu stellen«, erinnerte sich Kornes. Vor dem Hintergrund der sportlichen Sensation, des Sieges des totalen Underdogs gegen den großen Goliath entstand dann am Weihnachtstag die Schöpfung von den »Galliern von der Alb«.

HBW-Pressewart Heinrich Müller nahm den Begriff der »Gallier von der Alb« dann auf und stieß damit die Entwicklung an, die Balingen 2012 mit fantasievoll gestalteten Autogrammkarten im »Krieger-Stil« noch einmal weiterführte. »Immer wieder, vor allem dann, wenn es den Balingern gelungen war, einen der Großen zu ärgern, war dann wieder die Rede vom gallischen Dorf und von den ›Galliern von der Alb‹«[195], weiß Müller zu berichten. Für den HBW Balingen-Weilstetten ist es zwischenzeitlich mehr als nur eine Bezeichnung. Vielmehr ist der Begriff zu einer erfolgreichen Marke geworden – und die Gallier pflegen ihr Image mit Siegen über vermeintliche Favoriten immer wieder …

Randnotiz: Bereits direkt nach dem Sieg gegen den THW im Jahr 2009 schmiss der HBW sein Marketing an – und verkaufte passend zur Weihnachtszeit ein T-Shirt mit dem Aufdruck »Rekordmeisterbesieger« …

104. GRUND

Weil ein Olympiasieg vor der Kriegsgefangenschaft schützte

Als der Zweite Weltkrieg ausbrach, machte der Armeedienst auch vor den Spitzensportlern nicht halt. Einer von ihnen war Feldhandballer Wilhelm Müller. Der Abwehrspieler, der für den SV Waldhof auflief, wurde 1936 Olympiasieger und 1938 Weltmeister. 1943 war er als Landser des deutschen Afrikakorps in Nordafrika, in seinem Gepäck einen Fotoapparat, den es von einer deutschen Firma als Geschenk für den Olympiasieg gegeben hatte. Diese Kamera wollte Müller nicht verlieren – und schlug sich deshalb mit einem jungen Kameraden buchstäblich in die Büsche.

Während die anderen Soldaten des Korps in Gefangenschaft gingen (und die Wehrmacht Müller 1944 für tot erklärte), begann für das desertierte Duo eine abenteuerliche Flucht – zuerst nach Tunis und dann mit einem selbst gebauten Floß von Afrika nach Sizilien. »Zwei Jahre und 46 Tage nach ihrer Flucht traten sie das waghalsige ›Unternehmen Blechbüchse‹ an«, schilderte das Fachmagazin *Handballtime* die unglaubliche Geschichte des Olympiasiegers. »An Bord zwei Kanister mit 40 Litern Trinkwasser, zwanzig Eier, ein paar mit Öl gebackene Fladenbrote und ein paar Andenken.«[196]

Irgendwie gelang es Müller und seinem Kumpanen tatsächlich, das Mittelmeer zu überqueren. Am 2. Juli 1945 landeten die beiden Flüchtigen im Hafen von Sciacca auf Sizilien. »Die Haut bis ins Schwärzliche verbrannt, die schlaflosen Augen entzündet vor Salzwasser«, schrieb das Fachmagazin. »Kraftlos und taumelnd verließen sie ihr Vehikel.« Beide wurden von den amerikanischen Streitkräften zunächst verhaftet. Gegenüber den US-Offizieren erwähnte Müller, dass er einst gegen die Mannschaft der USA aufgelaufen sei, bei den Olympischen Spielen 1936. Das Spiel damals ging 29:1 (17:0) für die deutsche Mannschaft aus, und den Offizieren wurde klar, wen sie vor sich hatten: einen Olympiasieger. Müller und sein Kamerad bekamen daraufhin freies Geleit nach Deutschland.

105. GRUND

Weil er überall auf der Welt zu Hause ist

Ob Norden oder Süden, Westen oder Osten: Der Handball ist nicht nur in ganz Deutschland zu Hause, sondern auch in der ganzen Welt. Mehr als einen Ball, ein paar Linien, notfalls in den Sand oder die Erde gemalt, und ein Tor braucht man nicht; der Aufwand ist geringer als bei vielen anderen Sportarten. Dementsprechend wird Handball überall gespielt: Von Afghanistan und den Cook Islands bis Vanuatu und Simbabwe – insgesamt sind 204 Länder Mitglied im Weltverband IHF (Stand: 2015).

Neben den Olympischen Spielen, den Weltmeisterschaften und den kontinentalen Meisterschaften fördert der Weltverband mit der IHF Trophy auch die sogenannten kleinen Nationen. Zahlreiche weitere unabhängige Projekte fördern den Handball ebenfalls. Eines davon ist die Initiative PLAY HANDBALL ZA, die den Jugendhandball – und speziell den Mädchenhandball – in Südafrika fördern will. Die ehemalige Bundesligaspielerin Nicola Scholl rief das Projekt ins Leben. »Wir glauben an die verbindende Kraft durch Handball!«, heißt es im Leitbild der Initiative. »Da Handball eine ›neutrale‹ Sportart ohne Geschichte in Südafrika ist und gleichermaßen von Frauen und Männern in der Welt gespielt wird, bietet dieser Sport die ideale Basis für einen interkulturellen Dialog.«[197]

Eine gewisse Dominanz des europäischen Kontinents lässt sich jedoch nicht bestreiten: Bei den Männern kamen alle Titelträger der Weltmeisterschaften und der Olympischen Spiele aus Europa. Bei den Frauen sieht es hingegen bunter aus: Südkorea hat mit zwei Gold-, drei Silber- und einer Bronzemedaille (Stand: 2014) die meisten olympischen Medaillen geholt, noch vor Ländern wie Norwegen und Dänemark, die auf eine große Frauenhandballtradition zurückblicken. 2013 sicherte sich Brasilien den WM-Titel, womit erstmals eine Mannschaft des panamerikanischen Kontinents triumphierte.

106. GRUND

Weil bis zu 13.000 Fans jedes Jahr in Hamburg ein Handballfest feiern

Während für alle Fußballer der Sehnsuchtsort im Pokal die Hauptstadt Berlin ist, wollen im Handball alle Vereine nach Hamburg. Seit 1994 findet in der Hansestadt das Final Four um den DHB-Pokal statt und hat sich über die Jahre zu dem deutschen Handball-Event schlechthin gemausert. Den endgültigen Schritt zum Premiumprodukt machte die Veranstaltung 2003, als es aus der beschaulichen Sporthalle Hamburg in die große Multifunktionsarena am Volkspark ging. Seitdem feiern dort 13.000 Fans Jahr für Jahr ein Handballfest. Rekordpokalsieger ist übrigens der THW Kiel mit neun Titeln (Stand: 2015).

Alle Geschichten aufzuzählen, die beim Final Four in Hamburg von Helden, Siegern und Verlierern geschrieben wurden, würde den Rahmen dieses Buches sprengen. Der SC Magdeburg siegte 1996 – und auf der Rückfahrt musste der Mannschaftsbus zweimal an Tankstellen halten, da das Bier alle war. Da war auch das Finale 2001, als der VfL Bad Schwartau als großer Außenseiter triumphierte – angeführt vom 36-jährigen Oystein Havang, den der Verein erst Wochen zuvor aus dem Ruhestand geholt hatte. 2006 feierte der HSV Hamburg in seiner Heimatstadt den ersten Pokalgewinn der Vereinsgeschichte. 2007 fiel im Halbfinale zwischen der SG Flensburg-Handewitt und dem THW Kiel kurz vor Schluss die

Uhr aus, als es noch Spitz auf Knopf stand. 2014 krönten sich völlig überraschend die Füchse Berlin zum Sieger. 2015 gewann die SG Flensburg-Handewitt nach vier verlorenen Finals in Serie endlich die Trophäe. Und kommt Handballlegende Joachim Deckarm zu Besuch – so, wie er es fast jedes Jahr macht –, erheben sich die Zuschauer und spenden minutenlang Applaus. Es ist ein Gänsehautmoment.

Ursprünglich gab es ein solches Finalturnier jedoch nicht. Von 1975 bis 1992 wurde das Pokalfinale in Hin- und Rückspiel entschieden; 120 heiße Minuten im Kampf um den Titel. Erst Anfang der 90er-Jahre entschieden sich die Verantwortlichen für Hamburg als Austragungsort. Damals gab es in der Hansestadt noch keinen Bundesligahandball, und so braucht es auch den HSV nicht, um die Arena zu füllen. Das »Weltklasse-Event«, wie HBL-Geschäftsführer Frank Bohmann das Pokalturnier bezeichnete, ist zuverlässig ausverkauft; unabhängig davon, welche Mannschaften sich qualifizieren. Da jeder Verein seinen eigenen Fanblock mitbringt, ist eine gelungene Stimmung garantiert. »Im Fußball wäre es nicht möglich, vier unterschiedliche Fanlager in eine Halle oder ein Stadion zu bekommen«[198], staunte Ex-Bundesligatrainer Holger Stanislawski. Doch im Handball bleibt es Jahr für Jahr friedlich – und so wollen alle Fans gerne wiederkommen zu dem Weltklasse-Event in der Weltstadt Hamburg.

107. GRUND

Weil man aus dem Vorruhestand Weltmeister werden kann

Aus dem »Vorruhestand« zum WM-Titel: Es war ein Rücktritt vom Rücktritt, der sich bei der Weltmeisterschaft 2007 im Nachhinein als der größte Glücksgriff der Turniergeschichte herausstellen sollte.

Denn eigentlich hatte sich Christian Schwarzer, der Europameister von 2004, doch schon längst aus der Nationalmannschaft verabschiedet. Gemeinsam mit Stefan Kretzschmar, Volker Zerbe und Klaus-Dieter Petersen war der Kreisläufer nach dem Gewinn der Silbermedaille bei den Olympischen Spielen 2004 in Athen zurückgetreten. Im Januar 2007 sollte Schwarzer sich auf Bitten von Heiner Brand noch einmal das Trikot mit dem Adler auf der Brust überstreifen. Nach acht Spielen stand fest: Der reaktivierte Routinier hatte das Team zum ersten Weltmeistertitel seit 1978 geführt.

Doch der Reihe nach. In der Vorrunde verletzte sich der etatmäßige Kreisläufer Andrej Klimovets an der Wade, nach dem Spiel gegen Argentinien wurde ein Muskelfaserriss diagnostiziert. Nun wurde es hektisch in der DHB-Delegation. Als sich der Verbandsvertreter beim Verantwortlichen des Weltverbandes IHF zwecks Nachnominierung für das Spiel gegen Polen erkundigte, stellte dieser nur trocken fest: »Sie haben noch neun Minuten.« Bis 22 Uhr am Vorabend einer Partie musste der Antrag für die Spielberechtigung vorliegen.

Es wurde eng, aber es gelang. Bundestrainer Heiner Brand rief nach einer Besprechung mit dem Mannschaftsrat das Team zusammen: »Ich wollte euch nur eben informieren, dass wir heute Abend Blacky noch nominiert haben, Blacky Schwarzer, für den 16er-Kader«, teilte der Bundestrainer seiner Mannschaft mit. »Das musste heute Abend gemacht werden, da wir nicht wissen, ob Klimo morgen spielen kann.«[199] Klimovets konnte nicht, Schwarzer lief auf, doch man unterlag Polen mit 25:27. Der Film *Projekt Gold* gewährt Einblicke, wie der Routinier nach der Niederlage in der Kabine das Wort ergriff und seine Teamkollegen aufbaute.

Der Kreisläufer nahm die Rolle als Führungsspieler an, als wäre er nie weggewesen. Dabei war die Vorbereitung alles andere als optimal: Schwarzer, der eigentlich als ZDF-Experte die WM hätte begleiten sollen, kehrte erst kurz vorher aus den USA zurück, wo er seinen Freund Dirk Nowitzki besucht hatte. »Fahr du mal nach

Dallas«, hatte Brand seinem Kreisläufer noch mit auf den Weg gegeben, als sich dieser vor dem Turnier erkundigte, ob er sich bereithalten sollte. »Ich rechne eigentlich nicht mit einem Anruf«[200], hatte Schwarzer sogar nach seiner Rückkehr noch in einem Interview mit der *Berliner Zeitung* verkündet – sechs Tage, bevor er wieder für die DHB-Auswahl auflief.

Dieser Anruf kam dann aber doch noch, bedingt durch die Ereignisse der ersten Turniertage und die Verletzung von Klimovets. Mit dem Sieg im ersten Hauptrundenspiel gegen Slowenien kehrte man in die Erfolgsspur zurück, marschierte ungeschlagen durch die kommenden Partien gegen Tunesien, Frankreich und Island und zog so als Gruppenzweiter hinter Polen ins Viertelfinale ein. »Allein seine Anwesenheit zählt«[201], erklärte der damals erst 23 Jahre alte Michael Kraus. Die Siegesserie setzte die DHB-Auswahl in der K.-o.-Runde fort – und durfte sich nach dem 29:24-Finalsieg gegen Polen als Weltmeister feiern.

Für Schwarzer war es neben dem Europameistertitel der vielleicht größte Erfolg seiner – gewiss nicht titelarmen – Karriere. Mit dem TBV Lemgo holte er den DHB-Pokal, die Deutsche Meisterschaft und den EHF-Cup, mit dem FC Barcelona wurde er nicht nur Spanischer Meister, sondern gewann 2000 sogar die Champions League. Hinzu kam 2001 die Ehrung als »Handballer des Jahres«. Doch der WM-Titel 2007 war für den Kreisläufer etwas ganz Besonderes: »Ich kann mich nur tausendmal bei Heiner Brand bedanken, dass er mir die Gelegenheit gegeben hat, mir einen Traum zu erfüllen.«[202] Mit Tränen in den Augen feierte Schwarzer den Titel und erklärte anschließend: »Kein Geld der Welt kann die Ereignisse aufwiegen. Das war Gänsehautfeeling pur.«[203] Seinen Rücktritt vom Rücktritt dürfte der Kreisläufer deshalb zu keinem Zeitpunkt bedauert haben …

108. GRUND

Weil es keine Play-offs mehr gibt

Es ist eine einfache Regel im Handball: Wer in der Saison die meisten Punkte sammelt und am konstantesten spielt, wird am Ende Meister. So kann es Spielzeiten geben, in denen das einzig Spannende der Abstiegskampf ist – aber auch Jahre, in denen die Mannschaften bis zum Schluss um den Titel zittern müssen. So gewann der THW Kiel 2012 den Titel ohne einzigen Punktverlust – und 2001 gab die SG Flensburg-Handewitt den Titel im letzten Spiel noch aus der Hand. Beim SC Magdeburg hätte ein Unentschieden gereicht, doch der Traditionsverein aus dem Osten behielt mit 30:23 die Oberhand und schob sich noch an den Flensburgern vorbei.

Die Liga wurde jedoch nicht immer in einer Meisterschaftsrunde entschieden. Von 1990 bis 1992 wurde der Titel bei den Männern in einer Play-off-Runde unter den besten acht Teams ausgespielt; bei den Frauen wurde gar erst 2013 die Abschaffung der Play-offs entschieden. Doch ist das Play-off-System eine Maßnahme, die nicht zum Handball passt. Im Ligabetrieb kann eine Mannschaft Verletzungen im Verlaufe der Saison meist einigermaßen kompensieren. Fehlen im Play-off-Match jedoch wichtige Spieler, ist die ganze Saison blitzschnell ruiniert – so wie 1990. Der TuSEM Essen – Deutscher Meister 1986, 1987 und 1989 – zog als Erster in die Play-offs ein und traf auf den TBV Lemgo. Dieser hatte sich als Achter für die Endrunde um den Titel qualifiziert und war somit eigentlich Außenseiter. Just in diesem Spiel fehlten dem TuSEM jedoch beide etatmäßigen Torhüter sowie Nationalspieler Jochen Fraatz – und Lemgo siegte.

Wenn am letzten Spieltag ein Spiel über die ganze Saison entscheidet, zeugt das von der Stärke der beiden Teams. Der Meisterschaftskampf in der Bundesliga ist die Konstante, auf die sich der Handball in den vergangenen Jahren verlassen konnte. Wenn eine

Mannschaft über 34 Spieltage ihre Leistung bringt, sollte das mit dem Titel belohnt werden – und nicht am Ende in erneut kräfteraubenden Play-off-Endspielen ad absurdum geführt werden, um die Spannung vermeintlich zu erhöhen.

Denn obwohl der THW Kiel in den vergangenen Jahren die Liga dominierte, hatten andere Teams ihre Hand stets mit am Titel und scheiterten erst in letzter Sekunde. In der Spielzeit 2004/05 lieferten sich die SG Flensburg-Handewitt und der THW ein Fernduell, das der THW mit nur zwei Punkten für sich entschied, da die SG am 24. Spieltag in Großwallstadt stolperte. Zwei Jahre später retteten sich die Kieler nur dank des besseren Torverhältnisses vor dem HSV Hamburg ins Ziel. 2010 musste der THW Kiel am letzten Spieltag beim TV Großwallstadt punkten, um den HSV hinter sich zu halten. Und 2014 waren es nur zwei Tore, die den Rhein-Neckar Löwen zum großen Coup fehlten. Für Spannung ist also gesorgt. Für die Spiele mit Gänsehautatmosphäre, wo nur die Leistung des Tages zählt und der Underdog sich zum Sieger aufschwingen kann, ist der Pokal da – das braucht der Handball nicht auch noch in der Liga.

109. GRUND

Weil in Kiel Dauerkarten vererbt wurden

Es ist einer der großen Mythen der Handball-Bundesliga: Beim THW Kiel, so wird erzählt, seien die Dauerkarten so begehrt, dass sie sogar vererbt wurden. An eine Dauerkarte sei deshalb so gut wie gar nicht heranzukommen. Während die schwarz-weißen Fans über diese Geschichten stolz lächeln – sehen sie in ihnen doch ein Zeichen für den Stellenwert, den ihr Verein genießt –, machen sich Spötter gerne darüber lustig.

Doch wie in den meisten Geschichten steckt auch in dieser ein wahrer Kern: Das große Interesse der Kieler an ihrem THW ist seit Jahrzehnten ungebrochen. Mitte der 80er-Jahre rieb sich selbst Heinz Jacobsen verwundert die Augen. »So ein Wahnsinns-Interesse habe ich noch nie erlebt«, staunte der THW-Manager damals. »Eintrittskarten beim THW sind begehrter als Karten für den Wiener Opernball.« Für die Saison 1985/86 waren bis auf 390 Schüler-Dauerkarten alle 5.800 verkauft, ein Jahr später war nur das Pflichtkontingent an Gästekarten frei verfügbar. Auch die Aufstockung der Hallenkapazität tat den ständigen »Ausverkauft«-Meldungen der Kieler keinen Abbruch.

»Um nicht jeden Sommer aufs Neue mit einem Ansturm konfrontiert zu werden, entwickelte der THW irgendwann – niemand weiß genau wann – das sogenannte Stammblatt«, wird in der Vereinschronik der Grundstein für den Mythos der vererbten Dauerkarten geschildert. Das Stammblatt berechtigte den Inhaber, in der kommenden Saison gegen die Vorlage des selbigen die gleiche Dauerkarte wieder zu erwerben. In Online-Auktionen werden immer wieder Dauerkarten mit dem expliziten Vermerk »ohne Stammblatt« verkauft, mit den Stammblättern selbst erzielen die Verkäufer vierstellige Beträge.

Die meisten THW-Fans würden ihr Stammblatt jedoch nicht verkaufen – eher wird es vererbt, damit es in der Familie bleibt. »Es ist schon häufiger vorgekommen, dass ich das Stammblatt in Erbschaftsangelegenheiten notariell beglaubigt habe«[204], bestätigte der ehemalige THW-Spieler Georg Wegner, der als Notar arbeitet. In Kiel ist Vereinstreue anders als vererbte Dauerkarten eben kein Mythos …

110. GRUND

Weil wir uns schon auf die nächsten zwei Heim-Weltmeisterschaften freuen können

Eine Weltmeisterschaft in Deutschland: Diese Worte haben für alle Handballer einen magischen Klang. Sie versprechen eine Begeisterung im ganzen Land. Sie versprechen Werbung für den Handball. Sie versprechen ... Erfolg. 2007 siegte die deutsche Nationalmannschaft der Männer im eigenen Land und holte den ersten WM-Titel seit dem Triumph von Kopenhagen 1978. Welch bessere Vorzeichen könnte es für die DHB-Auswahl also geben als eine Weltmeisterschaft in Deutschland und Dänemark?

2019 wird dieser Traum Wirklichkeit. Der Weltverband IHF vergab die Ausrichtung dieses WM-Turniers an Deutschland und Dänemark. Die beiden Verbände hatten sich mit einem gemeinsamen Konzept beworben und bekamen 2013 den Zuschlag. Der damalige DHB-Präsident Bernhard Bauer sprach danach von einer »großen Verantwortung«, sein dänischer Kollege Per Bertelsen kündigte euphorisch an: »Wir wollen Handball an die Spitze des internationalen Sports bringen.«[205] Das Eröffnungsspiel wird in Deutschland stattfinden, das Finale in Dänemark.

Es ist die sechste Weltmeisterschaft, welche Deutschland ausrichtet. 1938 wurde das Deutsche Reich bei der ersten WM im Hallenhandball Weltmeister. 1958 und 1974 war die DDR Gastgeber, 1961 und 1982 die Bundesrepublik. 2007 holte man bei der Heim-WM bekanntermaßen den Titel. Für Dänemark ist es seit 1978 die erste Ausrichtung einer Weltmeisterschaft.

Das Turnier ist jedoch nicht das einzige Großereignis, auf das sich die deutschen Handballfans freuen dürfen: »Mit den WM-Turnieren der Frauen 2015 in Dänemark sowie 2017 in Deutschland sowie der darauf folgenden Männer-WM 2019 in Deutschland und Dänemark haben wir die Chance, das öffentliche Interesse am

Handballsport kontinuierlich auszubauen«, erklärte Bauer anlässlich der Vergabe des Männerturniers im Jahr 2013. Der DHB war der einzige Bewerber um die Frauen-WM 2017 und holte nach 1965 und 1997 das insgesamt dritte Turnier ins eigene Land.

Die Ausrichtung der beiden Großereignisse bietet dem DHB neben dem Prestige und der Ehre, Gastgeber zu sein, noch einen weiteren Vorteil: Die Nationalmannschaften sind für ihre Heimturniere automatisch qualifiziert – was gerade den Männern einiges Zittern ersparen dürfte. Denn bei der WM 2019 werden Tickets für die Olympischen Spiele 2020 in Tokio vergeben.

Abgesehen von diesen sachlichen Überlegungen sind die beiden Großturniere für den deutschen Handball eine große Chance, sich im Land zu präsentieren. 2007 stieg das Interesse an der Sportart enorm: Handball war plötzlich in, ein Land flaggte Schwarz-Rot-Gold, und die Spieler erlangten eine ungeahnte Bekanntheit. 2017 und 2019 winken nun zwei weitere Wintermärchen – und was kann es für die Handball-Liebhaber schon Schöneres geben?

111. GRUND

Weil es einfach ein geiler Sport ist

Handball ist nicht nur ein Sport. Handball ist eine Leidenschaft, Handball ist Begeisterung, Handball ist die pure Liebe zum Spiel. Wenn einem bei einem No-Look-Pass von Ivano Balić zu seinem Kreisläufer das Herz aufgeht, wenn einem die Stimmung in der ausverkauften Halle – egal, ob in Flensburg, Köln oder Balingen – eine Gänsehaut verursacht, wenn es nichts Schöneres gibt, als nach 60 Minuten im verschwitzten Trikot über den Sieg zu jubeln.

Wenn der Schiedsrichter anpfeift, spannt sich auf dem Spielfeld ein Universum der Möglichkeiten auf. 60 Minuten lang – oder bei den Jüngeren auch weniger – steht der Ball im Mittelpunkt, und es fällt Tor um Tor. »Da schepperts vorne, da schepperts hinten«, stellte schon Fußball-Kaiser Franz Beckenbauer begeistert fest. Ein schönes Handballspiel reißt die Zuschauer mit – und auch, wenn es nicht schön, aber zumindest spannend ist, entwickelt die Partie eine unglaubliche Dynamik. Es ist die Liebe zum Spiel mit dem Ball in Hochgeschwindigkeit.

Schon kleine Kinder greifen gerne zum Ball. Diese Liebe verliert sich im Laufe des Lebens bei einigen, Handballer behalten sie ein Leben lang. Warum, das können vielleicht nur diejenigen sagen, welche die Leidenschaft für den Handball selbst erleben. Handball ist nicht nur Liebe und Leidenschaft zum Sport, es ist Taktik, Kampf und Technik. Der lange Gegenstoßpass, der sich punktgenau in die Hände des pfeilschnellen Außenspielers senkt; der stabile Mittelblock, der sich den Rückraumspielern entgegenwirft; der schier unglaubliche Reflex des Torwarts, der in der letzten Sekunde einen Siebenmeter pariert: All das sind Gründe, den Handball zu lieben.

Weitere 111 Gründe, warum Handball geliebt werden kann, haben in diesem Buch ihre Aufnahme gefunden. Doch natürlich gibt es noch viel mehr – und jeder, der sie für sich finden kann, sei dazu beglückwünscht. Denn Handball ist so ein geiler Sport, dass er das Leben reicher macht.

1. BONUSGRUND

Weil die #badboys Europameister sind

29. Januar 2016, Tauron Arena Krakau. Im ersten Halbfinale der Europameisterschaft zwischen den beiden Überraschungsteams aus Deutschland und Norwegen sind bereits über 69 Minuten gespielt. Harald Reinkind hat zum 33:33 ausgeglichen, dem deutschen Team bleiben somit gut 50 Sekunden, um die Entscheidung herbeizuführen. Rune Dahmke, Steffen Fäth, Fabian Wiede, Kai Häfner, Tobias Reichmann und Jannik Kohlbacher sollen es jetzt vorne richten. In der regulären Spielzeit stand das DHB-Team bereits am Rande der Niederlage, doch der nachnominierte Julius Kühn und der nervenstarke Dahmke erzwangen die Verlängerung.

Auch diese zweimal fünf Minuten sind nun so gut wie abgelaufen – die letzten 50 Sekunden rinnen von der Uhr. Das deutsche Team baut den Angriff in aller Ruhe auf und macht schließlich Druck, doch Fäth bleibt in der Deckung hängen. Kohlbacher führt den Freiwurf aus, Häfner passt zu Fäth und läuft an. Der Linkshänder bekommt den Ball zurück, tippt einmal – und ist durch. Sein Wurf schlägt im rechten unteren Eck ein, Ole Erevik ist chancenlos: 34:33 für Deutschland. Fünf Sekunden noch, vier, drei – der Ball der Norweger landet in der deutschen Spielfeldhälfte – zwei, eins. Ende. Aus. Abpfiff. Während das deutsche Team auf dem Feld ausgelassen feiert und die Fans auf der Tribüne jubeln, überschlägt sich die Stimme des Kommentators: »Deutschland gewinnt dieses Spiel und steht im Finale – da wirst du doch bekloppt«, ruft Uwe Semrau aufgeregt ins Mikrofon. »Da kann es keine Steigerung mehr geben, das ist der Hammer! Jetzt kann man wirklich vom Titel träumen.«

Rückblende – zwei Wochen zuvor: Als das deutsche Team nach Krakau reist, sind alle Titelträume (noch) weit weg. Die Vorzeichen für diese so wichtige EM, bei der es um die WM-Qualifikation geht, stehen schlecht. Kapitän Uwe Gensheimer, Rechtsaußen Patrick

Groetzki, Kreisläufer Patrick Wiencek, Rückraumtalent Paul Drux, Gensheimer-Ersatz Michael Allendorf – sie alle fehlen verletzt. Gerade auf der linken Außenbahn ist die Situation angespannt, der 22-jährige Rune Dahmke ist der einzige etatmäßige Linksaußen aus dem 28-Mann-Kader, der noch fit ist. Andere Spieler kann Bundestrainer Dagur Sigurðsson nicht mehr nominieren, das Reglement ist streng. Dem Bundestrainer kommt jedoch nicht ein Wort der Klage über die Lippen. »Deutschland ist die beste Nation, um solche Verletzungen zu kompensieren«, erklärt der Isländer überzeugt. »Wir konzentrieren uns volle Pulle auf die Spieler, die hier sind. Ich bin sehr, sehr optimistisch.«[206]

So optimistisch sind in der Heimat jedoch nicht alle, es herrscht bestenfalls gespannte Erwartung. Die Turnierfavoriten sind andere Nationen: Weltmeister Frankreich, Gastgeber Polen, vielleicht noch Dänemark und der deutsche Auftaktgegner Spanien. Gegen die Iberer – Weltmeister von 2013 – verkauft sich das DHB-Team zwar gut, muss am Ende aber eine 29:32 (15:18)-Niederlage einstecken. »Die Abwehr war phasenweise sehr, sehr gut, allerdings haben uns die vielen technischen Fehler weh getan«[207], resümiert Bundestrainer Sigurðsson.

Es ist jedoch trotz der Niederlage ein Auftakt, der Mut macht – und zwei Tage später belohnt sich das DHB-Team für seinen Einsatz. In einem wahren Handballkrimi ringt die Mannschaft um Kapitän Steffen Weinhold Schweden mit 27:26 (13:17) nieder und macht mit einem 25:21 (12:10) im letzten Vorrundenspiel gegen Slowenien den Einzug in die Hauptrunde perfekt. In der Heimat steigen die Quoten der Fernsehübertragungen an und vor Ort kristallisiert sich eine Mannschaft heraus, die das Potenzial hat, über sich hinauszuwachsen. Christian Dissinger, Steffen Fäth und Fabian Wiede überzeugen wie Weinhold aus dem Rückraum, Tobias Reichmann präsentiert sich vom Siebenmeterpunkt eiskalt und Torwart Andreas Wolff spielte sich mit unglaublichen Paraden ins Rampenlicht.

Es ist jedoch nicht nur die taktisch-flexible Offensive, die überzeugt – auch und gerade die Defensive um den jungen Abwehrchef Finn Lemke präsentiert sich bärenstark. »Als Bad Boys dürfen wir uns keine Röckchen anziehen«[208], hatte DHB-Vizepräsident Bob Hanning gefordert und die Defensive damit zur erklärten Tugend der deutschen Auswahl gemacht. Das war ganz im Sinne von Sigurðssons, der die Mannschaft über Monate mit der Geschichte der amerikanischen »Bad Boys« motiviert hatte. »In meiner ersten Besprechung mit der Mannschaft habe ich den Jungs die Geschichte der Detroit Pistons erzählt. Die NBA war damals gespickt mit großen Stars wie Michael Jordan, Larry Bird und Magic Johnson, aber trotzdem hat diese »bad boys«-Mannschaft es geschafft«, erinnert sich der Bundestrainer nach dem Turnier. »Wir haben Filme über die Mannschaft geguckt und die Bilder der Detroit Pistons hingen in der Kabine. So ist das Stück für Stück gewachsen, wir haben es gelebt.«[209]

Der Hashtag #badboys wird in den sozialen Medien zum Inbegriff der deutschen Mannschaft – einer Mannschaft, die in Polen Sieg um Sieg einfährt. Nach dem 29:19 (17:9) gegen Ungarn und dem 30:29 (17:16) gegen Russland ist das Halbfinale in greifbare Nähe gerückt. Im letzten Hauptrundenspiel gegen Dänemark muss ein Sieg her, dann stünde das jüngste Team des Turniers (24,6 Jahre) in der Runde der letzten Vier – was wäre das für eine Sensation.

»Für uns ist es ein Endspiel, für die Dänen nur ein Spiel auf dem Weg ins Endspiel«, schiebt Sigurðsson die Favoritenrolle von seiner Mannschaft weg. Er weiß: In Steffen Weinhold und Christian Dissinger werden ihm zwei weitere Leistungsträger fehlen, das Duo des THW Kiel verletzte sich gegen Russland. Für sie sollen Kai Häfner und Julius Kühn in die Bresche springen. »Kühn ist ein Shooter und ein sehr großes Talent. Ich bin ein Fan von ihm. Kai Häfner ist spielerisch sehr stark. Er hat eine gute Waffe«[210], macht Sigurðsson den deutschen Fans Mut.

Der Bundestrainer wird recht behalten: Die beiden nachnominierten Akteure fügen sich prächtig ein – und tragen damit zur Sensation bei. Deutschland bezwingt Dänemark mit 25:32 (12:13) und zieht ins Halbfinale ein. »Das ist eine Sensation«, lässt sich selbst der so ruhige Sigurðsson zu einem Superlativ hinreißen. »Ich bin wahnsinnig stolz auf dieses Turnier und diese Mannschaft.« Und der überragende Andreas Wolff, der mit zahlreichen Glanzparaden einen großen Anteil am Sieg trug, erklärt selbstbewusst: »Wir haben der ganzen Welt gezeigt, wie stark dieses Team ist. Kampfgeist und Wille – wenn wir diese Stärke beibehalten, dann glaube ich, dass uns niemand im Halbfinale stoppen kann.«[211]

In Deutschland ist inzwischen ein Handball-Hype ausgebrochen. Die Fans feiern das Team beim Public Viewing und auch die Medien springen auf den Zug auf. »Ihr seid der Wahnsinn! Ihr seid Handball-Helden! Unsere Rasselbande ballert bei der EM in Polen alles weg«, schreibt die Bild-Zeitung. Beim Halbfinale gegen Norwegen knackt die TV-Quote erstmals die Zehn-Millionen-Marke und am Tag nach dem 34:33 (27:27, 13:14) ruft Bundeskanzlerin Angela Merkel persönlich bei Sigurðsson an. »Das ist eine riesige Ehre für uns«, erklärt der Isländer anschließend. »Der Anruf der Bundeskanzlerin macht uns stolz. Ich bin mir sicher, dass wir auch Angela Merkel als Fan gewonnen haben.«[212]

Im Finale trifft Deutschland am 31. Januar in Krakau auf Spanien – und verblüfft die Handball-Welt. Das deutsche Team nimmt auf unglaubliche Art und Weise Revanche für die Auftaktniederlage. Nach 15 Minuten haben die Iberer gerade einmal zwei Tore erzielt, zur Halbzeit führt Deutschland mit 10:6. Im zweiten Durchgang dominiert das DHB-Team das Match souverän und kann so bereits Minuten vor dem Ende den Titel feiern. Am Ende steht es 24:17 – und Deutschland ist zum zweiten Mal in seiner Geschichte Europameister. Mit einer Quote von 50 Prozent wird Torhüter Wolff der große Matchwinner. »Das ist surreal, was er hier hält«, erklärt der verletzte Kapitän Gensheimer sprachlos[213]. Wohin die Spanier an diesem Abend auch warfen, Wolff war schon da. »Deutsches Team holt EM-Gold: Spanien zerschellt an wolffstarker Abwehr«, titelt das Fachportal handball-world.com nach diesem denkwürdigen Spiel.

Im Angriff gewinnt man Spiele – in der Abwehr Meisterschaften: Diese alte Sportweisheit traf an diesem Januarabend in Krakau zu. »Dagur hat uns die Aufgabe gegeben, alles am Sechs-Meter-Kreis um uns herum kaputtzumachen. Das hat perfekt funktioniert«[214], verrät Mittelblocker Hendrik Pekeler noch – der Rest ist dann eine Party in schwarz-rot-gold. Routinier Carsten Lichtlein nimmt die EM-Schale von EHF-Präsident Jean Brihault entgegen und die #badboys feiern ihren Triumph bis in die Morgenstunden. Den Blick in die Zukunft ließen sie sich indes nicht nehmen – Keeper Wolff erklärte selbstbewusst: »Wir stehen nun an der Weltspitze und holen uns jetzt auch noch den Olympiasieg in Rio und die nächste WM. Vielleicht ist das die Geburt einer großen Generation.«[215]

Das Europameister-Team von 2016: Carsten Lichtlein (VfL Gummersbach), Andreas Wolff (HSG Wetzlar), Rune Dahmke (THW Kiel), Steffen Fäth (HSG Wetzlar), Christian Dissinger (THW Kiel), Finn Lemke (SC Magdeburg), Julius Kühn (VfL Gummersbach), Martin Strobel (HBW Balingen-Weilstetten), Niclas Pieczkowski (TuS N-Lübbecke), Simon Ernst (VfL Gummersbach), Steffen Weinhold (THW Kiel), Fabian Wiede (Füchse Berlin), Kai Häfner (TSV Hannover-Burgdorf), Tobias Reichmann (KS Vive Tauron Kielce/POL), Johannes Sellin (MT Melsungen), Hendrik Pekeler (Rhein-Neckar Löwen), Jannik Kohlbacher (HSG Wetzlar), Erik Schmidt (TSV Hannover-Burgdorf). Trainer: Dagur Sigurðsson.

2. BONUSGRUND

Weil ein Isländer das deutsche Team mit einer blauen Taktiktafel zum EM-Sieg führte

Eine Woche nach dem Gewinn der Europameisterschaft im Januar 2016 ist Dagur Sigurðsson mehr denn je ein gefragter Mann. In den vergangenen sieben Tagen war der Bundestrainer in der Talkshow von Markus Lanz, bei stern.tv und dem ZDF Sportstudio zu Gast, besuchte mit seinen Spielern den »Ball des Sports« und wurde beim traditionellen All-Star-Game der DKB Handball-Bundesliga von den Fans frenetisch gefeiert.

Ruhe bekam der ruhige Isländer in dieser Zeit kaum. »Das gehört zu meinem Job, da muss ich durch«, blieb Sigurðsson ob des Hypes gelassen. »Ich mache das gerne mit, denn es hilft dem Handball.«

Dem deutschen Handball helfen – das kann Sigurðsson gut. Nach der verpassten Europameisterschaft 2014 und der sportlich misslungenen WM-Qualifikation 2015 war der deutsche Handball im Sommer 2014 eigentlich am Boden, es drohte der Abstieg in die Zweitklassigkeit und die längere Absenz bei Großturnieren. Doch dann gab es eine Wildcard für die Weltmeisterschaft 2015 – und Sigurðsson wurde als neuer Bundestrainer präsentiert.

»Wir wollten für unsere Nationalmannschaft keine schnelle, sondern allein die beste Lösung. Diese haben wir nun mit Dagur Sigurðsson gefunden, denn für unsere großen Ziele – Olympiagold 2020 ist unsere allgegenwärtige Vision – brauchen wir auf und neben dem Spielfeld die Besten«, begründete der damalige DHB-Präsident Bernhard Bauer bei der Vorstellung des Isländers die Entscheidung. »Dagur passt perfekt in unser Anforderungsprofil: Er weiß, wie man Erfolg auf Top-Niveau organisiert, er kann Talente an die Spitze führen, und er besitzt als ehemaliger Weltklassespieler einen riesigen Erfahrungsschatz.«

Die Entscheidung des Verbandes für einen Trainer, der noch ein Jahr an den Bundesligisten Füchse Berlin gebunden sein und bis dahin in einer Doppelrolle fungieren würde, zahlte sich aus. Mit einem verjüngten Team, das einen erfrischenden Handball zeigte, qualifizierte sich Sigurðsson bei der WM 2015 für das Viertelfinale; am Ende stand der siebte Platz zu Buche. Ein Jahr später folgte der Triumph bei der Europameisterschaft in Polen – verbunden mit Qualifikation für die Olympischen Spiele in Rio de Janeiro und die Weltmeisterschaft 2017. Der deutsche Handball war zurück in der internationalen Spitze – dank Sigurðsson, der sich mit EM-Gold nicht einmal zwei Jahre nach seiner Berufung zum Nationaltrainer in eine Reihe mit den deutschen Titeltrainern Vlado Stenzel (WM 1978), Paul Tiedemann (Olympia 1980) und Heiner Brand (EM 2004 und WM 2007) stellte.

Sigurðsson erreichte mit dem EM-Triumph etwas, was ihm bei Amtsantritt wohl keiner in der kurzen Zeit zugetraut hätte – zu groß war die Skepsis, zu gering der Glaube an sich selbst. Dem Taktiker, der sich selbst nicht in den Vordergrund stellt und im Fernsehen bereitwillig erklärt, das der entscheidende Schachzug im vorentscheidenden EM-Spiel eine Idee seiner Co-Trainer gewesen sei, ist es jedoch gelungen, eine Mannschaft zu formen, die um ihre Stärken weiß und darauf vertraut. Für Sigurðsson ist der Titel der Lohn intensiver Arbeit: »Dass ich etwas bewegen konnte, macht mich stolz – dieser Titel bedeutet mir alles.«

Dabei hat Sigurðsson das Titelsammeln in seiner Laufbahn schon früh gelernt. Mit Valur Reykjavík wurde er fünfmal isländischer Meister, bevor er 1996 zum damalige Zweitligisten LTV Wuppertal wechselte. Ein Jahr später konnte er die Meisterschaft in der 2. Liga und den Aufstieg in die Bundesliga feiern. Nach vier Jahren zog es ihn weiter zum japanischen Verein Wakunaga Hiroshima (2000-2003), wo er 2003 die Vize-Meisterschaft gewann, und nach Österreich zu A1 Bregenz (2003-2007). In beiden Vereinen fungierte der isländische Nationalspieler, dessen größter Erfolg mit der Auswahl der vierte Platz bei der EM 2002 war, als Spielertrainer. Mit Bregenz holte Sigurðsson sechs weitere Titel – viermal die Meisterschaft und zweimal den Pokal –, denen er nach dem Wechsel zu den Füchsen Berlin im Sommer 2009 noch den DHB-Pokal (2014) und den EHF-Cup (2015) hinzufügte.

Mit dem Gewinn des EM-Titels hat sich Sigurðsson bei den deutschen Fans bereits mit gerade einmal 42 Jahren unsterblich gemacht. »Vater des Erfolgs«, »Taktikfuchs«, »Ein kühler Kerl mit guten Ideen« und »Unser Genie mit der alten Blechtafel«: Die Medien überschlugen sich nach dem EM-Titel förmlich mit Lob für den dreifachen Familienvater. Seine blaue Taktiktafel, mit der er seiner Mannschaft in den Auszeiten die Spielzüge verdeutlicht, hat inzwischen fast Kultstatus erreicht. »Ich habe sie 2003 in Bregenz von Roland Frühstück geschenkt bekommen«, erinnert sich Sigurðsson. »Ich war damals Spielertrainer. In Auszeiten war es dann immer einfach, allen zu erklären, was wir jetzt spielen wollen. Zumal nicht alle Deutsch sprachen.«[216] Seitdem ist die – inzwischen verbeulte – Tafel sein ständiger Begleiter.

Doch nicht nur mit seiner Taktiktafel überzeugt der erfahrene Coach: Dass Sigurðsson, der 215 Handball- und sieben U17-Fußballländerspiele für Island absolvierte, vor den Spielen die deutsche Nationalhymne mitsingt, kommt in der deutschen Öffentlichkeit ebenfalls gut an. Für Sigurðsson selbst ist das keine große Sache: »Von Anfang an habe ich ein bisschen mitgemacht und dann immer mehr und mehr mitbekommen. Es gehört zu einem Länderspiel dazu«, erklärt er. »Es hilft mir, in Stimmung zu kommen.« Mit Erfolg, wie der Triumph bei der Europameisterschaft zeigt.

3. BONUSGRUND

Weil Andreas Wolff (fast) alles hielt

»Herr Wolff, was halten Sie von Spanien« – »Fast alles«: Nach dem Triumph bei der EM 2016 in Polen hatte der deutsche Handball nicht nur seinen ersten Titel seit neun Jahren, sondern auch einen neuen Star: Andreas Wolff von der HSG Wetzlar. Der 24 Jahre alte Torhüter hatte im Finale sagenhafte 48 Prozent der spanischen Würfe pariert und den favorisierten Weltmeister von 2013 an den Rand der Verzweiflung getrieben. »Wolff war zu gut«[217], erklärte der spanische Spielmacher Raúl Entrerríos nach Abpfiff. In den sozialen Netzwerken überboten sich die Nutzer unter dem Hashtag #thingsandreaswolffcouldsave mit unzähligen Vorschlägen, was Andreas Wolff sonst noch alles halten oder retten könnte. Auch die Medien sprangen auf den Wolff-Hype auf: Der Torwart absolvierte einen wahren Interviewmarathon, der ihn unter anderem zu stern.tv bei RTL, ins ZDF-Sportstudio und in den Fußball-Doppelpass auf Sport1 sowie in einen Sky-Talk mit Fußball-Weltmeister Manuel Neuer führte.

Immer wieder im Zentrum, die starke Leistung des Keepers im Turnierverlauf, die im Finale ihren Höhepunkt fand. »Große Spiele werden von großen Spielern entschieden, heißt es. Nach dieser Definition ist Wolff jetzt ein ganz Großer«[218], schrieben beispielsweise die Stuttgarter Nachrichten, die französische L'Equipe erklärte nach dem Endspiel: »Zum Held wurde der beste Torhüter des Turniers, Andreas Wolff«[219] und die Deutsche Presseagentur meldete kurz und bündig: »In der Sternstunde für die deutschen Handballer war der Torhüter der Star.«[220] Der europäische Handball-Verband (EHF) zeichnete Wolff als »Spieler des Monats« Januar aus, er wurde ins All-Star-Team der EM gewählt und schließlich gar zum »Handballer des Jahres« 2015 in Deutschland gekürt – auch weil die Wahlperiode über das Turnierende im Januar 2016 hinaus ging.

Einen Monat zuvor war damit nicht zu rechnen gewesen: Gewiss, Andreas Wolff – der zuvor bereits seinen Wechsel zum deutschen Rekordmeister THW Kiel im Sommer 2016 bekannt gegeben hatte – galt als großes Talent, dem die Zukunft gehören würde; im EM-Kader sah ihn jedoch kaum einer – einschließlich ihm selbst. »Ich war sehr überrascht und hatte erwartet, dass Dagur noch auf die beiden etablierten [Torhüter] setzt«, erklärte der 24-Jährige. Routinier Carsten Lichtlein wurde als Nummer Eins nominiert, doch Sigurðsson gab Wolff den Vorzug vor dem Berliner Silvio Heinevetter. »Dass Dagur das wagt, hat mich freudig überrascht«, verriet Wolff danach und vermutete: »Vielleicht ist Verlässlichkeit ein Vorteil. Bei Heine weiß man nie, was er so macht. Carsten und ich haben Qualitäten, mit denen wir der Mannschaft helfen können.«

In den ersten EM-Spielen begann Sigurðsson noch mit Lichtlein zwischen den Pfosten, doch Wolff stellte seinen Gespannpartner in den Schatten. Im zweiten Vorrundenspiel gegen Schweden hielt der Wetzlarer den Sieg fest – die Sportportal SPOX titelte danach »Wer hat Angst vorm bösen Wolff?« – und lief auch in den folgenden Partien zur Höchstform auf. Am Ende der WM sollte er 81 der 224 auf sein Tor abgegebenen Würfe abgewehrt haben, eine beeindruckende Quote von 36 Prozent. Überragend auch der Rückhalt: Lichtlein akzeptierte seine Reservistenrolle klaglos, war voll da, wenn Sigurðsson ihn brachte und jubelte mit Wolff über jede Parade. »Er war sehr wichtig für mich. Wir sind ein geiles Torhüter-Duo«, schwärmte der 24-Jährige über seinen routinierten Partner. »Wir haben uns permanent unterstützt. Deshalb ist es nicht nur ein Torhüter, der das Turnier gespielt hat, sondern ein Duo, dass uns so stark gemacht hat. Das ist der Grund, warum wir das Turnier gewinnen konnten.«[221]

Ein anderer Grund war – welch Ironie bei dem Finalgegner – wohl ein spanischer Torwartkollege, mit dem Wolff bei der HSG

Wetzlar zusammenspielte und den jungen Deutschen entscheidend formte. 2013 war Wolff vom TV Großwallstadt zu den Mittelhessen gewechselt – ein Jahr später, am 20. September 2014, debütierte er gegen die Schweiz in der Nationalmannschaft. »Das größte Geschenk, das Wetzlar mir gemacht hat, war die Verpflichtung von Jose Hombrados, der mir unglaublich viel beigebracht hat, vor allem mental«, bedankte sich Wolff bei dem ehemaligen spanischen Weltmeister. »Er ist ein unglaublich kluger Torhüter und ein unglaublich kluger Mensch.«[222]

Dass Wolff eine so unglaubliche Karriere hinlegen würde, war im Kindesalter jedoch nicht unbedingt abzusehen – landete der 1,98 Meter-Hüne doch eher zufällig im Tor. »Weil ich früher etwas schüchtern war, habe ich mich beim ersten Training dann hinten reingestellt. Ich wollte nicht so viel mit den anderen zu tun haben«, verriet Wolff und fügte an: »Es hat mir so gut gefallen, dass ich da nicht mehr raus wollte.« Zudem sei »er als Kind etwas dicklich« gewesen: »Vielleicht dachten die anderen auch, ›den Dicken stellen wir mal ins Tor.‹ Im Nachhinein stellt es sich nicht als Fehler raus …«[223] Das tat es wirklich nicht.

BIBLIOGRAFIE

Bücher

- Brand, Heiner; Schneller, Frank: InTeam. Pfaffenweiler 2004.
- Eggers, Erik (Hrsg.) Handball – eine deutsche Domäne. Göttingen 2004.
- Eggers, Erik; Paarmann, Wolf: THW Kiel. Die Zebras. Göttingen 2014.
- Fritz, Henning; Schmidt, Wieland: Halten und Siegen. Technik, Taktik und Training für Handball-Torhüter und ihre Trainer. Münster 2008.
- Gehrer, Alexander: Beach-Handball – der neue Sommersport. Göppingen 2006.
- Heggen, Rolf: Teamgeist. Die zwei Leben des Joachim Deckarm. Großenhausen 2009.
- Juul, Erik; Lofberg, Jan: Lars Christiansen. Aus spitzem Winkel. Kopenhagen 2009.
- Kießling, T.; Schmiederer, M.; Tilp, M.: Monsieur Handball – Bernhard Kempa. Die spannende Geschichte der Handball-Legende. Eislingen 2007.
- Schneller, Frank: In der Hitze des Nordens. Die stärkste Handballmannschaft der Welt und ihr schärfster Rivale. Hamburg 2007.
- SZ-Sportredaktion (Hrsg.): Handball-WM 2007. Ein deutsches Wintermärchen. München 2007.

Zeitschriften

- Beckmann, Arnulf: Wenn Lucie springt. In: HM – Das Handballmagazin. 2014, Nr. 12. S. 36-39.
- Eggers, Erik: Moral und Reputation. In: HM – Das Handballmagazin. 2013, Nr. 5, S. 46-49.
- Möller, Ruwen: Kein Klein-Klein. In: HM – Das Handballmagazin. 2011, Nr. 12, S. 20-23.
- Schneller, Frank: Neue Mitte. In: HM – Das Handballmagazin. 2014, Nr. 3, S. 12-19.
- Newerla, Zita: König Karabatić. In: Handball Inside. 2015. Nr. 1, S. 48-55.
- N.N.: Freies Geleit für den Olympiasieger. In: Handball Time. 2014, Nr. 4, S. 66/67.
- N.N.: Vom Mitläufer zum Künstler. In: Handball Time. 2014, Nr. 4, S. 52-56.

Film

- Oelsner, Winfried: Projekt Gold, DVD, 106 min., Deutschland 2007.

Internetseiten

handball-world.com, hbf-info.de, spiegel.de, schwaebische-post.de, sg-flensburg-handewitt.de, rhein-neckar-loewen.de, archiv.thw-handball.de, archiv.sport1.de, handballmagazin.com, focus.de, tagesspiegel.de, abendblatt.de, sportal.de, welt.de, berliner-zeitung.de, bild.de, dhb.de, mopo.de, pop-up.org, hypo-noe.at, derstandard.at, shz.de, wikipedia.de, insidekino.de, sueddeutsche.de, ruhrnachrichten.de, morgenpost.de, kicker.de, mt-melsungen.de, schwarzwaelder-bote.de, faz.net, munzinger.de, ballspeedometer.de, netzathleten.de, bundesligainfo.de, thw-handball.de, spox.de, handball.de, tusemessen.de, sport1.de, home.uni-leizig.de, zeit.de, play-handball.org, youtube.com, mainpost.de

ANMERKUNGEN

1 www.ruhrnachrichten.de/sport/
topartikel/Handball-Schwenker-und-
Bohmann-ueber-Dominanz-und-Talen-
te;art523,2741164,3 (Stand: 31. August
2015)

2 www.handball-world.com/o.red.c/news-1-
1-1-72575.html (Stand: 31. August 2015)

3 www.handball-world.com/o.red.c/news-1-
1-1-14286.html (Stand: 31. August 2015)

4 Handball Inside 1/2015.

5 www.sport1.de/handball/dkb-handball-
bundesliga/2014/09/artikel_949660 (Stand:
31. August 2015)

6 Handball Magazin 12/2014.

7 alle Zitate bis hierher entstammen dem
Film »Projekt Gold«

8 Zitate aktueller und vorhergehender
Absatz: www.spox.com/de/sport/hand-
ball/1001/Artikel/henning-fritz-interview-
torwart-dhb-team-johannes-bitter-silvio-
heinevetter-thierry-omeyer.html (Stand:
31. August 2015)

9 www.sport1.de/handball/dkb-handball-
bundesliga/2015/06/tobias-karlsson-von-
der-sg-flensburg-handewitt-spielte-mit-ge-
brochenem-kiefer (Stand: 31. August 2015)

10 www.handball-world.com/o.red.c/news-1-
1-1-61401.html (Stand: 31. August 2015)

11 www.handball-world.com/o.red.c/news-1-
1-1-61400.html (Stand: 31. August 2015)

12 Heggen 2009, S. 13.

13 Heggen 2009, S. 25.

14 Eggers 2004, S. 191.

15 Eggers 2004, S. 191.

16 Heggen 2009, S. 149.

17 Heggen 2009, S. 63.

18 Heggen 2009, S. 75.

19 Eggers 2004, S. 192.

20 Heggen 2009, S. 256.

21 www.bild.de/sport/mehr-sport/manager-
bob-hanning-knallhart-5303344.bild.html
(Stand: 31. August 2015)

22 www.mt-melsungen.de/index.php/
aktuelles/news/artikel/613/330 (Stand: 31.
August 2015)

23 www.schwarzwaelder-bote.de/inhalt.
balingen-deutsch-ist-viel-schwerer-als-
handball.96ad3b4c-cfe5-4921-b5af-
007c02fc40d9.html (Stand: 31. August 2015)

24 alle Zitate: www.mopo.de/news/
handball-wm-ein-grad--das-grosse-zit-
tern,5066732,5796262.html (Stand: 31.
August 2015)

25 www.spiegel.de/sport/sonst/handball-wm-
deutschlands-distanzprobleme-a-461464.
html (Stand: 31. August 2015)

26 www.spiegel.de/sport/sonst/handball-
erfolg-gegen-frankreich-vom-feigling-
zum-favoriten-a-462677.html (Stand: 31.
August 2015)

27 ebenda

28 www.spiegel.de/sport/sonst/weltmeister-
nacht-zehntausende-feiern-ihre-hand-
ball-helden-a-464244.html (Stand: 31.
August 2015)

29 www.spiegel.de/sport/sonst/sieg-ueber-
frankreich-deutschland-im-wm-fina-
le-a-463822.html (Stand: 31. August 2015)

30 www.spiegel.de/sport/sonst/weltmeister-
nacht-zehntausende-feiern-ihre-hand-
ball-helden-a-464244.html (Stand: 31.
August 2015)

31 www.handball-world.com/o.red.c/news-1-
1-1-68891.html (Stand: 31. August 2015)

32 www.handball-world.com/o.red.c/news-1-
1-1-68897.html (Stand: 31. August 2015)

33 alle Zitate in diesem Absatz: www.hand-
ball-world.com/o.red.c/news-1-1-1-62104.
html (Stand: 31. August 2015)

34 alle Zitate bisher: www.tusemessen.
de/aktuelles/pressespiegel/single/
view/2012/09/01/essens-langer-weg-zuru-
eck/ (Stand: 31. August 2015)

35 Beide Zitate: Schneller 2007, S. 140ff.

36 alle Zitate: HM 05/2013

37 Eggers 2004, S. 23.

38 www.handball-world.com/o.red.c/
newsprint-1-1-1-41203.html (Stand: 31.
August 2015)

39 www.handball-world.com/o.red.c/news-1-
1-1-71298.html (Stand: 31. August 2015)

40 www.sportal.de/martin-schwalb-gewinnt-
als-erster-deutscher-trainer-die-cham-
pions-league-1-2013060327607900000
(Stand: 31. August 2015)

41 http://archiv.thw-handball.de/
thw/03020401.htm (Stand: 31. August
2015)

42 vgl. Eggers/Paarmann 2014, S. 34.

43 Schneller 2007, S. 187.

44 http://archiv.thw-handball.de/thw/
12061218.htm (Stand: 31. August 2015)

45 http://archiv.thw-handball.de/thw/
02102801.htm (Stand: 31. August 2015)

46 beide Zitate www.thw-handball.de/fans/
hein-daddel.html (Stand: 31. August
2015)

47 Eggers 2004, S. 132.

48 Kießling/Schmiederer/Tilp 2007, S. 27.

49 Eggers 2004, S. 132.

50 vgl. Kießling/Schmiederer/Tilp 2007,
S. 16.

51 Kießling/Schmiederer/Tilp 2007, S. 14.

52 www.bild.de/sport/mehr-sport/hsv-hand-
ball/latten-kleber-wurf-vom-hsv-star-
bleibt-am-tor-stecken-39868600.bild.html
(Stand: 31. August 2015)

53 Zitate wenn nicht anders angegeben: www.berliner-zeitung.
de/archiv/der-handballstar-stefan-
kretzschmar-moderiert-bei-mtv---
ueberraschend-erfolgreich-auf-kretsches-
sofa,10810590,9747712.html (Stand: 31.
August 2015)

54 www.pop-up.org/1art/sportallg/stefande.
htm (Stand: 31. August 2015)

55 Alle Zitate entstammen, wenn nicht
anders angegeben, aus persönlichen Gesprächen mit der Autorin.

56 www.handball-world.com/o.red.c/news-1-
1-26-39969.html (Stand: 31. August 2015)

57 www.sg-flensburg-handewitt.de/aktuelles/
archiv/saison-1011/news-anzeigen/article/
lars-christiansen-platz-stadt-flensburg-
sagt-danke-lars/ (Stand: 31. August 2015);
alle folgenden Zitate: Jul/Lofberg 2009.

58 alle Zitate: www.tagesspiegel.de/sport/
handball/handball-wm-neun-finger-fuer-
ein-tor/1830734.html (Stand: 31. August
2015)

59 www.spiegel.de/sport/sonst/handball-
nationalspieler-gensheimer-uwe-und-
die-grenzen-der-physik-a-771992.html
(Stand: 31. August 2015)

60 www.handball-world.com/o.red.c/news-1-
1-1-61912.html (Stand: 31. August 2015)

61 www.bild.de/sport/mehr-sport/rhein-
neckar-loewen/kann-nur-dieser-wurf-die-
loewen-retten-20451370.bild.html (Stand:
31. August 2015)

62 alle Zitate von SPIEGEL online: www.
spiegel.de/sport/sonst/handball-held-
waltke-193-sekunden-wahnsinn-a-459510.
html und www.spiegel.de/sport/sonst/
interview-mit-wm-held-waltke-jedes-tor-
hat-sich-mir-ins-gehirn-gefraest-a-232650.
html (Stand: 31. August 2015)

63 HM 12/2011

64 www.spox.com/de/sport/handball/0912/
Artikel/interview-dominik-klein-derby-
thw-kiel-hsv-hamburg-nationalmann-
schaft.html (Stand: 31. August 2015)

65 HM 12/2011

66 www.handball.de/artikel/isabell-
klein-mehr-als-nur-eine-spielerfrau-
1326283421.html (Stand: 31. August
2015)

67 www.schwaebische-post.de/artikel.php?
aid=10138853&print=1 (Stand: 31. August 2015)

68 www.sg-flensburg-handewitt.de/saison/
archiv/saison-0708/saison-20072008/26-
spieltag/stojanovic/ (Stand: 31. August
2015)

69 http://archiv.thw-handball.de/thw/ 07042403.htm (Stand: 31. August 2015)

70 Schneller 2007, S. 69f.

71 www.focus.de/sport/mehrsport/handball-bundesliga-jan-holpert-beendet-karriere-im-sg-tor_aid_292807.html (Stand: 31. August 2015)

72 www.handball-world.com/o.red.c/news-1-1-1-45038.html (Stand: 31. August 2015)

73 vgl. Eggers 2004, S. 177.

74 www.tagesspiegel.de/sport/die-sekunde-von-karl-marx-stadt/690180.html (Stand: 31. August 2015)

75 Alle Zitate von Heiner Brand: Brand 2004.

76 www.tagesspiegel.de/sport/die-sekunde-von-karl-marx-stadt/690180.html (Stand: 31. August 2015)

77 Alle Zitate entstammen aus persönlichen Gesprächen mit der Autorin.

78 vgl. https://de.wikipedia.org/wiki/Ljubo-mir_Vranjes (Stand: 20.07.2015)

79 Alle Zitate entstammen aus persönlichen Gesprächen mit der Autorin.

80 http://archiv.thw-handball.de/thw/ 05061514.htm (Stand: 31. August 2015)

81 www.mopo.de/news/handball-torhueter-fritz--welthandballer-2004-, 5066732, 5831888.html (Stand: 31. August 2015)

82 Fritz/Schmidt 2008, S. 31ff.

83 Fritz/Schmidt 2008, S. 40.

84 alle Zitate: Eintrag »Lawrow, Andrej« in Munzinger Online/Sport – Internationales Sportarchiv, URL: www.munzinger.de/ document/01000004234 (abgerufen von Bücherhallen Hamburg am 26.8.2015)

85 vgl. www.ballspeedometer.de/Rekorde. html und www.netzathleten.de/lifestyle/ sports-inside/item/3523-die-schnellste-sportart-der-welt-temporekorde-im-sport (Stand: 31. August 2015)

86 Eggers 2004, S. 206.

87 Fritz/Schmidt 2008, S. 22.

88 Vgl. Fritz/Schmidt 2008, S. 16, alle Zitate in diesem Text, falls nicht anders ange-geben, ebenfalls.

89 Eggers 2004, S. 208.

90 alle Zitate bis hierher: www.zeit.de/ sport/2013-04/interview-heinevetter-stochl-handball (Stand: 31. August 2015)

91 www.faz.net/aktuell/sport/mehr-sport/ henning-fritz-und-johannes-bitter-vier-haende-fuer-deutschland-beim-ersten-sieg-1513101.html (Stand: 31. August 2015)

92 www.focus.de/sport/mehrsport/handball-wm-bitter-henning-hat-gefragt-ob-ich-spielen-will_aid_294085.html (Stand: 31. August 2015)

93 www.rhein-neckar-loewen.de/news/ loewen-news/detail/1067 (Stand: 31. August 2015)

94 www.spiegel.de/sport/sonst/handball-profi-bielecki-halbe-sehkraft-voller-ein-satz-a-713216.html (Stand: 31. August 2015)

95 www.spiegel.de/sport/sonst/nach-schwe-rer-augenverletzung-handballer-bielecki-feiert-elf-tore-comeback-a-715040.html (Stand: 31. August 2015)

96 http://archiv.sport1.de/de/handball/ handball_bundesliga/artikel_323413.html (Stand: 31. August 2015)

97 www.focus.de/regional/sachsen-anhalt/ handball-torhueter-aus-leidenschaft-olympiasieger-wieland-schmidt-wird-60_ id_3500354.html (Stand: 31. August 2015)

98 http://handballmagazin.com/magazin/ plus-zum-print/hm-0511/stephan/ (Stand: 31. August 2015)

99 http://handballmagazin.com/magazin/ plus-zum-print/hm-0511/stephan/ (Stand: 31. August 2015)

100 Eggers 2004, S. 302.

101 http://handballmagazin.com/magazin/ plus-zum-print/hm-0511/stephan/ (Stand: 31. August 2015)

102 alle Zitate: www.rhein-neckar-loewen. de/news/loewen-news/detail/4919 (Stand: 31. August 2015)

103 alle Zitate: www.faz.net/aktuell/sport/ mehr-sport/handball-der-abschied-

der-doppelten-zwillinge-1196811.html (Stand: 31. August 2015)

104 www.handball-world.com/o.red.c/news-1-1-1-50057.html (Stand: 31. August 2015)

105 www.faz.net/aktuell/sport/mehr-sport/im-gespraech-ivano-balic-wenn-ich-mich-fuer-eine-diva-hielte-dann-waere-ich-ein-idiot-12545460.html (Stand: 31. August 2015)

106 www.echo-online.de/sport/national-und-international/handball/bundesliga/handball-ivano-balic-beendet-in-wetz-lar-seine-karriere_15507951.htm (Stand: 31. August 2015)

107 ebenda

108 www.welt.de/sport/article4993972/Michael-Kraus-will-kein-Bravo-Boy-mehr-sein.html (Stand: 31. August 2015); alle anderen Zitate stammen aus dem Film »Projekt Gold«

109 Alle Zitate entstammen aus persönlichen Gesprächen mit der Autorin

110 www.abendblatt.de/sport/article107405909/Nick-Yoon-Heimkehr-nach-2900-Toren.html (Stand: 31. August 2015)

111 www.handball-world.com/o.red.c/news-1-1-1-40618.html (Stand: 31. August 2015)

112 www.handball-world.com/o.red.c/news-1-1-3-69906.html (Stand: 31. August 2015)

113 Zitate bis hierhin, wenn nicht anders angegeben: Handball Inside 1/2015.

114 http://archiv.thw-handball.de/thw/07072417.htm (Stand: 31. August 2015)

115 alle Zitate: www.spox.com/de/sport/handball/1410/Artikel/pascal-hens-interview-karriere-dhb-hsv-hamburg-heim-wm-2007-gold-olympia-michael-jordan.html (Stand: 31. August 2015)

116 vgl. ebenda

117 www.faz.net/aktuell/sport/mehr-sport/pascal-hens-hamburger-mit-pommes-dazu-gibt-es-keine-alternative-13164176.html (Stand: 31. August 2015)

118 www.handball-world.com/hif/o.red.c/news.php?mw=1&news =7306 (Stand: 31. August 2015)

119 Eggers 2004, S. 286.

120 www.7mann.de/cms/288/ (Stand: 31. August 2015)

121 www.handball-world.com/o.red.c/news-1-1-1-2841.html (Stand: 31. August 2015)

122 www.handball-world.com/o.red.c/news-1-1-1-42052.html (Stand: 31. August 2015)

123 Eggers 2004, S. 308.

124 www.tagesspiegel.de/sport/lieber-vol-ker-/275834.html (Stand: 31. August 2015)

125 alle Zitate: https://web.archive.org/web/20080925000448/www.unaufgefordert.de/content/view/2736/7/ (Stand: 31. August 2015)

126 www.hbf-info.de/news-1-2-22-15430.html (Stand: 31. August 2015)

127 alle Zitate: http://archiv.thw-handball.de/thw/05122021.htm (Stand: 31. August 2015)

128 Alle Zitate entstammen aus einem persönlichen Gespräch mit der Autorin.

129 vgl. bundesligainfo.de (Stand: 26. August 2015)

130 www.handball-world.com/o.red.c/news-1-1-3-69876.html (Stand: 31. August 2015)

131 www.spiegel.de/sport/sonst/handball-em-oesterreich-ueberrascht-gegen-island-a-673305.html; alle anderen Zitate nach »Handball EM 2010 – Österreich vs. Island«: www.youtube.com/watch?v=A77ak8LSrag (Stand: 31. August 2015)

132 alle Zitate bis hierhin: Eggers/Paarmann 2014, S. 208f.

133 www.kicker.de/news/handball/start-seite/605023/artikel_kiel-wird-im-hand-

ball-wahnsinn-meister.html (Stand: 31. August 2015)

134 Alle Zitate entstammen aus persönlichen Gesprächen mit der Autorin.

135 alle Zitate, wenn nicht anders angegeben: www.handball-world.com/o.red.c/news-1-1-1-20844.html (Stand: 31. August 2015)

136 www.handball-world.com/o.red.c/news-1-1-1-58955.html (Stand: 31. August 2015)

137 alle Zitate: http://handballmagazin.com/magazin/plus-zum-print/hm-0611/goeppingen/ (Stand: 31. August 2015)

138 Alle Zitate entstammen einem persönlichen Gespräch mit der Autorin.

139 www.spiegel.de/sport/sonst/handball-nationalspielerin-buelau-nebenjob-profi-a-723307.html (Stand: 31. August 2015)

140 alle Zitate: www.handball-world.com/o.red.c/news-1-1-1-70626.html (Stand: 31. August 2015)

141 vgl. www.handballimfernsehen.de (Stand: 31. August 2015)

142 Alle Zitate entstammen persönlichen Gesprächen mit der Autorin.

143 http://archiv.thw-handball.de/thw/13090702.htm (Stand: 31. August 2015)

144 www.morgenpost.de/sport/fuechse/article133248067/Stochl-gegen-Stochl-Familien-Duell-zwischen-den-Pfosten.html (Stand: 31. August 2015)

145 Schneller 2007, S. 45.

146 HandballInside 01/2015

147 alle Zitate nach »Ladies in Pink – Die Tussies der ersten Liga | DASDING vor Ort«: www.youtube.com/watch?v=y5d2u2msMoI (Stand: 31. August 2015)

148 alle Zitate: www.handball-world.com/o.red.c/news-1-1-44-58603.html (Stand: 31. August 2015)

149 vgl. https://de.wikipedia.org/wiki/Uli_Schaus (Stand: 31. August 2015)

150 vgl. Eggers 2004, S. 77.

151 alle Zitate: www.spiegel.de/sport/sonst/feldhandball-der-vergessene-sport-a-795333.html (Stand: 31. August 2015)

152 Handball Time 4/2014

153 HM 03/14

154 www.spox.com/de/sport/handball/1001/Artikel/henning-fritz-interview-torwart-dhb-team-johannes-bitter-silvio-heinevetter-thierry-omeyer.html (Stand: 31. August 2015)

155 www.mainpost.de/sport/Wuerzburg-Ein-guter-Torhueter-ist-wie-ein-guter-Whisky;art786,7790003 (Stand: 31. August 2015)

156 HM 03/2014

157 vgl. www.kicker.de/news/handball/startseite/513292/artikel_Kraftpaket-Urios-hoert-auf.html (Stand: 31. August 2015)

158 alle Zitate: http://handballmagazin.com/magazin/plus-zum-print/hm-0512/magdeburg/ (Stand: 31. August 2015)

159 alle Zitate, wenn nicht anders angegeben: http://archiv.thw-handball.de/thw/12060221.htm (Stand: 31. August 2015)

160 Eggers/Paarmann 2014, S. 199.

161 www.hypo-noe.at/de/14286 (Stand: 31. August 2015)

162 www.handball-world.com/o.red.c/news-1-2-3-24108.html (Stand: 31. August 2015)

163 http://derstandard.at/2000015951573/Der-Hypo-Hund-und-die-zu-kurze-Wand (Stand: 31. August 2015)

164 http://home.uni-leipzig.de/journ/scheinheit/doering.html (Stand: 31. August 2015)

165 www.shz.de/lokales/flensburger-tageblatt/spielmacher-mogensen-faellt-aus-jetzt-muessen-die-trainer-spielen-id9014501.html (Stand: 31. August 2015)

166 www.handball-world.com/o.red.c/news-1-1-1-68679.html (Stand: 31. August 2015)

167 www.handball-world.com/o.red.c/news-1-1-3-8675.html (Stand: 31. August 2015)

168 alle Zitate, wenn nicht anders angegeben: www.handball-world.com/o.red.c/news-1-1-3-8681.html (Stand: 31. August 2015)

169 www.focus.de/sport/olympia-2008/aktuell/news/handball-ganz-island-fiebert-im-handball-finale-mit_aid_327119.html, alle anderen Zitate: www.handballworld.com/o.red.c/news-1-1-25-65545.html (Stand: 31. August 2015)

170 www.focus.de/sport/olympia-2008/aktuell/news/olympia-frankreich-holt-erstes-handball-gold_aid_327341.html (Stand: 31. August 2015)

171 Schneller 2007, S. 77.

172 http://archiv.thw-handball.de/thw/02012102.htm (Stand: 31. August 2015)

173 http://archiv.thw-handball.de/thw/04090610.htm (Stand: 31. August 2015)

174 http://archiv.thw-handball.de/thw/08062605.htm (Stand: 31. August 2015)

175 http://archiv.thw-handball.de/thw/02012102.htm (Stand: 31. August 2015)

176 http://archiv.thw-handball.de/thw/08062605.htm (Stand: 31. August 2015)

177 Alle Zitate, wenn nicht anders angegeben: Brand 2004.

178 Der THW Kiel hatte eine Tordifferenz von +134, die SG von +117. vgl. bundesligainfo.de (Stand: 31. August 2015).

179 http://handballmagazin.com/news/single/datum/2011/05/05/13-april-2003-oder-das-ende-des-ewigen-zweiten-sg-flensburg-handewitt/ (Stand: 31. August 2015)

180 Schneller 2007, S. 143.

181 Brand 2004, S. 19.

182 Brand 2004, S. 23.

183 www.sueddeutsche.de/sport/finalsieg-gegen-atletico-madrid-thw-kiel-gewinnt-die-champions-league-1.1367825 (Stand: 31. August 2015)

184 www.spiegel.de/sport/sonst/handball-hsv-gewinnt-champions-league-gegen-fc-barcelona-a-903355.html (Stand: 31. August 2015)

185 www.spiegel.de/sport/sonst/handball-champions-league-flensburg-handewitt-besiegt-thw-kiel-a-972773.html (Stand: 31. August 2015)

186 www.handball-world.com/o.red.c/news-1-1-1-18256.html (Stand: 31. August 2015)

187 www.handball-world.com/o.red.c/news-1-1-1-18256.html (Stand: 31. August 2015)

188 www.handball-world.com/o.red.c/news-1-1-1-71981.html (Stand: 31. August 2015)

189 www.handball-world.com/o.red.c/news-1-1-1-18256.html (Stand: 31. August 2015)

190 www.spiegel.de/kultur/kino/handball-film-projekt-gold-wenn-s-am-koerper-brennt-a-497394.html (Stand: 31. August 2015)

191 vgl. www.insidekino.de/DTop10/07/DTop07AUG2.htm (Stand: 31. August 2015)

192 www.spiegel.de/kultur/kino/handball-film-projekt-gold-wenn-s-am-koerper-brennt-a-497394.html (Stand: 31. August 2015)

193 www.sueddeutsche.de/sport/doku-zur-handball-wm-projekt-helden-1.735542 (Stand: 31. August 2015)

194 www.welt.de/kultur/article1061378/Ein-Handballertraum-und-Stars-ohne-Allueren.html (Stand: 31. August 2015)

195 Quelle: www.handball-world.com/o.red.c/news-1-1-1-44564.html (Stand: 31. August 2015)

196 alle Zitate: Handballtime 4/2014

197 http://play-handball.org/handballentwicklungsprogramm-in-suedafrika/ (Stand: 31. August 2015)

198 www.handball-world.com/o.red.c/
news-1-1-2-67360.html
(Stand: 31. August 2015)
199 Zitat aus dem Film »Projekt Gold«.
200 www.berliner-zeitung.de/archiv/
serie-zur-handball-wm--christian-
schwarzer-ueber-die-dramen-eines-
grossen-deutschen-teams--ich-war-so-
in-trance-,10810590,10448500.html
(Stand: 31. August 2015)
201 SZ-Sportredaktion 2007, S. 57.
202 SZ-Sportredaktion 2007, S. 57.
203 www.bild.de/sport/mehr-sport/
meine-rolle-im-wintermaer-
chen-8587052.bild.html
(Stand: 31. August 2015)
204 Alle Zitate: Eggers/Paarmann 2014,
S. 95f.
205 http://dhb.de/detailansicht/artikel/
deutschland-und-daenemark-
gemeinsame-gastgeber-der-
maenner-weltmeisterschaft-2019.html
(Stand: 31. August 2015)
206 http://www.handball-world.com/
o.red.c/news-1-1-29-77258.html
(Stand: 08.02.2016)
207 http://www.handball-world.com/
o.red.c/news-1-1-29-77797.html
(Stand: 08.02.2016)
208 http://www.handball-world.com/
o.red.c/news-1-1-29-77936.html
(Stand: 08.02.2016)
209 http://www.handball-world.com/
o.red.c/news-1-1-29-78661.html
(Stand: 08.02.2016)
210 beide Zitate in diesem Absatz: http://
www.handball-world.com/o.red.c/news-
1-1-29-78188.html (Stand: 08.02.2016)
211 beide Zitate in diesem Absatz: http://
www.handball-world.com/o.red.c/news-
1-1-29-78232.html (Stand: 08.02.2016)

212 http://www.focus.de/sport/mehrsport/
handball-em-die-mannschaft-hat-uns-
mitgerissen-bundeskanzlerin-merkel-
drueckt-handballern-die-daumen_
id_5250371.html (Stand: 08.02.2016)
213 http://www.handball-world.com/
o.red.c/news-1-1-29-78413.html
(Stand: 08.02.2016)
214 http://www.handball-world.com/
o.red.c/news-1-1-29-78463.html
(Stand: 08.02.2016)
215 http://www.handball-world.com/
o.red.c/news-1-1-29-78483.html
(Stand: 08.02.2016)
216 http://www.bild.de/sport/mehr-sport/
handball-wm/bundestrainer-sigurdsson-
zeigt-taktik-tafel-39532264.bild.html
(Stand: 08.02.2016); alle anderen Zitate
entstammen aus einem persönlichen
Gespräch mit der Autorin
217 http://www.stuttgarter-nachrichten.
de/inhalt.handball-andreas-wolff-
der-leitwolf.f8edffae-2c0d-4671-8bef-
0c2c1868b7c5.html (Stand: 08.02.2016)
218 ebenda
219 http://www.handball-world.com/
o.red.c/news-1-1-29-78421.html
(Stand: 08.02.2016)
220 http://www.handball-world.com/
o.red.c/news-1-1-29-78413.html
(Stand: 08.02.2016)
221 http://www.handball-world.com/
o.red.c/news-1-1-29-78483.html
(Stand: 08.02.2016)
222 http://www.handball-world.com/
o.red.c/news-1-1-29-78413.html
(Stand: 08.02.2016)
223 http://www.bild.de/sport/mehr-sport/
handball-em/tor-held-andreas-
wolff-44221476.bild.html
(Stand: 08.02.2016)

SCHWARZKOPF & SCHWARZKOPF

111 GRÜNDE, TISCHTENNIS ZU LIEBEN

EINE LIEBESERKLÄRUNG AN DIE GROSSARTIGSTE SPORTART DER WELT

111 GRÜNDE, TISCHTENNIS ZU LIEBEN
EINE LIEBESERKLÄRUNG AN DIE
GROSSARTIGSTE SPORTART DER WELT
Von Jan Lüke
256 Seiten, Taschenbuch
ISBN 978-3-86265-559-5 | Preis 9,99 €

Große Spieler und ihre noch größeren Spiele, Begebenheiten aus einer mehr als hundertjährigen Geschichte, kuriose Momente oder bemerkenswerte Regeln: In diesem Buch findet sich genau die abwechslungsreiche Mixtur, die Tischtennis für all seine Anhänger so einzigartig macht.

Tischtennis-Experte Jan Lüke zeigt, dass es zahlreiche Blickwinkel auf das Phänomen Tischtennis gibt – und dass einer lohnenswerter ist als der andere. Dabei schreibt der Autor stets mit einem Augenzwinkern, denn letztlich ist Tischtennis – wie alles wirklich Liebenswerte – nicht perfekt und makellos.

Jeder, der einmal Ball und Schläger in der Hand hielt, weiß: Manchmal macht es einen einfach nur verrückt und ist nur zu ertragen, wenn man es mit Humor nimmt. Genau dann liebt man dieses Tischtennis umso mehr.

WWW.SCHWARZKOPF-SCHWARZKOPF.DE

SCHWARZKOPF & SCHWARZKOPF

111 GRÜNDE, KLETTERN ZU GEHEN

EINE LIEBESERKLÄRUNG AN DIE GROSSARTIGSTE SPORTART DER WELT

111 GRÜNDE, KLETTERN ZU GEHEN
EINE LIEBESERKLÄRUNG AN DIE
GROSSARTIGSTE SPORTART DER WELT
Von Malte Roeper
240 Seiten, Taschenbuch
ISBN 978-3-86265-574-8 | Preis 9,99 €

Klettern gehört zu den letzten Abenteuern unserer Welt, vor allem im Freien. Es erfordert eine gewisse Risikobereitschaft, eine Portion Mut und eine gute Einschätzung der eigenen Fähigkeiten.

Dieses Buch enthält nicht nur die wichtigsten Gründe, warum man unbedingt mit Klettern anfangen sollte, sondern auch zahlreiche Gebietstipps, Porträts der wichtigsten Protagonistinnen und Protagonisten sowie kurze Abhandlungen über die wichtigsten Kapitel der Klettergeschichte.

Autor Malte Roeper nimmt den Leser mit in luftige Höhen und lädt ein zur Klettertour, egal ob Neuling, Hobbykletterer oder Profi – für jeden ist etwas dabei! – Eine Hommage an die beste Freizeitbeschäftigung der Welt – für alle, die hoch hinauswollen und die freie Natur lieben. Das ideale Geschenk für alle, die gerne klettern und bouldern.

WWW.SCHWARZKOPF-SCHWARZKOPF.DE

SCHWARZKOPF & SCHWARZKOPF

111 GRÜNDE, EISHOCKEY ZU LIEBEN

RASTLOS, DYNAMISCH, KÖRPERBETONT: SO IST DER SCHNELLSTE
MANNSCHAFTSSPORT DER WELT, SO IST WIRKLICH NUR EISHOCKEY

111 GRÜNDE, EISHOCKEY ZU LIEBEN
MIT EINEM VORWORT VON UWE KRUPP
Von Marcel Stein
240 Seiten, Taschenbuch
ISBN 978-3-86265-514-4 | Preis 9,99 €

Eishockey hat viele Facetten, es ist ein Sport, zu dessen Grundelementen die Härte gehört und der diese vereint mit atemberaubender Technik sowie nie nachlassendem Tempo.

Dieses Buch erzählt davon in vielen Geschichten, es berichtet von Helden, von besonderen Momenten, von großen Spielen und großen Gesten, von Eigenarten. Es blickt auch zurück in die Historie des schnellsten Mannschaftssports der Welt, schildert eigene Erfahrungen, die der Autor in Deutschland, Europa und Nordamerika gesammelt hat.

111 GRÜNDE, EISHOCKEY ZU LIEBEN vermittelt einen umfassenden, teils sehr persönlichen Einblick in einen besonderen Sport, der über Zahlen und Ergebnisse hinausreicht, in einen Sport, der in manchen Ländern sogar an erster Stelle steht.

WWW.SCHWARZKOPF-SCHWARZKOPF.DE

SCHWARZKOPF & SCHWARZKOPF

111 GRÜNDE, TENNIS ZU LIEBEN

VON DER MAGIE DER FLIEGENDEN BÄLLE UND DER POESIE IN BEWEGUNG –
EINE LIEBESERKLÄRUNG AN DEN TENNISSPORT

111 GRÜNDE, TENNIS ZU LIEBEN
EINE LIEBESERKLÄRUNG
AN DEN GROSSARTIGSTEN SPORT DER WELT
Von Florian Goosmann
304 Seiten, Taschenbuch
ISBN 978-3-86265-456-7 | Preis 9,99 €

Tennis boomt wie nie zuvor – weltweit. Die entspannten Australian Open, die gedrängten French Open, das traditionelle Wimbledon, die lauten US Open: Wer einmal dort war, will immer wieder zurück, um Federer, Nadal und Co. live zu erleben.

Buchautor Florian Goosmann geht es genauso. Und er fragt sich zeit seines Lebens, wie es möglich ist, dass einen das unbeschreiblich klare Geräusch eines sauber ge-

troffenen Tennisballs so glücklich machen kann ...

In 111 GRÜNDE, TENNIS ZU LIEBEN erzählt er Episoden rund um die glamourös-verrückte Profiszene sowie die weniger glamouröse, aber ebenso verrückte Welt des Vereinsspielers. Hintergrundgeschichten, Insider-Infos, Tipps für Spieler und Trainer, Reflexionen und Anregungen: In diesem Buch geht es um all das, was auf einem Tennisplatz so passiert.

WWW.SCHWARZKOPF-SCHWARZKOPF.DE

SCHWARZKOPF & SCHWARZKOPF

111 GRÜNDE, LAUFEN ZU GEHEN

EINE LIEBESERKLÄRUNG AN DEN GROSSARTIGSTEN SPORT DER WELT,
DER GLEICHZEITIG AUCH DER EINFACHSTE IST

111 GRÜNDE, LAUFEN ZU GEHEN
Von Julien Wolff
240 Seiten, Taschenbuch
ISBN 978-3-86265-455-0 | Preis 9,99 €

Es kostet nichts. Es ist gesund. Es macht kreativ. Es sorgt für guten Sex. Nordic Walking ist dagegen Kindergarten. Also: Läufst du schon – oder gehst du noch? Laufen ist der Sport, der alle begeistert: den Präsidenten der USA, Hollywood-Stars wie Jennifer Aniston und Ausnahme-Athleten wie Usain Bolt.

Kein Sport hat eine größere Tradition. Marathon, Ultralauf, Berglauf, 100-Meter-Sprint, Aqua-Jogging, Olympische Spiele, Stadtpark – Laufen ist enorm facettenreich.

Wussten Sie, dass sogar Häftlinge in Gefängnissen Marathon laufen? Dass Laufen dem Busen nicht schadet? Dass wir auch auf Laufbändern Rekorde aufstellen können?

Diese Liebeserklärung an das Laufen gibt Antworten auf die wichtigsten Fragen zum Sport und erklärt die Faszination Laufen in humorvoller Weise.

WWW.SCHWARZKOPF-SCHWARZKOPF.DE

SCHWARZKOPF & SCHWARZKOPF

111 GRÜNDE, FRAUENFUSSBALL ZU LIEBEN

WICHTIG IS AUFM PAPIER:
EHRLICH UND HUMORVOLL IN DIE OBERE LINKE ECKE

111 GRÜNDE, FRAUENFUSSBALL ZU LIEBEN
EINE LIEBESERKLÄRUNG
AN DEN GROSSARTIGSTEN SPORT DER WELT
Von Rosa Wernecke und Stine Hertel
296 Seiten, Taschenbuch
ISBN 978-3-86265-405-5 | Preis 9,95 €

»Eine ehemalige Fast-Nationalspielerin und eine Tischtennisspielerin schaffen mit diesem Buch das Vorurteil, Fußball sei ein Männersport, aus der Welt. Sie beleuchten die Geschichte des Frauenfußballs und stellen hierbei Parallelen zur Emanzipationsgeschichte fest. Außerdem wird die ›bisweilen absonderliche‹ Medienberichterstattung verfolgt. Rosa Wernecke und Stine Hertel blicken in ihrem Buch über den Fußball hinaus.« fussball-kultur.org

»Das war überfällig: In ihrem Buch erklären die Autorinnen, warum Frauenfußball der großartigste Sport der Welt ist. Unterteilt sind ihre Begründungen, die in Wahrheit viele kleine Anekdoten sind, in acht Kapitel. Die Liebeserklärung beginnt bei der Steinzeit des Frauenfußballs und ersten Stars wie Lotte Specht und Lily Parr, blickt anschließend auf erfolgreiche Vereine und endet schließlich bei der zwölften Frau. Dem Fan.« framba.de

WWW.SCHWARZKOPF-SCHWARZKOPF.DE

JULIA NIKOLEIT, Jahrgang 1991, kommt aus Hamburg und arbeitet als freie Sport-Journalistin. Als Tochter einer ehemaligen Bundesligaspielerin wuchs sie in der Handballhalle auf und ist dem Sport bis heute treu geblieben. Als Redakteurin für das Internetportal handball-world.com vergeht für sie kein Tag ohne Handball. Neben der Arbeit studiert sie Journalismus in Hannover.

Julia Nikoleit
111 GRÜNDE, HANDBALL ZU LIEBEN
Eine Liebeserklärung an die großartigste Sportart der Welt
Mit einem Vorwort von Bundestrainer Dagur Sigurðsson

ISBN 978-3-86265-557-1
© Schwarzkopf & Schwarzkopf Verlag GmbH, Berlin 2016
2. Auflage Februar 2016

Vermittlung: Literaturagentur Brinkmann, München | Alle Rechte vorbehalten. Dieses Werk ist urheberrechtlich geschützt. Jede Verwendung, die über den Rahmen des Zitatrechtes bei korrekter und vollständiger Quellenangabe hinausgeht, ist honorarpflichtig und bedarf der schriftlichen Genehmigung des Verlages. Illustrationen © ranker666/ depositphotos.de

KATALOG
Wir senden Ihnen gern kostenlos unseren Katalog.
Schwarzkopf & Schwarzkopf Verlag GmbH
Kastanienallee 32, 10435 Berlin
Telefon: 030 – 44 33 63 00
Fax: 030 – 44 33 63 044

INTERNET | E-MAIL
www.schwarzkopf-schwarzkopf.de
info@schwarzkopf-schwarzkopf.de